本书出版受教育部哲学社会科学研究重大课题攻关项目
"中美经贸合作重大问题研究"（18JZD034）资助

美 国 经 济 研 究 丛 书

Research on the United States-Mexico-Canada Agreement

A Text-based Comparative Perspective

《美墨加协定》研究

基于文本
比较的视角

余振 等 —— 著

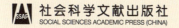

社会科学文献出版社
SOCIAL SCIENCES ACADEMIC PRESS (CHINA)

总　序

　　正如保罗·肯尼迪在其成名作《大国的兴衰》中所言，一流国家在世界事务中的相对地位总是不断变化的。综观大历史，世界政治舞台上从来就不缺乏主角，同时也从不固定主角。中国与美国的关系是当前世界上最重要的双边关系，不仅是世界上最大发展中国家与最大发达国家之间的关系，而且是社会主义大国与资本主义大国之间的关系。长期以来，经贸关系被视为中美关系的"稳定器"和"压舱石"。但近年来中美关系"树欲静而风不止"，人们更多讨论的是"修昔底德陷阱"。古希腊历史学家修昔底德在记述公元前 5 世纪发生在西方文明核心地带希腊世界的伯罗奔尼撒战争时，将战争的原因总结为"雅典实力的增长以及由此引起的斯巴达不可避免的恐慌"。修昔底德描绘的正是当时发生在希腊世界的权势转移过程导致的悲剧性战争结果。

　　然而，当今世界已经发生了翻天覆地的变化。从经济维度来讲，世界经济已经步入全球化时代，世界各国都已经形成了密切的相互依赖关系。事实上，中美两国已经形成了非常独特的相互依赖关系，这种相互依赖关系主要呈现以下特点。第一，中美相互依赖关系的非对称性。中美之间最主要的关联在于商品进出口和金融联系。从商品层面考虑，中国出口到美国的商品多具有高替代性，而美国的商品消费市场具有较低的替代性。从金融层面考虑，中国借贷给美国的资金具有高替代性，而美国的金融市场具有较低的替代性。中国提供的商品和资金均具有高替代性，而美国的商品市场和金融市场均具有低替代性，由此形成了非对称依赖的中美经贸关系。第二，中美相互依赖关系的竞争性。在世界经济中，竞争无处不在。作为两个全球性的大国，中美经贸关系中存在一定的竞争性是客观事实。但是竞争应该是"你追我赶、共同提高"，而不应该是"相互攻击、你死我活"。中美相互依赖关系的竞争性应该成为合作的动力，而不应该成为对抗的理由。第三，中美相互依赖关系的非稳态性。中美相互依赖关系的稳定与否从根本上说取决于双方综合国力的对比，中国经济的快速发展也增加了美国的焦虑，这些必然会影响中美相互依赖关系的稳定性。因此，中国和美国已经形成了一种非对称性、竞争性、非稳态性的相互依赖关系。

中美经贸合作是全球两个最大经济体的合作，双方能否处理好彼此的关系，关乎世界的前途和命运，是两国必须回答好的世纪之问。中美合作，两国和世界都会受益；中美对抗，两国和世界都会遭殃。中美关系不是一道"是否搞好"的选择题，而是一道"如何搞好"的论述题。在相当长的时间内和相当大的程度上，经贸关系依然可以在稳定中美关系中发挥重要作用，加强中美经贸合作依然是两国的必然选择。在新时代，推动中美经贸合作需要把握以下几个方面。第一，合作的空间范围。中美经贸合作绝不仅仅局限于双边，还应该包括全球多边、区域多边以及中美双边。第二，合作的动态变化。中美经贸合作是一个长期过程，对于合作中的共同利益，双方要坚持和扩大；对于合作中的分歧，双方也要有足够的耐心和战略定力。第三，合作的长期目标。正如党的十九大报告所言，中国是世界最大发展中国家的国际地位没有变，中国将努力实现"两个一百年"的奋斗目标。因此，应该将中国自身的国情和目标与中美经贸合作挂钩，尽量使相对稳定的中美经贸关系为中国的发展提供正面支持。总的来讲，中国需要立足大国竞合的历史规律以及经济全球化的现实特点，依据自身基本国情以及发展目标，冷静对待中美经贸关系中的竞争性问题。

在此背景下，武汉大学美国加拿大经济研究所与社会科学文献出版社合作推出了"美国经济研究丛书"。武汉大学美国加拿大经济研究所前身为武汉大学北美经济研究室，是 1964 年经教育部批准成立、在全国高校中首批设立的外国问题研究机构之一。1981 年经教育部批准，升格为武汉大学美国加拿大经济研究所。同年，该所与世界经济专业一起组成的世界经济专业学科点，成为全国第一批获得博士学位授予权的专业点之一。1987 年该专业点被国家教委确定为重点学科点。目前，该所是教育部区域国别备案研究基地，是全国性一级学术学会——中国美国经济学会秘书处所在地，也是武汉大学理论经济学"双一流"学科建设的重要组成部分。希望借此系列丛书的出版，培养一支专注研究美国经济基础问题的学术队伍，形成一批研究美国经济领域的前沿性和战略性的学术成果，为中美经贸关系的健康发展以及中国经济的高质量发展做出贡献。

教授、博士生导师

中国美国经济学会秘书长　　余　振

武汉大学美国加拿大经济研究所所长

2021 年 12 月于珞珈山

目 录

1

《美墨加协定》概述

2018 年 11 月 30 日，美国、墨西哥、加拿大三国签订了《美国 –
墨西哥 – 加拿大协定》（United States-Mexico-Canada Agreement，USMCA，
简称《美墨加协定》），以此取代已实施多年的《北美自由贸易协定》
（North American Free Trade Agreement，NAFTA）。USMCA 体现出美国所
谓的"美国优先、公平与对等"的贸易理念，反映出美国在促进国际
贸易新规则"高标准"变革方面的意图，这些变化可能会对国际经济
格局与全球经贸规则产生深远影响。因此，需要从全球、区域以及国家
三个层面分析 USMCA 产生的背景，从理念、内容以及特点等视角对其
文本进行分析，并由此分析其对国际经贸格局与全球经贸规则产生的潜
在影响。

第一节 《美墨加协定》产生的背景

自北美自贸区成立以来，美国、墨西哥、加拿大三国之间的贸易壁
垒逐渐弱化，三国之间的贸易和投资蓬勃发展。1993～2016 年，按照不
变价格计算，美国与墨西哥、加拿大之间的商品和服务贸易增长超过
125%，2016 年的贸易总额超过 1 万亿美元，墨西哥和加拿大在美国的
投资从 416 亿美元增加至 2856 亿美元。随着全球经贸形式以及美国国内
经济的不断变化，美国开始认为《北美自由贸易协定》让加拿大、墨西
哥获利更多，而让美国流失了大量就业机会，造成巨大的贸易逆差，因
此特朗普就任美国总统后就着手推动该协定的重新谈判。

一 《美墨加协定》产生的全球背景

当前，全球经济处于百年未有之大变局，新技术、新业态的产生给全
球经贸规则带来新的需求，而全球多边贸易谈判停滞不前。为享受更多的
规则制定"红利"，各经济体纷纷争夺国际经贸规则制定的主导权，大国

博弈日趋激烈。作为世界上最大的经济体,美国希望在新一轮国际经贸规则变革中引领全球经贸规则的变化。

(一)新技术、新业态给全球经贸规则带来的新需求

自 20 世纪 90 年代以来,世界经历了以网络信息化和通信产业为代表的第三次工业革命,并正在经历以大数据、人工智能、量子通信等为代表的第四次工业革命。随着新一代信息技术的快速发展,国际贸易进入数字贸易时代。新技术在减少成本、消除流动壁垒的同时,也对跨境大规模数据流动、信息安全、服务业开放等提出了更高的要求。在产业运行模式上,电子商务作为一种新兴的商业运作方式,可在无形中跨越地理边界进行交易并覆盖货物、服务、知识产权等多个领域的特殊性质,给国家领土概念和管辖权带来了极大挑战,导致各方政策协调变得尤为困难。

面对电子商务领域日益增长的治理需求,各国立足自身利益和经济发展情况,纷纷在新一轮国际规则方面提出自己的立场和主张。一些发达经济体尝试在多边、区域和双边层面推出能彰显其价值理念的数字贸易规则,美欧等发达经济体则利用自身服务贸易和数字贸易的竞争优势在国际规则制定中积极抢占制高点。截至 2017 年 5 月,向 WTO 通报并生效的区域贸易协定(Regional Trade Agreement,RTA)共有 275 个,其中 75 个包含电子商务条款,占比为 27.3%。而在 2014~2016 年生效的 RTA 中,这一比例高达 60%。此外,《跨太平洋伙伴关系协定》(Trans-Pacific Partnership Agreement,TPP)、《服务贸易协定》(Trade in Services Agreement,TiSA)、《跨大西洋贸易与投资伙伴关系协定》(Transatlantic Trade and Investment Partnership,TTIP)等新一代区域贸易协定提出了 21 世纪数字贸易发展的新规则框架,"数据本地化""跨境数据流动""消费者隐私保护"等议题成为谈判的重点。

（二）全球多边贸易谈判停滞不前

自 1995 年 WTO 成立以来，以 WTO 为核心的全球经贸规则体系是世界贸易和投资的基石，但 WTO 体系下的多边贸易谈判频频受阻，发展停滞。2001 年开始的新一轮多边贸易谈判——多哈回合谈判，原定于 2005 年 1 月 1 日前全面结束谈判，但直至 2005 年底都未能达成协议。2006 年 7 月 14 日，WTO 的 6 个关键成员——美国、欧盟、日本、澳大利亚、巴西和印度结束了为期两天的部长级会谈，因分歧严重难以弥合，最终决定终止已持续近五年的多哈回合全球贸易谈判。2007 年 1 月 27 日，近 30 个 WTO 成员的贸易部部长或代表在达沃斯举行了 3 个多小时的非正式会谈，但此次会谈仍未能打破多哈回合谈判的僵局。多哈回合谈判进展见表 1–1。

表 1–1　多哈回合谈判进展

时间	谈判进展
1995 年 1 月	乌拉圭回合协议生效
2000 年 2~3 月	服务、农业谈判启动
2001 年 11 月	多哈回合推出
2004 年 8 月	框架建立
2005 年 12 月	香港部长级会议
2006 年 7 月	谈判暂停
2007 年 1 月	谈判恢复
2008 年 7 月	谈判破局
2008 年 12 月	修订草案
2011 年 4 月	更新谈判主席发布的文件
2012 年 12 月	谈判主席报告最新进展

资料来源：根据 WTO 官网整理。

随着贸易发展的不断深化，多边贸易自由化涉及的议题不断增加，现有多边贸易规则无法应对农业、知识产权等传统议题的发展和变化，服务贸易、数字贸易等国际贸易新内容、新模式也缺乏多边协调，多边贸易自由化发展陷于停顿。例如，WTO 电子商务谈判一直未能取得进展，原因之一在于电子商务本身对 WTO 框架的挑战。在电子商务这种新的商业模式中，货物和服务之间的界限变得越来越模糊，因此应当适用《关税及贸易总协定》（General Agreement on Tariffs and Trade，GATT）还是《服务贸易总协定》（General Agreement on Trade in Services，GATS）存在争议。此外，在服务贸易范围内，如何对电子商务的服务模式进行划分也存在分歧。以上实质性的问题对 WTO 电子商务谈判进程制造了种种障碍。

（三）大国博弈日趋激烈

2008 年，国际金融危机的爆发给世界经济发展带来了挑战，发达国家相对于新兴市场经济体表现出复苏乏力的整体态势。为了转移压力，发达国家开始重新审视原有的国际经贸规则体系，并从自身利益出发，极力扩大和深化经济一体化，推动新一轮的国际经贸规则重构。

随着新一代信息技术的蓬勃兴起，以金融、电信、跨境电商等为代表的服务贸易和数字贸易迅猛发展，推动服务业开放和规范数字贸易的规则制定成为此轮国际经贸规则重构的竞争焦点。通过制定新的贸易规则，最大化地占据世界市场，为本国商品和资本寻找市场，成为大国博弈的首要内容。① 例如，在 WTO 电子商务谈判中，美国一直主张电子商务自由化，认为电子商务应当适用 GATT，并积极倡导电子商务零关税。而以欧盟为代表的成员则对电子商务自由化持保留态度，认为电子商务应当适用

---

① 王春丽、冯莉：《国际经贸规则重构对中国对外开放的影响与应对策略》，《亚太经济》2020 年第 5 期。

GATS，可以不做承诺，从而将其排除在自由化范围之外。欧盟还将电子商务与视听服务联系在一起，提出"文化例外"原则，双方的分歧更加难以弥合。因此，虽然 WTO 针对电子商务展开了多次讨论，但始终未能达成一致。

二 《美墨加协定》产生的区域背景

近年来，全球化呈现新形态，WTO 多边进程缓慢，取而代之的是区域主义的蓬勃发展，逐渐由以 WTO 为代表的多边经贸合作机制向区域经贸合作转变。面对日益兴起的区域化潮流，各国意识到只有加强合作、促进区域经济一体化，才能提升自身及本地区在国际经贸体系中的地位。当前国际经贸呈现欧洲、亚太、北美地区三足鼎立的区域化格局。

（一）欧洲地区

二战后，西欧经济凋敝，重振经济成为重要任务。苏美两个超级大国开始冷战，欧洲国家的实力被大大削弱，欧洲联合与合作的必要性凸显。总体来看，欧洲一体化进程经历了起步、发展、深化和受阻四个阶段。

第一阶段为 20 世纪 50 年代至 60 年代，即以三大经济共同体建立为代表的起步阶段。1950 年 5 月 9 日，法国外长罗伯特·舒曼提出了西欧煤钢联营计划，即"舒曼计划"，呼吁德国同法国建立一个超国家的管理机构，联合经营法国和德国的煤、钢铁工业，并欢迎其他西欧国家一起参加。根据该计划，法国、德国、意大利、荷兰、比利时和卢森堡六国政府代表在巴黎进行了近一年的磋商，于 1951 年 4 月 18 日签订了为期 50 年的《欧洲煤钢共同体条约》（亦称《巴黎条约》），成立了欧洲煤钢共同体。1957 年 3 月 25 日，欧洲煤钢共同体的成员国政府在意大利首都罗马签订了《建立欧洲原子能共同体条约》和《建立欧洲经济共同体条约》（两个条约合称《罗马条约》）。1958 年 1 月 1 日，《罗马条约》生效，欧洲原子能共同体和欧洲经济共同体正式成立。

第二阶段为 20 世纪 60 年代末至 80 年代末，即以欧洲共同体（European Community，EC，简称欧共体）建立为代表的发展阶段。1967 年 7 月 1 日，欧洲经济共同体六国共同签订了《布鲁塞尔条约》，并且经过协商把欧洲煤钢共同体、欧洲原子能共同体和欧洲经济共同体三个共同体合并为一个新的欧洲共同体。该共同体的成立标志着欧洲联盟的机构框架大致完成，经济一体化迈进了一个新的阶段。该阶段欧共体在原有制度的基础上，逐渐推进了经济与货币联盟计划、单一欧洲法令、申根协定、共同农业政策的第一次改革和调整等新的制度安排，保证了欧洲一体化的顺利进行。[①]

第三阶段为 20 世纪 90 年代初至 90 年代末，即以欧洲经济与货币联盟建立为代表的深化阶段。美元汇率的频繁波动以及欧共体内部货币汇率的不稳定，严重影响了共同体的对外贸易。1991 年 12 月 11 日，欧共体马斯特里赫特首脑会议通过了以建立欧洲经济与货币联盟和欧洲政治联盟为目标的《欧洲联盟条约》（即《马斯特里赫特条约》，简称《马约》）。1993 年 1 月 1 日《马约》生效后，欧共体内外越来越广泛地使用"欧洲联盟"[②]（简称"欧盟"）这一概念。1999 年 1 月 1 日，统一的欧盟货币（欧元）正式投入使用，欧盟变成了一个趋向于完全一体化的经济与货币联盟。[③]

第四阶段为 21 世纪之后，欧洲一体化进程遇到重重障碍。2008 年金融危机后，欧债危机、难民危机以及英国脱欧等事件使欧洲内部矛盾日益凸显。2009 年，欧洲主权债务危机爆发对欧洲地区金融市场和经济增长

---

① 阎国来：《欧洲经济一体化与经济增长关系研究》，吉林大学出版社，2015。

② 但法律文件和对外签署的协议仍需用"欧共体"。

③ 范斯聪：《欧洲经济一体化：进程与理论》，《中南民族大学学报》（人文社会科学版）2015 年第 4 期。

产生严重冲击。此次债务危机引发了关于欧洲一体化进程是否将因此陷入倒退的一系列猜测。① 随后，欧洲爆发了二战以来最严重的难民危机。围绕难民治理问题，欧盟内部分歧进一步加剧，导致各成员的民粹主义思潮抬头，"脱欧"倾向日益增强。在此背景下，2016 年英国经由公民投票决定"脱欧"。2017 年 3 月，英国女王伊丽莎白二世批准"脱欧"法案，授权英国首相特雷莎·梅正式启动"脱欧"程序。2018 年 11 月，欧盟召开特别峰会，欧盟除英国外 27 个成员的领导人一致表决通过了英国"脱欧"协议草案，即"退出协议"和"英欧未来关系宣言"两份关键性文件。

（二）亚太地区

20 世纪 80 年代冷战结束后，亚太区域内贸易快速增长，投资不断扩大，各国经济联系日益紧密，双边和多边的经济合作快速发展。总体来看，亚太区域一体化进程经历了开放的区域合作、分化和整合三个阶段。

第一阶段是 1989 ～ 2000 年亚太经济合作组织（Asia-Pacific Economic Cooperation，APEC）主导下的区域合作阶段。1989 年，澳大利亚、美国、加拿大、日本、韩国、新西兰以及东盟六国在澳大利亚首都堪培拉举行亚太经济合作会议首届部长级会议，标志着 APEC 的成立。1991 年，第三届部长级会议通过《汉城宣言》，正式确定了 APEC 的宗旨和目标：保持经济的增长和发展；促进成员间经济的相互依存；加强开放的多边贸易体制；减少区域贸易和投资壁垒，维护本地区人民的共同利益。随后，亚太经济一体化经历了一个快速发展的阶段。1993 年的 APEC 领导人非正式会议推动了全球多边贸易谈判尤其是《关税及贸易总协定》的达成。1994

---

① 周燕、佟家栋：《欧洲主权债务危机与欧盟经济一体化进程深化》，《南开学报》（哲学社会科学版）2012 年第 5 期。

年 APEC 设立了"茂物目标"：发达国家成员在 2010 年前、发展中国家成员在 2020 年前，实现亚太地区自由与开放的贸易及投资。1995 年的《大阪行动议程》（Osaka Action Agenda，OAA）将贸易投资自由化和便利化与经济技术合作确定为 APEC 的两个轮子，并确立了自愿行动和协调的单边自由化原则。但 1997～1998 年爆发的亚洲金融危机直接影响了 APEC 的进程，金融危机受害国开始对贸易投资自由化采取慎重态度。

第二阶段是 2001～2007 年双边和多边合作的分化阶段。2001 年之后，亚太经济合作呈现分化特点，涌现了大量的集团化自贸协议和双边自贸协议。APEC 在 2001 年的会议上达成《上海共识》，以"探路者方式"（Pathfinder Approach）推动有条件的成员率先采取行动和措施，促进贸易便利化和经济技术合作。随后，东北亚的中国、日本、韩国先后成立了自贸区或者建立了经济伙伴合作关系。2001 年中国加入 WTO，并于 2002 年与东盟十国签署了《中国-东盟全面经济合作框架协议》。2005 年 5 月，文莱、智利、新西兰、新加坡四国签订了《跨太平洋战略经济伙伴关系协定》（Trans-Pacific Strategic Economic Partnership Agreement，TPSEP，简称 P4）。与此同时，一些合作关系也在相互博弈，以中国为主导的东亚自由贸易区（East Asian Free Trade Area，EAFTA）和以日本为主导的东亚全面经济伙伴关系（Comprehensive Economic Partnership for East Asia，CEPEA）因中美关系一时不能妥协。美国在"9·11"恐怖袭击事件后对亚太地区的投入减少，于 2006 年提出的亚太自由贸易区（Free Trade Area of Asia and Pacific，FTAAP）也并没有得到足够重视。这一阶段亚太各方都在积极探索双边和多边合作，因此可以称之为"竞争性自由化阶段"。

第三阶段是 2008 年之后更高层次合作的整合阶段。2008 年之后，亚太区域合作以美国重返亚太主导经济合作协议和东盟力保中心地位为特点。美国在 2008 年宣布加入 P4，并邀请澳大利亚、秘鲁等一同加入谈判，于 2009 年宣布扩大跨太平洋伙伴关系计划，全方位主导 TPP 谈判。2015 年 10 月，以美国为主导的 TPP 谈判最终达成协定，并进入各成员国内审批阶段。但 2016 年特朗普当选美国总统后，TPP 又前途未卜。因 TPP 谈判威胁到东盟在东亚地区的核心影响力和东盟成员的凝聚力，于是东盟加紧推进《区域全面经济伙伴关系协定》（Regional Comprehensive Economic Partnership，RCEP）以制衡美国。2012 年 11 月，东盟十国正式发起 RCEP，邀请中国、日本、韩国、澳大利亚、新西兰、印度参加，建立 16 国统一市场的自由贸易协定。2017 年，在美国退出 TPP、日本等 11 国推动《全面与进步跨太平洋伙伴关系协定》（Comprehensive and Progressive Agreement for Trans-Pacific Partnership，CPTPP）的同时，东盟加速了 RCEP 的谈判进程。2017 年 11 月，RCEP 首次领导人会议在菲律宾首都马尼拉举行。与会领导人在会后发表联合声明，指示部长们和谈判团队加紧努力以结束 RCEP 谈判。这一阶段，亚太区域合作迎来了再度整合的趋势，最大的两个次区域自贸区协定 CPTPP 和 RCEP 虽然在准入与合作形式方面有一些差异，但都反映了亚太各国关于建立更广泛和更自由的经济合作关系的共识，且合作关系建立后都能在一定程度上整合亚太地区已有的双边贸易协定成果。

（三）北美地区

20 世纪 70 年代以来，欧共体经济实力日益壮大，亚洲的日本经济圈也急剧膨胀。为了顺应时代发展要求，同时与其他区域展开竞争，美国、墨西哥和加拿大三个国家开始就建立某种形式的区域经济合作关系展开谈判。总体来看，北美区域一体化进程经历了北美自贸区酝酿、北美自贸区成立、北美自贸区重新谈判三个阶段。

第一阶段是 1980~1989 年的北美自贸区酝酿阶段。1980 年里根在美国总统竞选时提出建立北美自贸区的设想，并于 1986 年再次呼吁重塑美墨加之间的友谊与合作。1988 年 6 月，美国与加拿大正式签署了《美加自由贸易协定》。经美国国会和加拿大联邦议会批准，该协定于 1989 年 1 月生效。美加自贸区是一种类似于共同市场的区域经济一体化组织，标志着北美自贸区进入酝酿阶段。

第二阶段是 20 世纪 90 年代至 21 世纪初的北美自贸区成立阶段。美加自贸区的迅速推进使墨西哥面临在北美经济大格局中被边缘化的风险，墨西哥开始积极改善与美国的关系。1990 年 7 月，美墨两国在多次谈判后达成了《美墨贸易与投资协定》。为顺应区域经济一体化蓬勃发展的时代要求，在《美加自由贸易协定》和《美墨贸易与投资协定》的基础上，美墨加三国开始转变思路，把北美自贸区问题提上了议事日程。1991 年 2 月 5 日，NAFTA 谈判正式开始。1992 年 12 月 17 日，美墨加三国领导人正式签署了 NAFTA，并分别提交各自国会或议会最终通过。1994 年 1 月 1 日，NAFTA 正式生效，北美自贸区宣布成立。

第三阶段是 21 世纪初之后的北美自贸区重新谈判阶段。2001 年美国"9·11"恐怖袭击事件之后，特别是 2008 年世界金融危机以来，围绕 NAFTA 的争论愈演愈烈。按照 NAFTA 最初的约定，2008 年 12 月 31 日是协定 15 年修约期。美国在遭受金融危机重创之后，国内的就业机会创历史新低，要求 NAFTA 重新谈判的呼声日益高涨。2015 年 5 月 18 日，美国贸易代表向国会提交报告称，为了建立更加"自由、公平"的市场，准备对 NAFTA 进行更新升级。逆全球化趋势暗潮涌动，英国"脱欧公投"意外通过，特朗普当选美国总统，NAFTA 直接驶入重新谈判的快车道。在"美国优先"原则下，美国主张大幅修改、调整对自己不利的条款。经过反复博弈，美墨加三方在对 NAFTA 框架做出重大修改的基础上，达成了新的协定——《美墨加协定》。①

---

① 王学东：《从〈北美自由贸易协定〉到〈美墨加协定〉：缘起、发展、争论与替代》，《拉丁美洲研究》2019 年第 1 期。

三 《美墨加协定》产生的国家背景

面临日趋复杂的世界经济环境和国际关系，区域经济一体化逐渐成为国家对外经济发展的新方式。各国试图通过区域贸易协定的竞争，在新一轮规则重构中抢占话语权与制定权。在此背景下，美墨加三国也顺应时代发展态势，不断调整自身的国际区域经济发展战略。

（一）美国的国际区域经济发展战略

冷战结束以后，美国对外经济政策的重心逐渐转向区域层面，其国际区域经济发展战略从北美大陆扩展到亚太地区，具有明显的经济霸权和"美国优先"的战略思维。从美国签署的自由贸易协定和对外经济战略的实施情况来看，美国的国际区域经济发展战略演变可以划分为三个主要阶段。

第一阶段是 20 世纪 80 年代至 20 世纪末，美国国际区域经济发展战略的重点在于巩固美洲"后院"，具体表现为美国试图通过组建统一的美洲自贸市场来对抗欧盟市场。从国际环境来看，美日欧三足鼎立的局面逐渐形成，亚洲新兴力量不断崛起，世界经济日益向多极化方向发展。在此背景下，欧洲经济一体化发展进入"快车道"，美国主导的 WTO 多边贸易谈判却停滞不前，美欧利益分歧迟迟得不到解决。对此，美国将北美经济一体化作为组建美洲统一市场的第一步。1988 年 6 月，美国与加拿大共同签署了《美加自由贸易协定》，并于 1992 年 8 月与墨西哥签署了《北美自由贸易协定》（NAFTA）。NAFTA 推动了自由贸易区内的经贸合作，为美国开拓了更加广阔的海外市场，缓解了欧盟市场对美国贸易的"吮吸效应"。在此基础上，美国积极推动美洲自由贸易区（Free Trade Area of Americas，FTAA）的相关谈判。1994 年底，美国总统克林顿在首届美洲国家首脑会议上提出了构建美洲自由贸易区的倡议，希望建立一个包括南北美洲在内的全球最大的自由贸易区，并将 2005 年作为达成协定的最后期限。然而，由于南北美洲国家之间的经济发展水平差距较大，难以在短期内处理好国家间的利益分歧，FTAA 相关谈判迟迟未取得明显进展。

第二阶段是 21 世纪初至 2008 年，中东地区开始成为美国国际区域经济发展战略关注的重点。从国际环境来看，"9·11"恐怖袭击事件后，"反恐战争"成为美国对外政策的第一要务。在此背景下，美国政府确立了"竞争性自由化"的贸易政策战略，希望通过多边和双边贸易谈判来强化美国在全球的领导地位。美国的国际区域经济发展战略沿两个方向同步实施。第一，加强与中东地区的经济联系，通过地区经济援助和双边自由贸易协定，扩大其在中东地区和世界石油市场上的影响力。2003 年，美国总统小布什提出在 10 年内建成"美国－中东自由贸易区"。2004 年，美国与中亚五国签署了《贸易暨投资架构协定》（Trade and Investment Framework Agreement，TIFA），并推动中亚国家参与 WTO 谈判。2006 年，美国开始筹划基于"大中亚计划"的多边投资计划。在此期间，美国分别与约旦、摩洛哥、巴林、阿曼等国签订了双边自由贸易协定。第二，继续推进在美洲市场的扩张，通过双边谈判的方式逐渐推进美洲自由贸易区建设。2003～2007 年，美国分别与智利、中美洲五国、多米尼加共和国、秘鲁、哥伦比亚以及巴拿马签署了多个自由贸易协定。在 2006 年《美国国家安全战略》报告中，美国将"自由市场和自由贸易"作为战略目标，并将自由贸易协定作为重要的战略工具，企图通过双边和区域贸易协定来强化其在国际贸易网络中的领导地位。[①]

第三阶段是 2008 年至今，美国将亚太地区作为国际区域经济发展战略的中心目标。这一阶段，美国采取加强美洲一体化、联结欧盟伙伴、携手亚太传统盟国的三维战略手段，重塑美国在亚太地区的核心领导地

---

① "The National Security Strategy", https://georgewbush - whitehouse. archives. gov/nsc/nss/ 2006/index. html.

位。从国际环境来看，以中国为代表的亚太经济体快速成长，在全球制造业生产中扮演了重要角色，亚太国家之间的经济合作不断深化，而美国在亚太市场的影响力却被不断削弱。对此，美国不得不重新重视亚太区域，美国总统奥巴马上台后便提出了"重返亚太"的战略主张，试图恢复美国在亚太地区的领导力。① 在此背景下，美国采取了三个方面的战略步骤。第一，积极参与亚洲事务，加强与亚洲传统盟国的联系，并发展其他新兴伙伴关系。2009 年，美国与东盟国家外长签署了《东南亚友好合作条约》；同年，奥巴马宣布美国将参与《跨太平洋伙伴关系协定》的谈判，以抢占亚太贸易规则制定的主导权，试图塑造一个地域广、规模大、标准高的亚太经济一体化组织。2010 年，奥巴马在美国－东盟峰会上再次强调与东南亚建立贸易合作关系的重要性，并积极推动安排《美国－东盟贸易暨投资协定》的谈判。美国除了进一步加强与日本、韩国、澳大利亚等传统盟国的经贸关系以外，还拓展了与印度、印度尼西亚、越南、缅甸等新伙伴的经贸联系。第二，与欧盟市场强强联合。2008 年全球金融危机之后，美欧经济实力被大幅削弱，在国际经济秩序中的地位受到前所未有的挑战。在此背景下，2013 年美国提出建立《跨大西洋贸易与投资伙伴关系协定》，试图拓展双方在投资和服务贸易方面的合作，以大西洋经济联盟制约亚太新兴市场的力量。第三，强化北美自贸区的紧密性和排外性。2017 年特朗普上任后宣布重新谈判NAFTA，在新签署的 USMCA 中引入了针对"非市场经济体"的歧视性条款，旨在约束缔约方与区域外国家的经贸合作，进一步巩固北美区域的经贸合作网络。截至 2018 年 12 月，美国已签署或正在谈判的自由贸易协定见表 1－2。

---

① Clinton，H. R.，"America's Pacific Century"，https：//2009 － 2017. state. gov/secretary/ 20092013clinton/rm/2011/11/176999. htm.

表 1-2　美国已签署或正在谈判的自由贸易协定（截至 2018 年 12 月）

阶段	协定名称	年份
签署	《美国－以色列自由贸易协定》	1985
	《北美自由贸易协定》	1992
	《美国－约旦自由贸易协定》	2000
	《美国－新加坡自由贸易协定》	2003
	《美国－智利自由贸易协定》	2003
	《美国－澳大利亚自由贸易协定》	2004
	《美国－摩洛哥自由贸易协定》	2004
	《中美洲自由贸易协定》	2004
	《美国－巴林自由贸易协定》	2006
	《美国－阿曼自由贸易协定》	2006
	《美国－秘鲁自由贸易协定》	2006
	《美国－哥伦比亚自由贸易协定》	2006
	《美国－巴拿马自由贸易协定》	2007
	《美国－韩国自由贸易协定》	2007
	《跨太平洋伙伴关系协定》	2016
	《美墨加协定》	2018
谈判	《跨大西洋贸易与投资伙伴关系协定》	2013
	《美国－日本自由贸易协定》	2018

注：年份一列，已签署的自由贸易协定为签署时间，正在谈判的自由贸易协定为谈判开始时间。

资料来源：根据美国贸易代表办公室（USTR）、世界贸易组织区域贸易协定信息系统（RTA-IS）相关资料整理。

（二）墨西哥的国际区域经济发展战略

二战结束以后，墨西哥采取"第三世界主义"外交方式，随后开始调整对外战略，积极改善并发展与美国的经贸关系，逐步加强同欧洲、亚太及拉美地区国家的关系，实行多元化的对外战略。从墨西哥签署的自由贸易协定和对外经济战略的实施情况来看，墨西哥的国际区域经济发展战略演变可以划分为三个主要阶段。

第一阶段是 20 世纪 60 年代末至 70 年代，为了减轻对美国的单向经济及政治依附，墨西哥奉行"第三世界主义"对外战略。从国际环境来看，二战后很长一段时间，在美苏冷战、两极对峙的国际格局中，墨西哥对外交往的范围极其有限。直到 20 世纪 60 年代末 70 年代初，包括第三世界在内的多极力量开始出现，墨西哥执政总统路易斯·埃切维里亚开始广泛地联系第三世界国家，决定在拉美成立一个经济协商与合作组织。1975 年 10 月，拉美 25 国部长级会议通过了《巴拿马协议》，23 国正式签署协议，"拉丁美洲经济体系"正式成立。

第二阶段是 20 世纪 80 年代至 90 年代末，墨西哥主动改善同美国的关系，并加强与美洲地区的经贸联系。从国内经济环境来看，20 世纪 80 年代初墨西哥遭遇了严重的通货膨胀，外债持续增加，经济状况日益恶化。从国际环境来看，全球其他地区掀起区域经济一体化的浪潮，如果不积极融入全球生产体系，墨西哥在北美经济大格局中将面临被边缘化的危险。为适应冷战结束后世界格局的变化，萨利纳斯政府对墨西哥的对外战略进行了大幅度调整，把改善和发展墨美关系作为墨西哥新的对外战略重点。1986 年 8 月，美墨两国领导人提出双边的框架协定计划，并于 1987 年 11 月签订了相关协议。在此基础上，两国又进行了多次谈判，并于 1990 年 7 月正式达成《美墨贸易与投资协定》。① 同年 10 月，加拿大也决定加入北美自贸区谈判。一年之后，美墨加三国就一项三边自由贸易协定正式准备谈判。1992 年 8 月，美国、墨西哥和加拿大三国领导人签署了《北美自由贸易协定》。此外，墨西哥同美洲国家的经贸关系也有所加强，分别与哥伦比亚、尼加拉瓜、智利等国家签署了双边自由贸易协定。

第三阶段是 21 世纪之后，墨西哥加强同欧洲、亚太及拉美地区国家的关系，实行外交多元化。对于欧洲地区，福克斯上台后也积极发展与欧洲国家的关系。2001 年 1 月，福克斯访问欧洲，并在访问期间指出

---

① 王学东：《从〈北美自由贸易协定〉到〈美墨加协定〉：缘起、发展、争论与替代》，《拉丁美洲研究》2019 年第 1 期。

"墨西哥将是欧洲投资的理想场所"。因为墨西哥具有优越的地理位置,是连接北美和拉美两大地区的纽带,且与欧盟签署了自由贸易协定。福克斯希望墨西哥与欧洲之间的投资贸易规模能在《墨西哥-欧盟自由贸易协定》的推动下迅速扩大。对于亚太地区,墨西哥非常重视与亚太国家的合作关系,与日本等国家保持密切的经贸关系。2002年10月,日本首相小泉纯一郎在墨西哥举行的亚太经合组织第十届首脑峰会上与福克斯总统会晤,在会谈中两国首脑就双边经济合作领域交换了意见。2004年9月,日本首相小泉纯一郎再次访问墨西哥,双方签署了以自由贸易协定为主体的经济合作协定。对于拉美地区,2011年墨西哥分别与秘鲁、中美洲签署了自由贸易协定,2014年与巴拿马签署了双边自由贸易协定。截至2018年12月,墨西哥已签署或正在谈判的自由贸易协定见表1-3。

表1-3 墨西哥已签署或正在谈判的自由贸易协定(截至2018年12月)

阶段	协定名称	年份
签署	《北美自由贸易协定》	1992
	《墨西哥-哥伦比亚自由贸易协定》	1994
	《墨西哥-欧盟自由贸易协定》	1997
	《墨西哥-尼加拉瓜自由贸易协定》	1997
	《墨西哥-智利自由贸易协定》	1998
	《墨西哥-以色列自由贸易协定》	2000
	《墨西哥-欧洲自由贸易协会自由贸易协定》	2000
	《墨西哥-乌拉圭自由贸易协定》	2003
	《墨西哥-日本自由贸易协定》	2004
	《墨西哥-秘鲁自由贸易协定》	2011
	《墨西哥-中美洲自由贸易协定》	2011
	《墨西哥-巴拿马自由贸易协定》	2014
	《美墨加协定》	2018
谈判	《墨西哥-韩国自由贸易协定》	2007

注:年份一列,已签署的自由贸易协定为签署时间,正在谈判的自由贸易协定为谈判开始时间。
资料来源:根据世界贸易组织区域贸易协定信息系统(RTA-IS)相关资料整理。

（三）加拿大的国际区域经济发展战略

二战结束以后，加拿大一直以和平友好的外交方式推进国际区域经济多元化战略，以美洲市场为切入点，随后逐步扩大与欧洲、亚洲市场的经贸合作。从加拿大签署的自由贸易协定和对外经济战略的实施情况来看，加拿大的国际区域经济发展战略演变可以划分为三个主要阶段。

第一阶段是 20 世纪 60 年代至 80 年代，加拿大试图减少对美国市场的依赖，独立自主地发展同其他国家的经济往来。在此背景下，加拿大重修与欧洲传统贸易伙伴的经贸关系，同欧共体国家签订了一系列非特惠的贸易与经济合作协定，并积极扩大与拉美地区的贸易和投资。与此同时，加拿大不断加深与亚洲国家的经贸联系，1977 年加拿大成为东盟的对话伙伴国。

第二阶段是 20 世纪 80 年代至 90 年代末，加拿大将国际区域经济发展战略的重心放在美洲地区。从国内经济环境来看，1981 ~ 1983 年，加拿大陷入了严重的周期性经济危机，危机结束后，全球经济增长陷入低迷状态，能源需求市场紧缩，这使得加拿大早先的能源经济发展模式受到冲击。从国际环境来看，全球其他地区掀起区域经济一体化的浪潮，加拿大的对外贸易和投资面临"协定外壁垒"的风险。对此，加拿大重新恢复了与美国密切的经济联系，共同推进美洲自由贸易区的建立。加拿大总理马尔罗尼上台后便重新强化了与美国的贸易和投资往来，1985 年加拿大政府正式向美国提出开展双边自由贸易协定谈判。1989 年，美加双方签订了《美加自由贸易协定》，美墨加三国于 1992 年签订《北美自由贸易协定》。受益于美加关系的升温以及马尔罗尼政府对自由贸易价值的坚定捍卫，加拿大加快推进与拉美市场的经贸合作。[1] 在这一阶段，加拿大加

---

[1] Michael，H.，*A Trading Nation：Canadian Trade Policy from Colonialism to Globalization*，UBC Press，2002，p. 393.

入了美洲国家组织，为进军南方共同市场开辟通道，并分别与智利、哥斯达黎加签署了双边自由贸易协定。

　　第三阶段是进入 21 世纪之后，加拿大再次强调国际区域经济发展多元化战略，同时推动与多个区域市场的经贸合作。2005 年，加拿大发表了题为"在世界上扮演令人骄傲和有影响力的角色"的"对外政策声明"，以彰显加拿大的主权独立性和国际影响力，主张采取友好合作的经济外交策略，发展与亚太、拉美、欧洲等地区的区域经济关系。[①] 对于亚太地区，2006 年，加拿大提出"亚太门户与走廊计划"[②]，修建亚洲和北美之间的交通基础设施，扩大与亚太地区的经济合作。对于拉美地区，2007 年，加拿大总理哈珀在区域访问期间将美洲地区确定为加拿大的外交政策优先事项[③]，继续推进与拉美国家签署自由贸易协定。2008 年以来，加拿大分别与秘鲁、哥斯达黎加、巴拿马、洪都拉斯签署了双边自由贸易协定。与此同时，加拿大与多米尼加共和国、加勒比共同市场以及萨尔瓦多、危地马拉、尼加拉瓜的自由贸易协定也在谈判推进之中。对于欧洲地区，2009 年，加拿大与瑞士、挪威、冰岛、列支敦士登等签署的欧洲自由贸易协定生效。2017 年，加拿大与欧盟签署了《综合经济与贸易协定》（Comprehensive Economic and Trade Agreement, CETA）。截至 2018 年 12 月，加拿大已签署或正在谈判的自由贸易协定见表 1 - 4。

---

① "A Role of Pride and Influence in the World-overview: Canada's International Policy Statement", https: //publications. gc. ca/site/eng/9. 687242/publication. html.

② "Prime Minister Harper Launches Asia-Pacific Gateway and Corridor Initiative", https: // www. canada. ca/en/news/archive/2006/10/prime - minister - harper - launches - asia - pacific - gateway - corridor - initiative. html.

③ Kirk, B., "Canada's Bilateral Free Trade Agreement Strategy in Latin America: A Strategic Analysis", https: //ruor. uottawa. ca/handle/10393/24312.

阶段	协定名称	年份
签署	《北美自由贸易协定》	1992
	《加拿大-以色列自由贸易协定》	1996
	《加拿大-智利自由贸易协定》	1996
	《加拿大-哥斯达黎加自由贸易协定》	2001
	《加拿大-欧洲自由贸易协会自由贸易协定》	2008
	《加拿大-秘鲁自由贸易协定》	2008
	《加拿大-哥伦比亚自由贸易协定》	2008
	《加拿大-约旦自由贸易协定》	2009
	《加拿大-巴拿马自由贸易协定》	2010
	《加拿大-洪都拉斯自由贸易协定》	2013
	《加拿大-韩国自由贸易协定》	2014
	《加拿大-乌克兰自由贸易协定》	2016
	《加拿大-欧盟:综合经济与贸易协定》	2016
	《跨太平洋伙伴关系全面进展协定》	2018
	《美墨加协定》	2018
谈判	《加拿大-新加坡自由贸易协定》	2001
	《加拿大-萨尔瓦多、危地马拉和尼加拉瓜自由贸易协定》	2001
	《加拿大-多米尼加共和国自由贸易协定》	2007
	《加拿大-加勒比共同市场自由贸易协定》	2007
	《加拿大-印度全面经济伙伴关系》	2010
	《加拿大-摩洛哥自由贸易协定》	2011
	《加拿大-日本经济合作协议》	2012
	《加拿大-太平洋联盟自由贸易协定》	2017
	《加拿大-南方共同市场自由贸易协定》	2018

表1-4 加拿大已签署或正在谈判的自由贸易协定（截至2018年12月）

注：年份一列，已签署的自由贸易协定为签署时间，正在谈判的自由贸易协定为谈判开始时间。

资料来源：根据加拿大政府网站（https：//www.canada.ca/en.html）以及世界贸易组织区域贸易协定信息系统（RTA-IS）相关资料整理。

第二节 《美墨加协定》的理念、内容及特点

USMCA 体现了美国政府贸易政策中"美国优先"和所谓"公平""对等"的对外贸易战略。作为美国 21 世纪贸易协定的新范本，USMCA 在 NAFTA 的基本框架下纳入了劳工、国有企业及指定垄断企业、数字贸易等新议题，进一步深化了条款内容，体现了美国在新一轮国际经贸规则变革中的战略意图。

一 《美墨加协定》的理念

特朗普上台后，美国政府宣布对 NAFTA 进行重新谈判。新的三国协定 USMCA 以推进"公平""对等"的贸易为旗号，以有利于美国的方式对北美经济一体化产生的收益福利进行重新分配，旨在实现特朗普竞选时提出的"美国优先"政策目标。[①]

（一）"公平"的理念

在"公平"的对外贸易战略方面，特朗普政府希望通过严格的"公平"贸易协定重振美国经济。因此，美国在 USMCA 谈判中也有针对非盟友的战略考量，如在 USMCA 中增加了"非市场经济体"的相关规定，即美墨加三国不得单独与所谓的"非市场经济体"签署自由贸易协定，如果某一缔约方违反规定，则必须允许其他缔约方在发出通知 6 个月后终止原有协定，并代之以新的双边协定。[②] 在金融服务领域，USMCA 规定各方不得在最惠国待遇、市场准入等方面施加不公平的标准[③]，进而为美国投资者、金融机构以及金融服务商营造更加优良的市场竞争环境。

---

① 王翠文：《从 NAFTA 到 USMCA：霸权主导北美区域合作进程的政治经济学分析》，《东北亚论坛》2020 年第 2 期。

② "Office of the United States Trade Representative, United States-Mexico-Canada Agreement"，https：//ustr. gov/trade – agreements/free – trade – agreements.

③ "Office of the United States Trade Representative, USMCA Financial Services"，https：//ustr. gov/sites/default/files/files/agreements/FTA/USMCA/Text.

（二）"对等"的理念

USMCA 通过原产地规则、关税等标准的统一化，为各国提供"对等"的贸易竞争环境。例如，美国在 USMCA 条款中试图削弱墨西哥在人口成本上的优势，使双方在汽车零部件贸易中更加对等。此外，美国在 USMCA 条款中推动加拿大放松对美国乳制品交易的限制，争取在乳制品贸易中与加拿大处于更加对等的位置。总体而言，通过修改 NAFTA 条款，美国强调绝对对等的公平贸易，推动协约国在关税、开放水平、贸易政策上达到统一。

（三）"美国优先"的理念

"美国优先"的理念一直贯穿于特朗普团队的执政理念当中。该理念在 USMCA 中体现明显，具体表现为美国的优势产业更加开放、劣势产业得到更多保护，如提高跨境服务贸易中部分服务部门的开放度，降低数字贸易壁垒，扩大美国农产品在其他缔约方的市场准入范围，为农业生物技术制定新标准，在生物制药、专利版权、商标保护等方面制定更加严格的知识产权标准，等等。在美国的优势产业方面，美国树立"贸易自由主义"大旗，一切以消除贸易壁垒、增进成员方的贸易往来为"宗旨"。与此同时，在汽车等具有相对劣势的传统制造业，美国则动辄以原产地规则为工具，以完善区域内产业链为借口，对传统制造业进行保护并促进制造业回流。①

二　《美墨加协定》的内容

USMCA 的协议条款长达 1812 页（含附录），包含初始条款和一般定义、国民待遇和货物的市场准入、农业、原产地规则、原产地程序、纺织品与服装、海关管理与贸易便利化、承认墨西哥对碳氢化合物的所有权、卫生和植物检疫措施、贸易救济、技术性贸易壁垒、部门附件、政府采

---

① 白洁、苏庆义：《〈美墨加协定〉：特征、影响及中国应对》，《国际经济评论》2020 年第 6 期。

购、投资、跨境服务贸易、临时入境、金融服务、电信、数字贸易、知识产权、竞争政策、国有企业及指定垄断企业、劳工、环境、中小企业、竞争力、反腐败、良好的监管实践、公布与管理、管理和机构、争端解决、例外和一般条款、宏观经济政策和汇率问题、最终条款共 34 个章节，以及一些附加协议和官方信函（见图 1-1）。

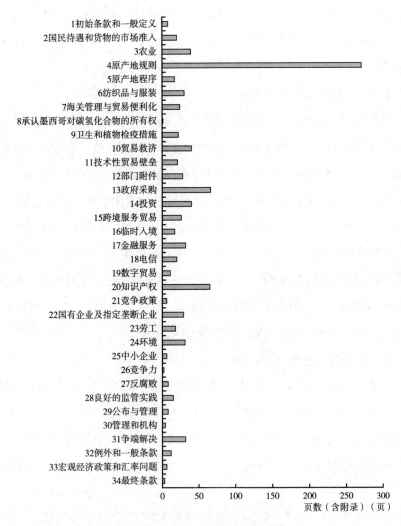

图 1-1 USMCA 的章节分布情况

为了将 USMCA 的文本内容进一步归并分类，需了解国际经贸规则的演进阶段。总体而言，国际经贸规则的发展经历了四个阶段（见表 1 –5）。在第一阶段，国际经贸规则以削减货物贸易关税及非关税壁垒为主。1947 ~ 1963 年，GATT 前五个回合以货物关税减让为主，非关税壁垒等问题始于 1964 年 5 月至 1967 年 6 月的肯尼迪回合第六轮多边贸易谈判，在 1973 年 9 月至 1979 年 4 月的东京回合第七轮多边贸易谈判中取得突破。在第二阶段，服务贸易、知识产权等议题被纳入贸易规则中。20 世纪 80 年代，发达国家服务贸易快速发展，贸易中的假冒商品问题日益严重。在 1993 年结束的乌拉圭回合谈判中，服务贸易、知识产权问题被美国等发达国家作为新议题引入谈判，该回合最终达成了《服务贸易总协定》和《与贸易有关的知识产权协定》（Agreement on Trade-Related Aspects of Intellectual Property Rights，TRIPs）。在第三阶段，更多涉及国内政策的议题被引入区域贸易规则谈判中。自 20 世纪 90 年代开始，在发达国家推动下，涉及一国国内政策领域的议题，如投资、劳动、环境保护、竞争政策等开始被引入国际经贸规则讨论的范围，原因是发达国家认为一些国家的国内规则限制了外资的市场准入，影响市场的公平竞争条件。从《北美自由贸易协定》开始，这些与国内政策相关的议题逐步被纳入区域一体化谈判中，经过近 30 年的发展，这些规则所体现的"深度区域一体化"已经成为区域贸易谈判的特点。在第四阶段，形成了面向 21 世纪的高标准国际经贸规则。近年来，在美国和欧盟的推动下，要求更高市场开放度和更高标准的贸易规则开始在区域贸易治理层面酝酿，形成了以《跨太平洋伙伴关系协定》等为代表的、以边界内规则为主要特点的 21 世纪国际经贸新规则。①

---

① 东艳：《全球贸易规则的发展趋势与中国的机遇》，《国际经济评论》2014 年第 1 期。

表 1 - 5   国际经贸规则的发展阶段

时间	阶段	内容
20 世纪 50 ~ 70 年代	第一阶段	削减货物贸易关税及非关税壁垒
20 世纪 80 ~ 90 年代	第二阶段	服务贸易、知识产权等议题被纳入贸易规则中
20 世纪 90 年代至 21 世纪	第三阶段	涉及国内政策的议题,如投资、劳动、环境保护、竞争政策等被引入区域贸易规则谈判中
21 世纪至今	第四阶段	面向 21 世纪的高标准国际经贸规则

资料来源:根据公开资料整理。

基于以上分析,可将 USMCA 的章节内容分为以下五类议题:传统议题、传统议题深化、深度一体化议题、横向新议题和其他制度性议题(见表 1 - 6)。

表 1 - 6   USMCA 的议题分类

议题分类	USMCA 章节序号	USMCA 章节名称
传统议题	2	国民待遇和货物的市场准入(National Treatment and Market Access for Goods)
	3	农业(Agriculture)
	4	原产地规则(Rules of Origin)
	5	原产地程序(Origin Procedures)
	6	纺织品与服装(Textiles and Apparel)
	7	海关管理与贸易便利化(Customs Administration and Trade Facilitation)
	9	卫生和植物检疫措施(Sanitary and Phytosanitary Measures)
	10	贸易救济(Trade Remedies)
	11	技术性贸易壁垒(Technical Barriers to Trade)
传统议题深化	14	投资(Investment)
	15	跨境服务贸易(Cross-Border Trade in Services)
	16	临时入境(Temporary Entry)
	17	金融服务(Financial Services)
	18	电信(Telecommunications)
	19	数字贸易(Digital Trade)

续表

议题分类	USMCA 章节序号	USMCA 章节名称
深度一体化议题	13	政府采购（Government Procurement）
	20	知识产权（Intellectual Property）
	21	竞争政策（Competition Policy）
	23	劳工（Labor）
	24	环境（Environment）
横向新议题	22	国有企业及指定垄断企业（State-owned Enterprises and Designated Monopolies Enterprises）
	25	中小企业（Small and Medium-Sized Enterprises）
	27	反腐败（Anti-corruption）
	33	宏观经济政策和汇率问题（Macroeconomic Policies and Exchange Rate Matters）
其他制度性议题	26	竞争力（Competitiveness）
	28	良好的监管实践（Good Regulatory Practices）
	29	公布与管理（Publication and Administration）
	30	管理和机构（Administrative and Institutional Provisions）
	31	争端解决（Dispute Settlement）
	32	例外和一般条款（Exceptions and General Provisions）
	34	最终条款（Final Provisions）

三 《美墨加协定》的特点

与 NAFTA 相比，USMCA 的议题和内容都进行了扩充和实质性调整，在议题变化和文本特征两个方面具有以下特点。

（一）议题广度的拓展

USMCA 作为对 NAFTA 的更新，最明显的一个特点就是在环境、劳工、国有企业及指定垄断企业、数字贸易等方面对议题广度进行拓展。梳理美国签署的自由贸易协定，也可以发现其章节在总体上呈现不断扩展、丰富的趋势（见图 1-2）。

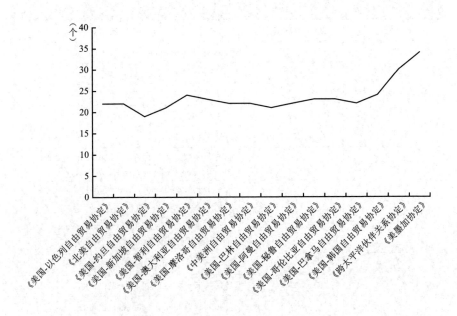

（个）40

35

30

25

20

15

10

5

0

《美国-以色列自由贸易协定》
《北美自由贸易协定》
《美国-约旦自由贸易协定》
《美国-新加坡自由贸易协定》
《美国-智利自由贸易协定》
《美国-澳大利亚自由贸易协定》
《美国-摩洛哥自由贸易协定》
《中美洲自由贸易协定》
《美国-巴林自由贸易协定》
《美国-阿曼自由贸易协定》
《美国-秘鲁自由贸易协定》
《美国-哥伦比亚自由贸易协定》
《美国-巴拿马自由贸易协定》
《美国-韩国自由贸易协定》
《跨太平洋伙伴关系协定》
《美墨加协定》

图 1 - 2　美国签署的贸易协定章节数

从章节分布来看，USMCA 的以下 25 个章节均能在 NAFTA 中找到对应章节：初始条款和一般定义、国民待遇和货物的市场准入、农业、原产地规则、原产地程序、纺织品与服装、海关管理与贸易便利化、卫生和植物检疫措施、贸易救济、技术性贸易壁垒、部门附件、政府采购、投资、跨境服务贸易、临时入境、金融服务、电信、知识产权、竞争政策、国有企业及指定垄断企业、公布与管理、管理和机构、争端解决、例外和一般条款、最终条款。此外，USMCA 中的劳工、环境两个章节在 NAFTA 中也有相关补充协议，而 USMCA 中承认墨西哥对碳氢化合物的所有权、数字贸易、中小企业、竞争力、反腐败、良好的监管实践、宏观经济政策和汇率问题 7 个章节在 NAFTA 中并无对应，这表明 NAFTA 尚未涉及这些新兴领域（见表 1 - 7）。

表1-7 USMCA 与 NAFTA 章节对比

USMCA 章节序号	USMCA 章节名称	NAFTA 章节序号	NAFTA 章节名称
1	初始条款和一般定义	1	目标
		2	一般定义
2	国民待遇和货物的市场准入	3	国民待遇和货物的市场准入
3	农业	7	农业、卫生和植物检疫措施
4	原产地规则	4	原产地规则
5	原产地程序		
6	纺织品与服装	3	国民待遇和货物的市场准入附件300-B
7	海关管理与贸易便利化	5	海关管理
8	承认墨西哥对碳氢化合物的所有权	—	—
9	卫生和植物检疫措施	7	农业、卫生和植物检疫措施
10	贸易救济	8	紧急行动
11	技术性贸易壁垒	9	技术性贸易壁垒
12	部门附件	6	能源和基础石油化工
13	政府采购	10	政府采购
14	投资	11	投资
15	跨境服务贸易	12	跨境服务
16	临时入境	16	商务人员临时入境
17	金融服务	14	金融服务
18	电信	13	电信
19	数字贸易	—	—
20	知识产权	17	知识产权
21	竞争政策	15	竞争政策、垄断和国有企业
22	国有企业及指定垄断企业		
23	劳工	—	劳工补充协议
24	环境	—	环境补充协议
25	中小企业	—	—
26	竞争力	—	—
27	反腐败	—	—
28	良好的监管实践	—	—
29	公布与管理	18	出版、通知和管理机制
30	管理和机构	20	机制安排和争端解决程序
31	争端解决	19	反倾销、反补贴税事项的审查与争议解决
32	例外和一般条款	21	例外
33	宏观经济政策和汇率问题	—	—
34	最终条款	22	最终条款

资料来源：对比 USMCA 和 NAFTA 后整理得到。

通过对 USMCA 和 NAFTA 章节的比较,可以看出 USMCA 相对于 NAFTA 在议题广度上有明显的拓展。数字贸易、劳工、环境、中小企业等新议题的出现,是 USMCA 适应时代发展做出的调整,体现出美国率先尝试在新议题中制定规则,试图在新议题领域传播符合自身利益的经贸规则,从而掌握这些新议题经贸规则的制定权和主导权。

(二)议题内容的深化

USMCA 作为美国目前覆盖面最广的贸易协定,对货物贸易、服务贸易和投资三大议题进行了内容上的深化。

第一,在货物贸易相关议题上,USMCA 进一步提升了贸易便利化程度。在货物出口方面,USMCA 增加了出口许可证程序的透明度、出口关税、税收或其他费用等条款,以防止缔约方将出口许可证程序作为隐性的贸易壁垒;在货物放行方面,USMCA 采取了更高效的货物放行程序,在新增条款中允许货物在抵达时放行,无须临时转移到仓库或其他设施;在海关便利化方面,USMCA 强调当前无纸贸易环境下信息技术领域发展的重要性,对电子系统的沟通交流、支付等功能的运用做出了具体规定。

第二,在服务贸易相关议题上,USMCA 增加了数字贸易章节并对电子商务议题内容进行深化。USMCA 包含当今自由贸易协定中针对数字贸易的最新标准,为美国具有竞争优势的创新数字产品和服务在扩大贸易和投资方面提供了坚实的基础,如推行"跨境数据自由流动"和"数据存储非强制本地化",对数字产品实施"非歧视性待遇"和"豁免互联网服务提供商的第三方侵权责任"。

第三,在投资相关议题上,USMCA 引入了歧视性条款以增强北美自贸区的排外性。USMCA 针对非市场经济体增加了"毒丸条款"(只针对美国和墨西哥两国),即如果来自非市场经济体的投资者控制了缔约方的一家企业,当这家企业与另一缔约方发生投资争议时,该企业

不能运用投资者 – 国家争端解决机制①进行救济。此条款加强了美墨加三国之间的区域合作，也加剧了排他性，具有一定程度的贸易霸凌主义特点。

第三节　《美墨加协定》的影响

USMCA 反映了当下及未来美国在国际经贸中试图推行的规则诉求，可能会在美国的助推下成为未来高标准国际贸易规则的模板，对国际经济格局产生深远影响，引领全球经贸规则的变革趋势。

一　USMCA 对美墨加三国的影响

经过近 30 年的发展，NAFTA 已使美墨加三国形成了高度一体化的区域生产网络。与 NAFTA 相比，USMCA 进一步将原产地规则适用于汽车产业，反映了美国希望重塑北美地区价值链、带动制造业回归美国的意图，将对北美地区产生贸易效应与投资效应。此外，USMCA 还引入了针对"非市场经济体"的歧视性条款，旨在约束缔约方与区域外国家的经贸合作，进一步巩固并增强北美区域的经贸合作网络。

（一）USMCA 将对美墨加三国产生投资转移效应

USMCA 对劳动标准进行严格规定，将对美墨加三国产生投资转移效应。以汽车行业为例，USMCA 规定在原产地规则中享受零关税的汽车，其零部件的 40%～45% 必须由时薪不低于 16 美元的工人生产。墨西哥工人时薪低于美加两国，并以人力成本优势吸引了众多国家在墨西哥投资建厂，因此 USMCA 关于劳动价值含量标准的规定会使汽车生产商衡量零关税待遇与时薪要求之间的生产成本差异，从而影响其投资选择。生产商为

---

①　投资者 – 国家争端解决机制（Investor-State Dispute Settlement，ISDS）是指外国投资者同东道国政府之间因投资关系而产生争端的解决机制。允许投资者在一定条件下状告东道国，直接主张自己的权利。

了获得零关税待遇，可能会将墨西哥的工厂迁回美加两国，导致墨西哥的外资撤离①，由此产生了区域内的投资转移效应。

（二）USMCA 将影响北美区域价值链重塑

USMCA 中高标准的原产地规则可能对北美区域价值链重塑产生一定的影响。从区域价值链的角度来看，USMCA 中高标准的原产地规则人为割裂了 NAFTA 运行近 30 年所形成的区域价值链生产网络。以汽车行业为例，USMCA 在汽车零部件比例、使用钢和铝的比例以及工资要求等方面制定了严格的条款。第一，USMCA 规定逐年提升汽车行业区域价值成分。这将提高区域内原材料的购置比例，如在墨西哥建厂的许多企业原本从中国和韩国等国进口零部件，原产地规则标准的提高将导致原本从区域外进口的零部件变为在区域内购买或自行生产，从而造成北美区域价值链与区域外产业之间的价值链重构。第二，USMCA 支持配套的北美钢铝产业，发挥汽车行业的后向连锁效应。第三，USMCA 规定了严苛的劳工标准，导致相当大一部分生产发生在美国和加拿大等高工资地区，从而造成北美区域内产业价值链的重塑。

（三）USMCA 将约束成员国的经贸合作关系

USMCA 在例外和一般条款中引入了前所未有的排他性条款，进一步约束成员国的对外经贸合作关系。USMCA 关于"非市场经济体"的相关规定②具有明确的针对性和歧视性，限制了三国的谈判权。只要一缔约方通过国内法认定其他国家为"非市场经济体"，那么该缔约方将能够审查并且阻止其他缔约方与该"非市场经济体"的区域贸易协定谈判。以美国为例，

---

① 林黎：《USMCA 原产地规则变化对中国的影响及其启示》，《对外经贸实务》2020 年第 7 期。

② USMCA 第 32.10 条规定，"在谈判开始前至少 3 个月，一缔约方应将其与非市场经济体进行自由贸易谈判的意向告知其他缔约方，并尽可能提供关于谈判目标的信息。该缔约方与非市场经济体签订自由贸易协定后，其他缔约方可提前 6 个月通知终止 USMCA 并取代以双边协议"。

如果一国与加拿大或墨西哥缔结协定，美国有权在协定谈判时审查文本，甚至对协定谈判施加实质性影响。由此可见，美国旨在通过 USMCA 来约束墨西哥和加拿大两国与第三方"非市场经济体"签署自由贸易协定。[①]

二 USMCA 对国际经贸规则的影响

当今世界正面临百年未有之大变局，国际经贸规则正在重构，区域贸易协定谈判成为构建国际经贸新体系的重要平台。2018 年 11 月 30 日美墨加三国签订的 USMCA 于 2020 年 7 月 1 日正式生效，凸显了全方位覆盖、多元化领域、高质量高标准等特点，以及原产地规则、知识产权保护、服务业开放、数字贸易、环保劳动、竞争政策和国有企业等变革趋势，表现出美国当前对国际经贸规则重构的新诉求。未来，USMCA 可能演变成其他规则制定的蓝本，对国际经贸规则的重构产生深远影响。

（一）USMCA 使国际经贸规则的覆盖内容更广泛

USMCA 纳入了顺应时代发展的新议题，将促使国际经贸规则的覆盖内容更广泛。例如，USMCA 的内容是 NAFTA 的近 3 倍，覆盖范围除了货物贸易、原产地规则外，还包含知识产权、数字贸易、金融服务、劳动者权利、环境保护等内容，并首次加入了宏观政策和汇率章节，成为历史上涵盖最广的贸易协定。[②] 相较于传统的国际经贸规则，以国家利益为代表的"边境后"措施将成为国际经贸规则谈判的重点。

（二）USMCA 使国际经贸规则的设定标准更严格

USMCA 坚持高标准的规则制定理念，将使国际经贸规则的设定标准更加严格。发达国家在新一轮国际经贸规则重构过程中，基于自身利益的考

---

① 孙南翔：《〈美墨加协定〉对非市场经济国的约束及其合法性研判》，《拉丁美洲研究》2019 年第 1 期。

② 王春丽、冯莉：《国际经贸规则重构对中国对外开放的影响与应对策略》，《亚太经济》2020 年第 5 期。

虑，坚持制定高标准的规则条款，力图将发展中国家排除在国际分工体系之外。以 USMCA 的原产地规则制定、数字贸易议题、劳工标准为例进行具体分析。在原产地规则制定上，USMCA 对乘用车、轻型卡车提出了逐步提高区域价值比例等要求；针对数字贸易议题，由美国主导的 USMCA 明确提出了数据自由流动、数字产品的非歧视待遇、禁止强制性的本地化等规定，建立了数字贸易的国际规则范本；针对劳工标准，USMCA 要求成员国通过国内法律来保证履行《国际劳工组织关于工作中基本原则和权利宣言》核心标准的义务，包括结社自由和集体谈判、废除强制或强迫劳动、废除童工、消除雇用歧视等，以此增强劳动权利的可执行性。

（三）USMCA 使国际经贸规则的公平意识更突出

USMCA 强调"公平""对等"的规则理念，将促使国际经贸规则的公平意识更突出，具体表现在投资政策、竞争政策等方面。首先，在投资政策方面，国际经贸规则重构将主要突出"公平竞争"原则，而"负面清单和准入前国民待遇"是此类投资政策的具体体现。例如，USMCA 在跨境投资领域采取"负面清单"管理模式，并在服务业部门实行准入前国民待遇，以此为跨国服务机构和跨境服务贸易提供公平竞争环境等方面的承诺。其次，在竞争政策方面，国际经贸规则重构主要突出的是"竞争中立"原则，发达国家基于自身利益，要求国有企业和垄断企业在国际经贸活动中遵循"竞争中立"原则，不得因其所有权和垄断地位而享受私营企业竞争者所不能享受的竞争优势，以此来确保市场竞争主体的公平地位。例如，USMCA 在竞争政策方面做了关于反垄断法律与措施的规定，并对国有企业和垄断企业获取政府补贴做出了限制，承诺对任何企业无歧视地执行竞争法，遵守执法程序公正原则，确保程序透明。①

---

① 赵硕刚：《国际经贸规则变化趋势对我国的影响及对策》，《海外投资与出口信贷》2019年第3期。

2 《美墨加协定》的
传统议题

　　传统议题是区域贸易协定的重要组成部分，一般包括货物贸易的相关内容。USMCA 涵盖区域贸易协定传统议题中的主要条款，并对相关条款做出了详细规定。本章首先对国际经贸体系的传统议题进行一般性分析，其次介绍 USMCA 中相关议题的条款内容，最后将 USMCA 传统议题的内容与其他由美国主导或者曾经主导的区域贸易协定进行比较分析。本章旨在通过分析 USMCA 传统议题的相关内容，研判该议题的未来走向。

第一节　国际经贸规则体系中的传统议题

　　传统议题是所有区域贸易协定的基本组成部分，它建立了货物贸易自由化的标准和体系。本节首先界定区域贸易协定传统议题的主要内容，其次分析传统议题相关条款的经济影响，最后介绍传统议题在 WTO 框架下的体现。

一　传统议题的主要内容

　　区域贸易协定对传统议题的划分虽然不尽相同，但是其内容基本包括以下几个方面：国民待遇和货物的市场准入、农业、原产地规则、原产地程序、纺织品与服装、海关管理与贸易便利化、卫生和植物检疫措施、贸易救济以及技术性贸易壁垒等。

　　（一）国民待遇和货物的市场准入

　　国民待遇是指东道国为在本国境内从事社会经济活动的外国自然人和法人提供不低于本国自然人和法人所享有的民事权利。《关税及贸易总协定》对国民待遇的规定如下：属于一缔约方的产品输入另一缔约方时，不应对该产品直接或间接征收高于对国内相同产品直接或间接征收的国内税或其他国内费用[①]，这一规定后来被各大贸易协定广泛引用。

---

① General Agreement on Tariffs and Trade（GATT）.

货物的市场准入是指缔约方规定的产品进入另一缔约方市场的条件、关税以及非关税壁垒，产品的关税则体现在关税减让表中。①

（二）原产地规则

原产地规则是指用以确定产品生产的国家或地区的具体规定。② 原产地规则旨在保证仅缔约方所属产品才能享有自由贸易协定带来的优惠政策，防止非缔约方通过贸易转移、货物转运等手段享受该优惠政策，进而有效地保护缔约方的权益。在全球价值链背景下，全球分工细化，产品的原产地界定愈加困难，因此原产地规则的相关条款也愈加复杂。

（三）原产地程序

原产地程序是指进口商和出口商为证明其产品原产地所需提供的证明材料和履行的相关程序，它确保了原产地规则的实施。

（四）海关管理与贸易便利化

在区域贸易协定中，海关管理与贸易便利化并没有一个统一的概念，更多地以具体内容来界定。例如，WTO 的《贸易便利化协定》（Trade Facilitation Agreement，TFA）对海关管理与贸易便利化做出的规定包括加快货物移动、含运输中货物在内的清关放行、海关与其他有关当局的合作、技术援助和能力建设等。③《中国－东盟自由贸易协定》对海关管理与贸易便利化做出的规定则包括海关法律法规和一般程序的公布、简化程序和快速通过货物、自动化、风险管理、关于信息交流和监管变更预先信息的合作、快递、审查和上诉程序及海关处罚以及裁决和能力建设的推进等。④

---

① World Trade Organization，https：//www. wto. org.
② World Trade Organization，https：//www. wto. org.
③ Trade Facilitation Agreement（TFA）.
④ Dominican Republic－Central America Free Trade Agreement（CAFTA－DR）.

（五）卫生和植物检疫措施

卫生和植物检疫措施规定了食品安全和动植物卫生标准的基本准则，其目的是：保护人类和动物免受食品添加剂、污染物、毒素和致病生物带来的危害；保护人类免受植物或动物所携带疾病的威胁；保护植物免受虫害、疾病或致病生物的危害；防止或限制虫害进入或传播造成损害。

（六）贸易救济

贸易救济条款广泛存在于各大区域贸易协定内容中，主要是出于对缓解贸易自由化冲击、限制贸易救济措施滥用等因素的考量。常见的贸易救济包括反倾销措施（Anti-dumping Measures）、反补贴税（Countervailing Duties）以及保障措施（Safeguard Measures）。反倾销措施和反补贴税旨在制裁有不公平贸易行为的出口商，其中不公平贸易行为包括以低于正常价格销售商品（倾销）、从政府处得到补贴等；保障措施旨在处理公平贸易中出现的意外情况，即使贸易是公平的，但进口确实使得国内生产者受到了严重损害，则进口国可以实施贸易保障措施来保护国内生产者。

（七）技术性贸易壁垒

技术性贸易壁垒旨在确保技术标准和评定程序是非歧视性的。它不仅对产品的特征，如尺寸、形状、设计、功能、性能以及包装的方式等做出规定，而且涉及人类健康和安全保护、环境保护等方面的条款。

二 传统议题相关条款的经济影响

区域贸易协定被广泛用来调整贸易中的经济行为。区域贸易协定的签署对缔约方之间以及缔约方与非缔约方之间的贸易流向、贸易结构、投资等产生了影响。就传统议题而言，区域贸易协定传统议题的经济影响可以分为贸易自由化、贸易便利化以及贸易救济的经济影响三个方面。

（一）贸易自由化

贸易自由化（Trade Liberalization）在区域贸易协定中主要体现为关税优惠政策和技术性贸易壁垒的降低，其中关税的相关规定一般在国民待遇和货物的市场准入这一章节中进行阐述，技术性贸易壁垒则单独成为一章。贸易自由化的理论分析分为静态和动态两类，其中静态理论分析的重心在于签署自由贸易协定后，缔约方成员之间的关税下降，而对非缔约方成员的关税保持不变，导致出口成本发生相对变化，进而影响贸易规模，从而导致缔约方福利的变化；动态理论分析则集中于缔约方的效率和竞争力所受到的影响。

关于贸易自由化的静态理论分析主要有四大类结论，分别为 Smith 确定性（Smith's Certitude）、Haberler 溢出效应（Haberler's Spillover）、Viner 不确定性（Viner's Ambiguity）以及 Kemp-Wan 定理（Kemp-Wan Theorem）。

假设 A 国与 B 国签署了自由贸易协定，C 国为非缔约方；A 国、B 国和 C 国分别进口 a 产品、b 产品和 c 产品，并向其他国家出口其他两种产品。以 A 国为例来分析贸易协定对 a 产品进口的影响以及对 A 国福利效应的影响，假设最惠国关税税率为 T。

Smith 确定性阐述了在 A 国免除 B 国关税而保持对 C 国关税不变的情况下，B 国的福利水平将会提高。如图 2 - 1 所示，第一，在 A 国对 B 国和 C 国均不征收关税的情况下，a 产品的国内价格 = a 产品的出口价格 = P_{FT}；第二，在 A 国对 B 国和 C 国征收最惠国关税的情况下，a 产品的国内价格 = P，a 产品的出口价格 = $P - T$；第三，在 A 国对 B 国不征收关税而保持对 C 国关税不变的情况下，a 产品的国内价格为 P'，B 国厂商的出口价格为 P'，而 C 国厂商的出口价格为 $P' - T$。由此可以看出，在 A 国和 B 国签署贸易协定之后，B 国厂商的出口价格由 $P - T$ 上升到 P'，且 B 国对 A 国的出口增加。因此，B 国福利改善部分为 $a + b$。

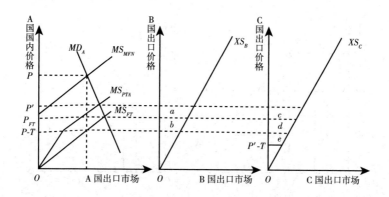

图 2 - 1 关税下降导致的价格和进出口规模的变化

资料来源：World Bank，"Preferential Trade Agreement Policies for Development"。

Haberler 溢出效应阐述了在 A 国免除 B 国关税而保持对 C 国关税不变的情况下，C 国的福利水平将会下降。在 A 国和 B 国签署贸易协定之后，C 国厂商的出口价格由 $P - T$ 下降到 $P' - T$，且 C 国对 A 国的出口减少。因此，C 国福利恶化部分为 e。

Viner 不确定性阐述了在 A 国免除 B 国关税而保持对 C 国关税不变的情况下，A 国的福利变化取决于贸易转移效应和贸易创造效应，A 国的福利变化并不是一个确定性的结果。如图 2 - 2 所示，对于 A 国而言，其福利效应 = $S_1 + S_2 - S_3 - S_4 + D_1 + D_2$。由 $S_3 = D_1$ 可知，A 国的福利效应 = $S_1 + S_2 - S_4 + D_2$。其中，S_1 是 A 国 a 产品从高成本低效率的国家转移到低成本高效率的国家而产生的福利增加；S_2 是 A 国对 C 国贸易条件改善而产生的福利增加；S_4 是 A 国自 B 国进口的贸易条件恶化而产生的福利减少；D_2 是 A 国对 B 国出口的贸易条件改善而产生的福利增加。因此，签署贸易协定对 A 国福利效应的作用并不确定，A 国福利效应的变化取决于最惠国关税的大小和 a 产品的弹性。

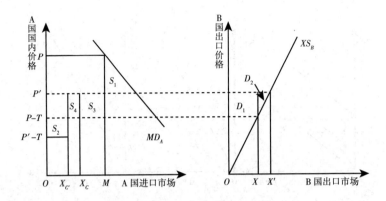

图 2 - 2 关税下降对母国的福利效应

资料来源：World Bank，"Preferential Trade Agreement Policies for Development"。

Kemp-Wan 定理证明了特惠贸易协定是能够达到帕累托最优的。在 A 国和 B 国签署贸易协定之后，两国对外设定相同的关税水平，同时取消两国之间的关税和非关税等壁垒，达到自由市场的条件。根据福利经济学第一定理，完全竞争市场所达到的均衡分配必定是帕累托最优的。

由于非关税壁垒对贸易的影响渠道是多方面的，此处模型主要探讨了技术性贸易壁垒致使出口国出口产品时边际成本提高所带来的影响。以技术性贸易壁垒为例进行分析，该渠道与关税的一个重要区别在于，关税将给进口国带来税收收入，而技术性贸易壁垒则不会。如图 2 - 3 所示，在未签订贸易协定之前，A 国与 B 国之间同时存在技术性贸易壁垒，假定这种技术性贸易壁垒使出口成本上升 T，A 国的进口曲线为 MS_{MFN}，a 产品在 A 国的国内价格为 P'，B 国和 C 国的出口价格为 $P' - T$。在 A 国与 B 国签署贸易协定之后，技术性贸易壁垒消除，A 国的进口曲线为 MS_{PTA}，a 产品在 A 国的国内价格下降到 P''，B 国的出口价格上升到 P''，B 国对 A 国的出口增加，C 国的出口价格下降到 $P'' - T$，C 国对 A 国的出口下降，但总的来说，A 国 a 产品的进口是增加的。从福利效应上来看，此时贸易转移效应对 A 国的福利并未造成影响，因此 Viner 不确定性消失，A 国的福利增加。

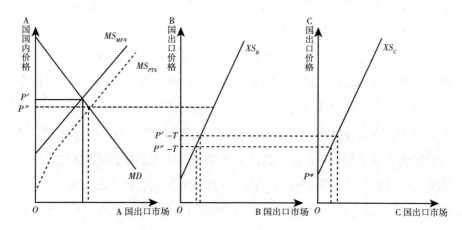

图 2－3　消除技术性贸易壁垒对价格与进出口规模的影响

资料来源：World Bank，"Preferential Trade Agreement Policies for Development"。

关于贸易自由化的动态理论分析主要集中于企业效率和竞争力所受到的影响。在未签署自由贸易协定之前，国内企业受到关税、配额、技术性贸易壁垒等措施的保护，国内市场竞争较弱，产品价格较高，企业数量较多，企业规模较小，因而这些中小企业能够通过较高的价格来弥补其低效率所带来的成本。而签署自由贸易协定后，缔约方之间显性和隐性的贸易壁垒被削弱，不同缔约方之间的企业能够更容易地进入对方市场，国内竞争加剧，生产率低的企业被挤出市场，产品价格下降，总体产量提升。同时，在竞争过程中，为了降低成本，部分企业将会解雇多余的工人并关闭多余的厂房，失业率可能上升。

（二）贸易便利化

贸易便利化（Trade Facilitation）在区域贸易协定中主要体现在海关管理与贸易便利化这一章中，相关的理论分析分为静态理论分析和动态理论分析两类。静态理论分析主要研究的是贸易便利化过程中资源如何得到更好的分配，以促进一国的贸易发展，提高其福利水平；动态理论分析主要从不完全市场的假设出发，从竞争、规模效应和外部性的角度来分析贸易便利化带来的动态经济影响。

在静态理论分析中，贸易便利化对一国贸易和福利的影响取决于在未推行贸易便利化之前，这个国家是否对进口产品征收国内税和其他国内费用，以及这部分税费金额的大小。第一，如果在贸易便利化之前，一国对其进口产品征收过境费（Transit Fee）等税费，且这些税费的金额明显超过提供相应服务的成本，那么贸易便利化将使得其他国家对该国的出口成本降低，从而推进该国的进口。第二，在贸易便利化程度较低的情况下，该国的进口商和出口商很可能面临两个选择：接受低质量的海关服务，并承受这种服务导致的货物延迟清关、丢失以及更加烦琐的程序；或者选择缴纳附加费用。此外，为了能够顺利进行贸易，进口商和出口商可能还得雇用指定的中间机构来提供清关等服务。贸易便利化能够有效地简化进出口程序，降低国内税和其他相关税费，加快清关速度，进而降低进口和出口的成本，促进该国贸易。第三，在贸易自由化对一国福利的影响分析中发现，如果一国在贸易自由化前所征收的税费大于该国在贸易自由化后产品价格下降所带来的利益，即贸易自由化的成本大于收益，那么贸易自由化对该国的福利效应是负的。类似地，贸易便利化对一国福利的影响同样取决于贸易便利化前该国所征收的国内税和其他国内费用之和，以及贸易便利化后产品价格下降所带来的利益这两个因素。但二者的不同之处在于，关税的金额远高于贸易便利化所征收的相关税费，即贸易自由化的成本远大于贸易便利化的成本。因此，一般而言，贸易便利化将提高一国的福利水平。

在动态理论分析中，考虑相邻国家签署自由贸易协定并推进贸易便利化的情况。在国际贸易中，一批产品可能要穿越多个国家边界，而不同国家对同一产品的标准、证书要求和海关流程各不相同，这就产生了重复成本。当相邻国家同时开展贸易便利化时，通过建立一个统一的产品标准、证书要求和海关流程，发展关税联盟，进而降低这种重复成本，使得企业的进出口成本降低、竞争力提高，同时小规模经营者也能够参与进出口贸易。此外，相邻国家同时推进贸易便利化还有利于产生正外部性。当贸易便利化程度较低时，开展过境贸易的国家为了实现自身利益最大化，倾向于采取设置高于服务成本的过境费用、强制设置过境路线和检查站以及限制外国运输公司进入等一系列手段，这些国家在实施这类贸易政策时，并没有考虑这类政策对邻国产生的负外部性。在此基础上，如果相邻国家相互合作，同时推进贸易便利化，则能够有效降低贸易成本，加快运输速度。

（三）贸易救济

事实上，自由贸易协定中关于贸易救济的规定是一种间接的保护手段，是经济转型期所采用的缓冲条款，它与原产地规则、敏感部门的额外规定等内容起着类似的作用，都能够降低进口竞争部门的转型速度，减弱其受到的冲击和伤害，给这些部门更多的缓冲时间，以免因进口竞争产业受到的冲击过大而破坏该国的产业结构，同时也能够缓解贸易自由化过程中可能出现的部分产业员工大规模失业、工资降低等问题。

贸易救济措施的影响是复杂的。对于缔约方而言，在签订自由贸易协定后，如果减少或限制贸易救济措施的使用，很可能会扩大与其他缔约方的贸易规模，但是由此带来的福利效应不确定，因为这种隐性的贸易保护措施同时具有贸易转移效应和贸易创造效应。对于非缔约方而言，随着自由贸易协定的不断推行，缔约方将选择性地对非缔约方使用更多的贸易救济措施，并由此产生贸易转移，这对非缔约方来说非常不利。

三 传统议题在 WTO 框架下的体现

在 WTO 框架下，传统议题的相关条款主要涉及贸易壁垒、农业、原产地规则、海关管理与贸易便利化、贸易救济等方面。

（一）贸易壁垒

贸易壁垒包括关税壁垒和非关税壁垒，传统议题涉及的非关税壁垒包括货物的市场准入、技术性贸易壁垒以及卫生和植物检疫措施。

对于关税壁垒，GATT 第 28 条明确规定，各缔约方应在互惠互利的基础上进行谈判，以大幅降低关税和进出口其他费用的一般水平，允许各方灵活地就各种商品制定不同的关税标准。同时，应根据不同缔约方、行业以及欠发达成员的实际情况来决定关税水平。对于非关税壁垒，GATT 第 20 条规定，允许缔约方采取行动保护人类、动物、植物的生命和健康，但不允许出于歧视或者保护主义运用该条款。①

对于关税壁垒，WTO 延续了 GATT 削减关税的承诺，虽然乌拉圭回合没有制定一个具有法律约束力的协议来规定降低关税的目标，但是有个别成员列出了削减和约束关税的时间表。对于非关税壁垒，WTO 制定了《技术性贸易壁垒协议》（Agreement on Technical Barriers to Trade，TBT）和《实施卫生与植物卫生措施协定》（Agreement on the Application of Sanitary and Phytosanitary Measures，SPS）。随着关税的不断下降，非关税壁垒问题变得越来越重要，上述两个协议的主要目标是在规定产品应用标准的情况下，避免技术性贸易壁垒以及卫生和植物检疫措施成为保护主义的一部分。《技术性贸易壁垒协议》旨在保护技术法规、产品标准以及测试和认证程序的顺利进行；鼓励使用国际统一标准，但也允许各成员制定独立的标准以及采取必要的措施来保证该标准的实施；不允许采取歧视性

---

① General Agreement on Tariffs and Trade （GATT）.

的技术标准；为政府和非政府行业机构制定一套良好的实践准则。① 《实施卫生与植物卫生措施协定》规定了食品安全和动植物卫生标准的基本准则，在鼓励成员使用国际标准的同时，也允许各成员单独制定标准；不允许在具有类似条件的成员之间使用歧视性标准；要求成员方必须提前通知卫生和植物检疫法规的变更。②

（二）农业

GATT 并未将农业相关内容单独成章，而是在补贴政策的相关规定中对农业做出了特殊规定。GATT 明确禁止各缔约方对除农业之外的贸易部门实行补贴，但对农业进行补贴的目的仅限于对该缔约方农业的保护，而不能出于增加农业出口的目的进行补贴。同时，GATT 对欠发达成员的农业出口也给出了特别保护。1995 年，WTO 的《农业协定》（Agreement on Agriculture，AoA）正式生效。与 GATT 不同的是，一方面，该协定禁止了出口方的绝大多数农业补贴政策，促进了农业的公平贸易；另一方面，该协定减少了大量的非关税壁垒，限制了关税水平，使农业的市场准入条件更加透明。

（三）原产地规则

GATT 第 9 条规定，根据原产地规则，如果某产品确定为由缔约方生产，那么应该给予该产品不低于第三方产品的待遇。为了实施优惠关税、进口配额以及其他非关税壁垒等措施，确定产品的"经济国籍"至关重要。GATT 对原产地规则的制定给出了指导性条款，如 GATT 明确规定，原产地规则不能严重损害该产品，不能降低该产品的价值，也不能不合理地增加该产品的成本；在制定和执行原产地规则的有关条例时，可能会给出口商增加程序和文件，缔约方应将这种困难降至最小；原产地规则还应

---

① World Trade Organization, https：//www.wto.org.
② World Trade Organization, https：//www.wto.org.

保护消费者免受欺诈或者免于被某些产品标识误导。

乌拉圭回合协议中的《原产地规则协议》（Agreement on Rules of Origin, ARO）是对 GATT 中原产地规则条例的拓展和深化。该协议旨在确保原产地规则本身不会对贸易造成不必要的影响，并提高原产地规则的透明度，希望以公正、透明和可预测的方式制定并实施原产地规则，同时还设定了通知、审查、磋商和争端解决机制。为此，该协议设立了原产地规则委员会来保障该部分条款的实施。

（四）海关管理与贸易便利化

在跨境运输中，出口和进口程序的简化与现代化已经成为世界贸易体系的一个重要问题。在全球层面，2013 年 WTO 巴厘岛部长级会议在贸易便利化问题上达成一致，签署了《贸易便利化协定》（TFA）。该协定共包含以下三个部分。第一部分规定了加快货物运输、放行和清关以及海关合作等相关内容。早在 GATT 中就有关于贸易便利化的内容，但内容较简单，仅局限于第 5 条（运输工具的无限制过境）、第 8 条（进出口手续和文件的简化）以及第 10 条（相关规定和协议的公布）。TFA 则对这些内容进行了改进与扩展。第二部分涵盖了差别待遇条款，并将 TFA 的条款分为三类：A 类条款自 TFA 生效之日起实施（欠发达成员则在生效日后一年内实施）；B 类条款在 TFA 规定的过渡期后实施；C 类条款则在 TFA 规定的过渡期后，且在缔约国得到能力建设援助后实施。发展中成员和欠发达成员可以根据该分类实施 TFA。第三部分则规定了贸易便利化委员会的设立。该协定要求其成员设立国际贸易便利化委员会来监督国内贸易便利化的建设，以及对 TFA 条款的实施情况。

（五）贸易救济

GATT 对不同条款的反倾销、反补贴和保障措施分别进行说明。GATT 第 6 条规定，如果缔约方遭受不公平贸易，致使其国内已有产业和新兴产业受到冲击，则允许缔约方采取反倾销和反补贴措施来保护国内产业，但不允许对同一批产品的出口补贴或倾销行为同时施加反倾销和反补贴税。反倾销和反补贴措施是在缔约方遭受不公平贸易的情况下采取的反制措施，而保障措施则是缔约方在公平贸易中实施的政策。GATT第 19 条始终允许其成员使用保障措施，同时第 12 条也规定，允许缔约方出于维持金融地位和国际收支平衡的目的而限制进口产品的数量或者价值，但在相关情况缓解后必须放松该保护措施。例如，出于预防和阻止其货币储备下降的考虑，缔约方可以通过限制进口产品的数量来减少储备货币的流出。类似地，在货币储备非常低的情况下，若计划增加货币储备，缔约方同样可以采取限制措施，但在货币储备稳定后必须逐步放松这种限制。

WTO 在 GATT 的基础上对反倾销措施、反补贴税和保障措施进行了拓展。在反倾销措施方面，WTO 发布的《反倾销协定》（Anti-Dumping Agreement，ADA）的重点在于一国政府究竟能否发起反倾销调查，并规定了反倾销措施。根据该协定，WTO 允许成员在其产业遭受真正重大损害时采取行动来反对倾销，因此其成员如果想要采取反倾销行动，就必须先计算该产品的国内价格和进口价格的差距，以此衡量该国遭受倾销的程度，然后开展详细的反倾销调查。如果反倾销调查证明倾销确实存在，且其内部产业确实遭受了巨大损失，那么进口方可以征收进口税，出口方也可以承诺将价格提高到正常水平以避免反倾销税。在反补贴税方面，WTO 规定了补贴的使用以及各成员针对补贴可采取的应对措施。面对内部补贴或出口补贴，WTO 成员可以使用争端解决程序来要求出口方撤销补贴或者消除补贴带来的不利影响，也可以单独启动调查，如果调查结果表明该补贴确实对其内部产业造成了不利影响，那么则有权征收额外关税，即反补贴税。在保障措施方面，WTO 保留了 GATT 中允许缔约方使用保障措施的规定，在此基础上还禁止了"灰色地带"措施，并为所有的保障措施设定了时限。"灰色地带"措施是进口方为了保护其内部产业而说服出口方"自愿"限制出口或者分享其他市场,从而缓解其对进口国市场冲击的一种方式,因此进口方很少采用 GATT 中的保障条款。但 WTO 则明确禁止其成员在出口或进口方面采取任何资源出口限制、营销安排或者其他类似措施来限制进口。

第二节 《美墨加协定》传统议题的文本分析

USMCA 的传统议题主要涵盖国民待遇和货物的市场准入、农业、原产地规则、原产地程序、纺织品与服装、海关管理与贸易便利化、卫生和植物检疫措施、贸易救济、技术性贸易壁垒 9 个部分。此外,USMCA 相比其他区域贸易协定多出了特殊的两章——承认墨西哥对碳氢化合物的所有权、部门附件,这两章的内容也对其他章节进行了补充和说明。

一 国民待遇和货物的市场准入

USMCA 中国民待遇和货物的市场准入的相关内容包括定义、适用范围、国民待遇、关税待遇、退税和关税延付、关税豁免、货物的临时入境、维修或改造之后货物的重新入境、低价值商业样品和广告印刷品的免税入境、部分货物的最惠国税率、进口与出口限制、再制造品、进口许可证程序的透明度、出口许可证程序的透明度、出口关税和其他税费用、行政和手续费用、货物贸易委员会,共计 17 条。

2.1~2.2 条款:定义与适用范围

该条款对国民待遇和货物的市场准入所涉及的基本概念给出了定义,包括广告片和录制品、领事业务、消费、关税、分销商、关税延付安排、进口许可、二手车等。除非另有规定,否则国民待遇和货物的市场准入条款适用于各缔约方之间的货物贸易。

2.3~2.4 条款:国民待遇和关税待遇

缔约方应根据 GATT 第 3 条(包括其解释性说明),给予另一缔约方的货物国民待遇；不得对任何原产货物提高现行关税或增加新关税，并按照关税减让表中的规定立即或逐步取消关税。

2.5～2.6 条款：退税、关税延付和关税豁免

属于以下情况的进口货物不允许退还或减免关税：①随后出口到另一国的货物；②用于生产出口到另一国货物的原材料；③如果该货物被相似的、用于生产另一种产品的货物所替代，且这种产品将出口到其他国家，同时该产品的出口总额超过该货物进口时已支付的关税和随后对其他国家支付的关税之中的较低者。此外，任何缔约方不得实施以业绩要求为条件的关税豁免政策。

2.7～2.9 条款：货物的临时入境、重新入境和免税入境

各缔约方对自另一缔约方进口的专业设备以及用于展示的货物、商业样品、广告片或广告录制品等予以免税临时入境，经申请和批准可以延展既定的临时入境期限；对缔约方出口至另一缔约方并经维修或改造后重新入境的货物，任何缔约方不得征收关税；缔约方应准许低价值商业样品与广告印刷品免税入境。

2.10 条款：部分货物的最惠国税率

缔约方应对自动数据处理设备，数字处理设备，输入或输出设备，存储设备，电脑电源，电脑配件，其他自动数据处理设备，金属氧化物压敏电阻，二极管、晶体管及类似的半导体器件，光敏半导体器件，发光二极管，安装压电晶体，电子集成电路和微型组件，局域网设备等货物给予最惠国免税待遇。

2.11 条款：进口与出口限制

在降低关税的情况下，为了防止其他贸易壁垒，USMCA 对缔约方之间维持、采取和增加新的限制进出口的行为有所约束，但并不约束缔约方对非缔约方采取进出口的限制措施。同时，USMCA 禁止缔约方将要求另一缔约方与本国国内分销商建立或保持合同关系作为允许进

口的条件。

2.12 条款：再制造品

USMCA 将二手商品和再制造品区分对待，即缔约方对二手商品采取或维持禁止和限制措施时，应将二手商品和再制造品的贸易区分开来，不应将对二手商品的禁止和限制施加于再制造品。

2.13～2.14 条款：进出口许可证程序的透明度

为了防止缔约方将进口和出口许可证程序作为隐性的贸易壁垒，USMCA 要求缔约方提高进口和出口许可证程序的透明度，并及时通知各成员相关程序的变化。

2.15～2.16 条款：出口关税和其他税费用、行政和手续费用

USMCA 要求缔约方对出口商品和同类国内消费品在出口关税、国内税和其他费用上采取同样待遇。缔约方不得对出口到另一缔约方的货物收取任何关税、国内税或其他费用，除非这类商品在国内被消费时需要征收同样的税费。

除关税外，缔约方对进口货物所征收的行政费用不得超过提供该服务所产生的成本，也不得出于保护国内产业或取得税收收入的目的对进出口产品征收税费。同时，不允许缔约方对原产货物征收海关适用费。

2.17 条款：货物贸易委员会

设立货物贸易委员会的目的主要是：监督该章条款的实施和管理，促进缔约方之间的货物贸易；提供协商和解决问题的平台；处理缔约方货物贸易中的关税壁垒和非关税壁垒问题；协调缔约方之间的货物贸易信息交流；等等。

附件：关税减让表

在 USMCA 中，美国、墨西哥和加拿大分别就其取消或削减关税的时间进度做出承诺，具体见表 2-1。

表 2 - 1 对 USMCA 关税减让表的分析

USMCA 成员	产品分类标准	取消或削减关税的具体规定
美国	HS(2017)	分别在 USMCA 生效后的 6 年或 11 年内将关税削减到 0
墨西哥	HS(2012)	完全在美国和墨西哥境内获得的货物关税税率为 0；完全使用美国和墨西哥境内生产的原材料进行生产的货物关税税率为 0；使用来自加拿大的原材料或者在加拿大境内操作、在美国或墨西哥境内生产的货物关税税率为 0；部分加拿大的原产货物关税税率为最惠国关税税率
加拿大	HS(2017)	部分货物自 USMCA 生效起取消关税；部分货物分别在 USMCA 生效后的 6 年或 11 年内逐步将关税税率削减到 0；部分货物的关税税率保持不变

资料来源：根据 USMCA 中的关税减让表整理。

二 农业

USMCA 中关于农业的内容分为两个部分，其中 A 部分涵盖农业的一般规定，包括定义、范围、国际合作、出口竞争、出口限制（粮食安全）、国内支持、农业贸易委员会、农业协商委员会、农业特别保障、透明度和协商、附件，共计 11 条；B 部分涵盖农业生物技术的相关内容，包括定义、联络点、农业生物技术产品贸易、LLP①、农业生物技术合作工作组，共计 5 条。

（一）A 部分：农业的一般规定

3.1 ~ 3.3 条款：定义、范围以及国际合作

该条款对"农产品"和"出口补贴"的定义与《农业协定》相同。农业相关条款适用于缔约方对农产品贸易采取或维持的措施。各缔约方应

---

① LLP（Low Level Presence），可译为"低水平混杂"或"转基因农产品低水平混杂"。LLP 是转基因生物技术诞生后出现的新问题，经济合作与发展组织于 2013 年 9 月将其定义为"种子或生物学上具有种子功能的农产品中存在重组 DNA 植物材料，该材料在一个或多个国家曾进行过环境与生物安全审查，但进口该种子或农产品的国家并没有审查该重组 DNA 植物材料的环境和生物安全与风险"。

在 WTO 框架下通力合作，提高透明度，改善并进一步发展市场准入、国内支持和出口竞争等多边规则，以逐步、大幅度地减少支持和保护，从而实现根本性变革。

3.4 条款：出口竞争

任一缔约方不得对运往另一缔约方的任何农产品采取出口补贴措施。如果一缔约方认为另一缔约方的出口融资支持可能导致双方之间的贸易扭曲，或者认为另一缔约方对农产品给予了出口补贴，可以要求与另一缔约方就该问题进行磋商。被要求方应同意在切实可行的情况下尽快与请求方磋商。

3.5 条款：出口限制（粮食安全）

各缔约方同意，根据 GATT 第 11.2（a）条规定，一方可在满足该协定第 11 章第 1 条规定的禁止或限制的情况下，暂时对一项食品实施出口禁止或限制，以防止或缓解食品严重短缺情况，但同时需要满足《农业协定》第 12.1 条规定的条件。除《农业协定》第 12.1 条规定的条件外，还提出以下几点要求：应在措施生效前至少 30 天内通知另一缔约方，但在不可抗力事件造成食品严重短缺的情况下，该方可在措施生效前通知另一缔约方；对于本协定生效之日前采取的出口禁令或限制措施，缔约方应在本协定生效之日起 30 天内将措施通知其他各方。

缔约方对农产品的出口限制不应超过 6 个月，且应在采取出口限制前通知其他缔约方。如果出口限制超过 6 个月，则应自采取措施之日起 5 个月内通知其他缔约方并提供相关信息。

3.6 条款：国内支持

国内支持措施对其农业部门至关重要，但是也可能产生贸易扭曲和生产效应。如果一缔约方为其农产品生产者提供支持，应当考虑对其农产品生产没有或只有最小贸易扭曲作用的国内支持措施。如果一缔约方担心另一缔约方的国内支持措施对双方之间的贸易产生负面影响，则双方应相互分享国内支持措施的相关信息，并就此事进行磋商，以尽量减少任何负面贸易影响。

3.7 条款：农业贸易委员会

各缔约方同意设立农业贸易委员会，成员由各方政府代表组成。其职能包括：促进本协定各缔约方之间的农产品贸易；落实本章相关内容的实施；为各缔约方提供一个论坛以促进沟通；等等。农业贸易委员会应在本协定生效之日起一年内举行会议，并在第一次会议上确定职权范围，除非缔约方另有约定，此后每年举行一次会议。

3.8 条款：农业协商委员会

对于加拿大－美国农业协商委员会，其职权范围的确定依据 1998 年 12 月 4 日美国与墨西哥政府共同商定的农产品贸易区的谅解备忘录；对于美国－墨西哥农业协商委员会，其职权范围的确定依据 2007 年 3 月 6 日美国与墨西哥政府重新商定的关于粮食和农业贸易领域的谅解备忘录；对于墨西哥－加拿大农业协商委员会，其职权范围的确定依据 2006 年 3 月墨西哥联邦农业、畜牧业、农村发展、渔业和粮食秘书处与加拿大农业及农业食品部秘书处重新商定的谅解备忘录。

3.9 条款：农业特别保障

对实行优惠关税待遇的原产农产品，不必履行《农业协定》规定的特别保障措施适用的义务。

3.10 条款：透明度和协商

各缔约方应酌情根据另一缔约方的要求，努力向对方提供关于区域一级政府在其领土内采取的可能对其贸易关系产生重大影响的农产品贸易措施的现有资料。应另一缔约方的要求，缔约方应开会讨论并酌情解决因等级、质量、技术规格和其他标准对双方贸易的影响而产生的问题。

3.11 条款：附件

附件 3－A 对美国与加拿大之间的关税、配额、乳制品定价和出口、粮食、糖和含糖产品等做出了规定；附件 3－B 对美国与墨西哥之间的关税和配额做出了规定；附件 3 - C 对美国、加拿大、墨西哥之间蒸馏酒、葡萄酒、啤酒及其他酒精饮料的贸易做出了规定；附件 3 - D 对美国、加拿大、墨西哥之间预包装食品和食品添加剂的技术法规与标准做出了规定。

（二）B 部分：农业生物技术

3.12 条款：定义

该条款对农业生物技术、LLP、现代生物技术手段的应用、农业生物技术产品以及现代生物技术产品等给出了定义。

3.13～3.14 条款：联络点与农业生物技术产品贸易

各缔约方应指定并通知一个或多个联络点，为信息共享提供基础条件。各缔约方应在可能的情况下在网上向公众提供农业生物技术产品的授权信息和文件、农业生物技术产品授权可能存在的风险和安全评估摘要、在其境内获得批准的农业生物技术产品清单，同时降低农业生物技术产品贸易中断的可能性。该条款不要求缔约方授权将农业生物技术产品投放市场。

3.15 条款：LLP

各缔约方应采取或保持对 LLP 产品的管理办法。为处理并防止 LLP 事件，应进口方的要求，出口方应提供关于 LLP 产品所采用的现代生物技术的特定风险和安全性评估的摘要，在获得许可的情况下为其领土内实体联络点提供现代生物技术产品授权，并鼓励获得授权且与该 LLP 产品相关的联络点与进口方分享信息。如果发现 LLP 产品，进口方应通知进口商或其代理商提交相关信息，向出口方提供进口方根据其国内法所做的 LLP 涉及的风险和安全性评估信息，确保对 LLP 的及时管理，并确保适用于管理 LLP 事件的任何措施符合进口方的法律法规。同时，应酌情考虑另一缔约方或非缔约方提供的任何相关风险或安全评估，并给予授权。

3.16 条款：农业生物技术合作工作组

各缔约方共同成立农业生物技术合作工作组，就与农业生物技术产品有关的政策和贸易事项进行信息交流与合作。工作组应由各方政府代表共同主持，并由负责每个缔约方农业生物技术相关问题的政策官员组成。工作组应向农业委员会报告有关事项的活动和进展情况。

三　原产地规则

USMCA 中原产地规则的相关内容包括定义，原产货物，全部价值为原产地获得或生产的货物，再制造品生产中回收材料的处理，区域价值成分，生产中使用的材料价值，材料价值的进一步调整，中间材料，间接材料，汽车产品，积累，微量许可，可替代货物或材料，配件、备件、工具和指导性材料，货物零售用包装材料与容器，货物运输用包装材料与容器，成套货物、成套工具或组合货物，运输和转运，不合格运作，共计 19 条。该章的附录较长，包含大量对税则分类的规定。

4.1 条款：定义

该条款对水产业、可替代货物或材料、间接材料、中间材料、净成本、不允许计入的利息成本、非原产货物或材料、特许权使用费、总成本等内容给出了定义。

4.2~4.3 条款：原产货物和全部价值为原产地获得或生产的货物

USMCA 中规定满足以下条件之一即原产货物。①完全在一个或多个缔约方领土范围内生产的货物。②只使用原产地材料且完全在一个或多个缔约方领土范围内生产的货物。③在满足产品特定原产地规则的情况下，使用非原产地材料但完全在一个或多个缔约方领土范围内生产的货物。④除部分货物外，如果货物满足以下条件，则该货物为原产货物：一是完全在一个或多个缔约方领土范围内生产；二是虽然在生产中使用了非原产地材料，但该材料的 HS 编码因货物和材料属于同一子目或属于同一目，且该目无法细分而不能满足产品特定原产地规则的规定，或由于该货物以未组装或拆散的形式进口至一缔约方境内，但根据协调制度解释总则而被划分为已组装货物；三是根据区域价值成分规定，商品区域价值不低于 60%（交易价值法）或 50%（净成本法）。

缔约方应规定以下货物完全是在一个及以上缔约方境内取得的：①从境内提取的矿物质或其他天然物质；②在境内种植、栽培、收获、摘取或采集的植物、植物制品、蔬菜或真菌，以及在境内出生和长大的动物；③从境内动物身上取得的货物，以及在境内猎取、诱捕、捕捞、采集、捕获的动物；④在境内水产养殖获得的货物；⑤在缔约方领土以外的海洋、海床或底土以及根据国际法在非缔约方领海以外，由在某一缔约方登记、在列或记录的，并有权悬挂该缔约方旗帜的船舶所捕获的鱼、贝类或其他海洋生物等。

4.4 条款：再制造品生产中回收材料的处理

在一个或多个缔约方境内取得的回收材料，用于再制造货物的生产并成为该再制造货物的一部分时，应视为原产货物。其中，再制造品必须满足原产货物的适用规定才会被认定为原产材料；未经使用或未被纳入再制造品生产的回收材料必须满足原产货物的适用规定才能被认定为原产材料。

4.5 ~ 4.10 条款：区域价值成分与用于生产的材料价值

进口商、出口商或生产商可以选择交易价值法或净成本法计算货物的区域价值成分（Regional Value Content，RVC）。

交易价值法的计算方法如下：

$$RVC = \frac{TV - VNM}{TV} \times 100$$

其中，TV 是货物的交易价值，不包含国际运输成本；VNM 是货物的非原产材料价值。

净成本法的计算方法如下：

$$RVC = \frac{NC - VNM}{NC} \times 100$$

其中，NC 是货物的净成本。在计算货物的净成本时，可以选择以下三种方法。

（1）先计算扣除不允许计入总成本的费用后的金额，即全部货物的净成本 = 生产所用总成本 − 计入所有此类货物总成本中的任何促销、营销和售后服务成本 − 特许使用权费 − 运输和包装成本 − 不允许计入总成本的利息成本，然后将全部货物的净成本合理分摊到该货物。

（2）先将总成本分摊到该货物，然后扣除分摊到该货物的不允许计入总成本的费用，即该货物的净成本 = 合理分摊到该货物的生产所用总成本 −（分摊到该货物的任何促销、营销和售后服务成本 + 特许使用权费 + 运输和包装成本 + 不允许计入总成本的利息成本）。

（3）将每个允许计入总成本的单个成本支出合理分摊到该货物。缔约方对各类材料的认定方法包括：①对于进口材料，以其进口时的交易价值为材料价值，包括该货物在国际运输过程中发生的费用；②对于在境内购得的材料，以当地生产商已支付或应付的价款为材料价值；③对于自产的材料，以该材料在生产过程中产生的成本以及正常利润额为材料价值；④对于非原产或来历不明的材料，运费、保险费、包装费以及除去可退回或可减免部分的关税和国内税等相关税费均不计入材料价值。

4.11 条款：积累

在一个或多个缔约方境内，由一个或多个生产商生产的货物如果符合原产货物的规定及其他适用要求，则该货物应被视为原产货物。

4.12 条款：微量许可

除部分特殊规定外，如果货物生产中所使用的非原产材料价值比例不超过 10%，且在生产过程中该货物在产品特定原产地规则下的分类没有发生变化，那么该货物应被认定为原产货物。

4.13 条款：可替代货物或材料

如果原产材料和非原产材料在生产中是可替代的，那么决定该材料是否为原产的依据是生产国《一般公认会计原则》中的库存管理办法或生产国所能接受的库存管理办法；如果原产货物和非原产货物是混合出口的，那么决定该货物是否为原产的依据是出口国《一般公认会计原则》中的库存管理办法或出口国所能接受的库存管理办法。

4.14 条款：配件、备件、工具和指导性材料

在确认货物的价值是否全部来自某一国家时，配件、备件、工具和指导性材料的价值不纳入考虑范围。在确定货物的区域价值时，配件、备件、工具和指导性材料的价值应纳入考虑范围。

4.15 条款：货物零售用包装材料与容器

供货物零售用的包装材料与容器，如果与货物同归一类，在决定该货物生产中使用的所有非原产地材料是否满足附件 4-B（具体产品原产地规则）所规定的相关关税税则分类程序或变更要求，或货物的价值是否全部来自某一国家时，应忽略不计。

如果该货物受区域价值成分的约束，且包装材料和容器与货物同归一类，则在计算货物的区域价值成分时，包装材料和容器的价值应根据情况作为原产或非原产材料而考虑在内。

4.16 条款：货物运输用包装材料与容器

在决定该货物是否为原产材料时，供货物运输用的包装材料与容器应忽略不计。

4.17 条款：成套货物、成套工具或组合货物

除特殊规定外，在一批货物被归为一套货物的情况下，只有当这套货物中的每一件货物都满足原产地要求，并且全套货物整体和每一件货物个体都满足其他适用要求时，这套货物才是原产货物。

4.18 条款：运输和转运

原产货物在运输过程中未经过其他非缔约方领土进口到缔约方的情况下，该原产货物保持其原产资格；原产货物在运输过程中经过其他非缔约方领土进口到缔约方的情况下，如果该货物受到非缔约方海关控制，并且没有实施诸如卸货、重新装载、存储、与散装货物分离等行为，那么该货物仍然保持其原产资格。

4.19 条款：不合格运作

如果仅用水或其他物质进行稀释且实质上没有改变货物的特征，或者生产或定价的做法可以被证明是为了规避以上规定的，不应该被认定为原产货物。

四 原产地程序

USMCA 中原产地程序的相关内容独立于原产地规则而单独成为一章，其内容比其他贸易协定更为具体和翔实，内容包括定义、优惠关税待遇要求、原产地证书的依据、与进口相关的义务、与出口相关的义务、原产地证书的例外情况、错误与差异、记录保存要求、原产地核查、原产地确定、进口后优惠关税待遇的退款和索赔、保密、处罚、原产地规则委员会和原产地程序委员会、复议和上诉、统一规则、处理通知，共计 17 条。

5.1 条款：定义

该条款对出口商、进口商、相同货物以及价值等给出了定义。

5.2 条款：优惠关税待遇要求

缔约方的进口商可以根据出口商、进口商或生产商填写的原产地证书提出优惠关税待遇要求。原产地证书要能够证明从缔约方领土出口到另一缔约方领土的货物满足原产货物的资格，不必遵循规定的格式，但必须满足最小数据要素的要求并符合统一条例的规定，要求使用英文、法文或西班牙文。

5.3 条款：原产地证书的依据

如果货物的生产商就是出口商，那么原产地证书应基于包括货物来源证明在内的生产商所持有的信息而完成；如果货物的出口商不是生产商，那么出口商可以依据具有证明货物来源的资料和文件或生产商的书面陈述来完成原产地证书。原产地证书适用于向某一缔约方辖区内一次装运的货物，或者在原产地证书不超过 12 个月的指定期间内多次装运的相同货物。

5.4 ~ 5.6 条款：与进出口相关的义务以及原产地证书的例外情况

对于与进口相关的义务，USMCA 规定，各缔约方应要求想要获得关税优惠待遇的进口商根据有效的原产地证书做出关于该货物符合原产货物规定的书面声明，并且按照进口方海关当局的要求提供一份原产地证书副本。如果进口商有理由相信原产地证书是基于可能影响原产地证书准确性或有效性的不正确信息而完成的，进口商应及时纠正进口文件并支付所欠的所有关税；如果进口商及时纠正进口单证并支付所欠关税，则不应为在进口单证中的错误陈述而遭受处罚。

对于与出口相关的义务，USMCA 规定，在缔约方境内完成原产地证书的出口商或生产商应根据海关当局的要求提供原产地证明副本。同时，如果后续原产地证明被认为包含或基于不正确的信息，该出口商或生产商应及时以书面形式把可能会影响原产地证书准确性或有效性的任何变动通知所有相关人员和缔约方。

对于价值不超过 1000 美元或进口方货币的等值金额以及进口商不要求提供原产地证书的货物，缔约方不应要求出口商提供原产地证书。

5.7 条款：错误与差异

USMCA 对原产地证书的微小错误有一定容忍度。USMCA 规定，不得因原产地证书中的微小错误或差异而拒绝原产地证书，前提是该错误或差异不会对进口单据的正确性产生影响；如果进口货物缔约方的海关当局确定该原产地证书难以辨认，表面存在缺陷或未按照本章规定填写，则进口商应在 5 个工作日内向海关当局提供更正的原产地证书。

5.8 条款：记录保存要求

各缔约方应规定，为进口到其境内的货物申报优惠关税待遇的进口商，应在自进口货物之日起不少于 5 年的期限内保留与进口有关的文件、证明货物原产地的必要记录等。

5.9~5.10 条款：原产地核查与确定

当进口缔约方对货物的原产地存有疑虑时，USMCA 允许进口缔约方对该货物的原产地进行核查。为了确定另一缔约方境内进口至其境内的货物是否符合原产货物规定，进口缔约方可以采取下列一种或多种方式，通过其海关当局对关税优惠待遇的索赔要求进行核查，包括向货物的进口商、出口商或生产商提出书面要求，要求提供资料的调查表，对货物出口商或生产商的生产场所进行核查访问，等等。进行核查的缔约方应在收到做出决定所需的全部资料后 120 日内，尽快给出书面决定并通知进口商、出口商或生产商。

在确定货物没有资格享受优惠待遇、没有收到足够的资料以确定货物具有原产地资格、进口商或出口商未按照原产地核查做出答复等情况下，进口缔约方可以拒绝接受关税优惠待遇的索赔。

5.11 条款：进口后优惠关税待遇的退款和索赔

如果进口商在进口时未提出优惠关税待遇要求，进口商可以在一年内申请优惠关税待遇并申请退还超额关税，前提是该货物进口到缔约方领土时具有优惠关税待遇的资格。

5.12~5.13 条款：保密和处罚

如果一缔约方向另一缔约方提供信息并根据接收方的法律将信息指定为机密，则接收方应根据其法律对信息保密。各缔约方对违反本章有关法律和条例的行为，应实施刑事、民事或行政处罚的措施。

5.14 条款：原产地规则委员会和原产地程序委员会

USMCA 规定，应成立由各方政府代表组成的原产地规则委员会和原产地程序委员会，审议原产地规则和原产地程序中的相关事宜。原产地规则委员会和原产地程序委员会应定期进行磋商，以确保原产地规则和原产地程序得到有效、统一的执行并符合 USMCA 的宗旨和目标。

5.15 条款：复议和上诉

对于海关当局根据本协定做出的原产地判定和预裁定，各缔约方应给予其境内进口商、出口商或生产商实质上相同的复议和上诉的权利。

5.16～5.17 条款：统一规则与处理通知

USMCA 生效后，对于原产地规则、原产地程序、纺织品与服装、海关管理与贸易便利化的相关事宜及对其他事项的解释、适用和管理，各缔约方应采纳或维持各自的法律或法规和统一规定。原产地规则委员会和原产地程序委员会应共同讨论统一规则的修改或增补事宜。原产地规则委员会和原产地程序委员会应定期协商，考虑修改或增补统一规则。

各缔约方应最大限度地将原产地核查的判定结果、影响原产地确定的行政政策的制定或修订以及预裁定的结果通知其他缔约方。

五　纺织品与服装

USMCA 中纺织品与服装的相关内容包括原产地规则和相关问题，手工制作品、传统民俗商品或土著手工艺品，特别规定，原产地规则的审查和修订，合作，核实，决定，纺织品和服装贸易事务委员会，保密，共计 9 条。

6.1 条款：原产地规则和相关问题

对于纺织品与服装货物，原产地规则和原产地程序仍然适用，但是 USMCA 根据纺织品与服装货物的特征给出了更具针对性的规定。例如，在微量允许方面，纺织品与服装货物所使用的在产品特定原产地规则中规定的原材料重量不超过货物总重量的 10%，且其中弹性材料（Elastomeric Content）的总重量不超过货物总重量的 7%，同时满足原产地规则中其他要求的货物,才被视为原产货物。

6.2 条款:手工制作品、传统民俗商品或土著手工艺品

对于手工制作品、传统民俗商品或土著手工艺品,缔约方可以共同商定并确定为特定纺织品或服装,且在满足进出口双方约定条件的情况下,缔约方可给予特定纺织品或服装免税待遇。

6.3 条款:特殊规定

附件 6 - A(特殊规定)对适用于某些纺织品与服装的产品进行了特殊规定。

6.4 条款:原产地规则的审查和修订

对于纺织品与服装中特定的原材料,诸如纤维、纱线和织物等,USMCA 允许缔约方在这些原材料生产能力不足的情况下,对其采取不同的原产地规则。如果根据初步评估,各缔约方认同某缔约方国内生产的纤维、纱线和织物无法满足其国内生产需求,那么各缔约方应尽快拟订特定产品的原产地规则变更并迅速达成协议。

6.5 条款:合作

缔约方应按照区域和双边执法合作(7.25 条款)、特定保密信息交换(7.26 条款)、海关合规性检验请求(7.27 条款)和缔约方之间的保密性(7.28 条款)所规定的共享信息及其他活动,在与纺织品和服装贸易有关的事项上进行合作。

6.6 ~ 6.7 条款:核实和决定

当缔约方对进口纺织品与服装的原产地资格持怀疑态度时,USMCA 允许该缔约方对该批货物的原产地进行核查,以维护进口缔约方的利益。如果核查结果显示该批货物确实不符合原产地规则,那么进口缔约方有权拒绝对该批货物所有者在进口、出口或生产相同纺织品或服装时给予优惠关税待遇。同样,如果出口商拒绝进口缔约方的核实申请或出口商在核实过程中拒绝提供该批货物的相关记录或设施,那么进口缔约方有权拒绝给

予其优惠关税待遇。

属于以下情况之一的，进口缔约方可以拒绝为纺织品或服装提供优惠关税待遇：属于原产地确定（5.10 条款）中规定的情况；进口缔约方在实地考察后发现没有收到足够的信息来确定该纺织品或服装是否有资格享受优惠关税待遇；进口缔约方的实地考察要求被拒；出口商在进口缔约方实地考察期间拒绝提供相关记录。

6.8 条款：纺织品和服装贸易事务委员会

该委员会由各缔约方政府代表构成，旨在审议纺织品与服装的相关事项，提高各缔约方的合作效率，评估现有协调制度下的潜在利益和风险。

6.9 条款：保密

如果一缔约方向另一缔约方提供信息并根据接收方的法律将信息指定为机密，则接收方应根据其法律对信息保密。

六　海关管理与贸易便利化

USMCA 中海关管理与贸易便利化的相关内容分为 A 和 B 两个部分，其中 A 部分涵盖贸易便利化的内容，具体包括贸易便利化，线上发布，线上沟通，线上咨询点，预裁定，关于关税减免或延期计划的建议或信息，货物的放行，货物的快运，信息技术的应用，单一窗口，海关程序的透明度、可预测性和一致性，风险管理，清关后审计，授权经济运营商，海关确定的审查和上诉，行政指导，过境，处罚，行为标准，报关行，边境检查，保护交易者信息，贸易便利化海关举措，贸易便利化委员会，共计 24 条；B 部分涵盖合作与执法的内容，具体包括区域和双边执法合作、特定保密信息交换、海关合规性检验请求、缔约方之间的保密性、海关执法小组委员会，共计 5 条。

（一）A 部分：贸易便利化

7.1 条款：贸易便利化

缔约方在 WTO 协定下确认各方的权利与义务，为了尽量减少贸易商因进口、出口和过境货物而产生的费用，各缔约方应以促进货物进口、出口和过境的方式管理其海关程序。

7.2~7.4条款：线上发布、沟通与咨询点

各缔约方应在免费或可公开访问的网站上提供并更新出入境所需的法律文件、数据以及相关程序等信息。各缔约方应尽可能提前发布其计划采用的海关事务相关法规，在采用这些法规之前给予利害相关人发表意见的机会，并定期与其境内的贸易商沟通有关货物进口、出口和过境的程序。各缔约方应建立或维持一个或多个咨询点以回应有关人员关于进口、出口和过境程序的询问。

7.5条款：预裁定

通过海关管理部门在进口货物之前发出书面预裁定，规定该缔约方在进口时应对货物提供何种待遇；不得以做出预裁定为条件要求另一缔约方的出口商或生产商与位于进口缔约方境内的企业建立或维持合同及其他关系。

7.6条款：关于关税减免或延期计划的建议或信息

根据境内进口商或另一缔约方境内出口商的要求，缔约方应在合理的时间范围内提供与申请中所载事实有关的适用退税或关税减免、退还或免除关税延期计划等方面的信息。

7.7~7.9条款：货物的放行、快运与信息技术的应用

为了实现各缔约方之间贸易的便利化，各缔约方应采用简化或维持简化的海关程序，进行高效的货物放行。缔约方应在收到海关申报并履行所有适用要求和程序后立即释放货物；在货物到达之前以电子方式提交和处理文件与数据；允许货物在抵达时放行，无须临时转移至仓库或其他设施；如果货物未及时放行，须通知进口商。允许以担保为条件放行货物的，须确保担保金额不超过履行货物进口义务所需的费用，且在履行义务后应尽快解除担保，并允许进口商使用非现金金融工具提供担保。

缔约方应采用快速海关程序，包括在货物到达之前提交和处理放行信息；允许以电子方式提交信息；以尽量少的文件或信息满足放行要求；在提交所有必需的信息后，缔约方应在快运货物抵达后立刻放行；缔约方可以要求以包括进行报关、提供证明文件和支付关税在内的正式入境手续为放行条件。

缔约方应利用信息技术加快货物放行的程序；允许以电子方式提供文件；允许进口商、出口商和其他人员使用电子系统提交和接收信息；促进电子系统的使用；允许通过电子支付来缴纳关税和其他税费；允许使用电子风险管理系统；允许通过电子系统来统一纠正不同材料中的同一错误。

7.10 条款：单一窗口

缔约方应建立或维持一个单一的窗口系统，该系统能够通过单一入口提交该缔约方进口到其辖域所需的文件和数据。

7.11 条款：海关程序的透明度、可预测性和一致性

缔约方应在其境内以透明、可预测和一致的方式办理与货物进口、出口和过境有关的海关手续。同时，应采取措施确保贸易商在使用海关程序时的一致性和可预测性，包括税则归类和货物海关估值等方面。

7.12 条款：风险管理

缔约方应维持一个风险管理系统，使其海关管理部门和参与跨境贸易的其他机构能够集中检查高风险货物，并简化低风险货物的结关和流动手续。

7.13 条款：清关后审计

为加快货物放行，各缔约方应采用清关后审计，以确保符合其海关和相关法律法规。清关后审计应以风险为基础并以透明的方式进行。

7.14 条款：授权经济运营商

缔约方应根据《确保和促进世界海关组织全球贸易的标准框架》为符合特定安全标准的运营商开展贸易便利化伙伴计划，该计划被称为授权经济运营商（Authorized Economic Operator，AEO）计划。

7.15～7.16 条款：海关确定的审查和上诉以及行政指导

缔约方应提供关于请求审查和上诉的相关信息。各缔约方应要求海关当局有关机构就适用进口、出口和过境的法律、法规或程序提供指导。

7.17 条款：过境

货物（包括行李）以及船舶和其他运输工具在通过全境时，无论是否转运、仓储、散装或变更交通方式，均视为在缔约方境内过境。缔约方授权货物从入境点进入缔约方领土后，除非有特别的法律规定，该缔约方不得收取海关费用、要求办理海关手续或进行检查。一旦跨境运输到达缔约方领土的出口点并满足过境要求，该缔约方应立即终止过境运营。

7.18～7.19 条款：处罚和行为标准

允许缔约方海关当局对违反产品归类、海关估值、过境程序、原产国或优惠待遇申请等相关海关法律、法规或程序要求的人员进行处罚。缔约方应采取措施阻止海关官员的任何谋取私人利益的行为。缔约方应为进口商、出口商、承运人、报关行和其他利益相关方提供投诉渠道，以便对其境内（包括入境口岸和其他海关办事处）海关管理人员的不当和腐败行为提出投诉。

7.20 条款：报关行

缔约方应允许进口商及其认为适当的任何其他人根据其法律和法规，在没有报关行服务的情况下自行提交报关单和其他进口或过境文件。对于电子申请，自行申报应包括直接访问或通过服务提供商访问电子系统，以提交和传输海关申报及其他进口或过境文件。如果缔约方制定了报关行的资格、许可、登记要求或者提供了报关行的服务要求，那么这些要求必须是透明的。

7.21 条款：边境检查

缔约方应通过加快进入港口的速度以提高进出口效率，进而提高贸易便利化程度。为加快入境速度，缔约方应保证海关管理部门和其他有关机构协调开展检查并尽可能地在同一个地点进行检查。

7.22 条款：保护交易者信息

缔约方的海关管理部门应采取措施以收集、保护、使用、披露、保留、更正和处置从贸易商处收集的信息。缔约方的海关管理部门可以根据其法律使用或披露机密信息，但仅用于管理和执行其海关法或其他法律规定的行政、准司法或司法程序中。

7.23 条款：贸易便利化海关举措

缔约方应合作制定和实施与贸易便利化措施有关的海关政策，包括海关程序实施最佳方法的共享、海关和贸易合规举措管理的共享、海关管理部门在业务层面的协作、促进跨境贸易程序制定和实施的协作、运输方式和货物清单数据要求的统一等。

7.24 条款：贸易便利化委员会

该委员会成员由各缔约方政府代表组成，提供论坛以共享信息，并在本协定生效之日起一年内举行会议，之后在双方商定的时间举行会议。该条例还规定了贸易便利化委员会的目标和义务。

（二）B 部分：合作与执法

7.25 条款：区域和双边执法合作

加强在应对违法行为方面的合作；鼓励缔约方就影响缔约方之间贸易货物的海关问题开展合作；努力向其他各方提前通知任何重大的行政变更，以及修改法律、法规或与其法律、法规相关的其他措施；鼓励各方共享信息和数据；成立工作队，联合协调地进行数据分析以及确定特别监测措施和其他行动计划。

7.26 条款：特定保密信息交换

如果缔约方发现可能或正在发生海关违法活动，可以要求另一缔约方提供通常在进口、出口和过境时收集的具体保密信息。

7.27 条款：海关合规性检验请求

一缔约方可以要求另一缔约方在该缔约方辖域内进行核查，协助请求方从出口商或生产商处获得信息和文件，以确定是否发生了海关违法行为。请求方应以书面形式提出请求。

7.28 条款：缔约方之间的保密性

如果一缔约方向另一缔约方提供信息并根据接收方的法律将信息指定为机密，则接收方应根据其法律对信息保密。

7.29 款：海关执法小组委员会

各缔约方特此设立由每个缔约方的政府代表组成的海关执法小组委员会，以处理与潜在或正在发生的海关违法行为有关的问题。

七 卫生和植物检疫措施

USMCA 中卫生和植物检疫措施的相关内容包括定义、范围、目标、一般规定、主管当局和联络点、科学与风险分析、提升卫生和植物检疫措施的兼容性、适用地区条件、等价性、审查、进口检查、认证、透明度、紧急措施、信息交流、合作、卫生和植物检疫措施委员会、技术工作组、技术磋商会、争端解决，共计 20 条。

9.1~9.4 条款：定义、范围、目标与一般规定

该条款对主管当局、进口检查、风险管理等概念给出了定义。卫生和植物检疫措施的相关条款适用于可能直接或间接影响缔约方之间贸易的所有卫生和植物检疫措施。USMCA 的卫生和植物检疫措施坚持以《实施卫生与植物卫生措施协定》为基础，旨在保护缔约方领土内人类、动物和植物的生命健康并促进相关贸易，提高各缔约方卫生和植物检疫措施的透明度和理解度，提升卫生和植物检疫措施的兼容性，鼓励制定和采用以科学为基础的国际标准、指南或建议。

9.5 条款：主管当局和联络点

为了促进各缔约方加强在卫生和植物检疫措施方面的沟通，确定卫生和植物检疫措施的实施情况，USMCA 要求各缔约方提供负责制定卫生和植物检疫措施的中央政府主管当局的名单及联系信息，并指定

通知联络点。

9.6 条款：科学与风险分析

USMCA 明确规定，缔约方应以对人类、动物和植物生命健康风险的评估为基础，根据相关的国际标准、指南或建议制定卫生和植物检疫措施。在制定卫生和植物检疫措施时，应考虑包括定性、定量数据和信息在内的科学依据，确保每项风险评估都适用于人类、动物和植物生命健康风险的情况。同时，各缔约方不应将动物和植物检疫措施作为限制缔约方贸易的一种方式；当缔约方发现其他缔约方的动物和植物检疫措施对贸易进行了限制，而该措施又未基于相关的国际标准、指南或建议，那么缔约方可以要求该国对此做出解释。

9.7 条款：提升卫生和植物检疫措施的兼容性

在不削弱每个缔约方卫生和植物检疫措施保护力度的情况下，出于减少贸易障碍的目的，各缔约方应提升卫生和植物检疫措施的兼容性。

9.8 条款：适用地区条件

适用地区条件是贸易便利化的重要手段。各缔约方应在 WTO 中卫生和植物检疫措施委员会以及相关的国际标准、指南或建议的指导下，划分无害虫或无病害地区以及低病虫害流行地区，以促进对有害生物区、低病虫害流行地区或疾病程序的识别。出口缔约方应向进口缔约方提供足够的信息和合理的渠道，并向进口缔约方提出区域条件的测定请求。进口缔约方在收到请求后应立刻开始评估，并及时与进口缔约方沟通。在双方共同认定区域条件后，应将认定结果报告给卫生和植物检疫措施委员会。

9.9 条款：等价性

积极确定卫生和植物检疫措施的等价性是贸易便利化的重要手段。各缔约方应在 WTO 中卫生和植物检疫措施委员会以及相关的国际标准、指南或建议的指导下，确认特定或一系列卫生和植物检疫措施的平等性。在缔约方对卫生和植物检疫措施平等性的认定结果达成一致后，应将认定结果报告给卫生和植物检疫措施委员会。

9.10 条款：审查

为确认出口缔约方遵守进口缔约方的卫生和植物检疫措施的能力，或确认出口缔约方遵守进口缔约方认定的等同的卫生和植物检疫措施的能力，在 WTO 中卫生和植物检疫措施委员会以及相关的国际标准、指南或建议的指导下，进口缔约方有权审查出口缔约方的主管当局。审查必须以系统为基础，旨在确保出口缔约方主管当局监管控制的有效性。在审查之前，审查方和被审查方应确定审查的理由、目标、范围和标准；在审查过程中，审查方应向被审查方提供书面的初步审查报告，被审查方可以有针对性地进行回复。如果审查方公布最终审查报告，必须包含被审查方所做的回复。

9.11 条款：进口检查

缔约方可以采用进口检查来确认卫生和植物检疫措施的遵守情况，并以此评估是否需要定期开展风险审查。进口检查以进口相关的风险为基础，不能无故拖延。缔约方应为其他缔约方提供进口检查相关的信息，如进口检查的性质、频率、分析方法、取样程序等。对进口检查程序收取的任何费用不得高于提供该服务的实际费用。进口检查不能给进口商带来不便。如果经过检查，进口缔约方确实存在重大、持续或反复出现的不符合卫生和植物检疫措施的情况，进口缔约方应将不合格的情况通知出口缔约方。

9.12 条款：认证

进口缔约方应在 WTO 中卫生和植物检疫措施委员会以及相关的国际标准、指南或建议的指导下应用认证要求，合作开发证书以配合缔约方之间特定货物的交易。

9.13 条款：透明度

各缔约方应共享卫生和植物检疫措施的信息，在官方期刊或网站上发布关于卫生和植物检疫措施的通知，及时告知其他缔约方卫生和植物检疫措施的变更情况，通知可能对另一缔约方贸易产生影响的卫生和植物检疫措施，包括符合国际标准、指南或建议的任何措施，使用 WTO 中卫生和植物检疫措施通知提交系统作为通知其他缔约方的手段。

9.14 条款：紧急措施

如果进口缔约方对其他缔约方采取紧急措施，须以书面形式通知受影响者，并在 6 个月内审查该措施的科学依据。

9.15 ~ 9.16 条款：信息交流与合作

收到信息请求的缔约方应努力在合理的时间内向请求方提供可用的信息，并在可能的情况下通过电子方式提供相关信息。各缔约方应加强在卫生和植物检疫措施方面的合作，消除卫生和植物检疫措施对贸易发展的阻碍。

9.17 条款：卫生和植物检疫措施委员会

各缔约方成立卫生和植物检疫措施委员会，成员由各缔约方代表组成，负责卫生和植物检疫相关事宜。该条款还规定了卫生和植物检疫措施委员会的目标与任务。

9.18 条款：技术工作组

技术工作组可以连续或临时运作，并由各缔约方代表共同主持。该条款还规定了技术工作组的目标和义务。

9.19 条款：技术磋商会

在上述机制无法解决问题时，各缔约方之间可以通过技术磋商的形式解决卫生和植物检疫方面的问题。一缔约方（请求方）可以向另一缔约方（答复方）提出进行技术磋商的书面请求，请求讨论可能对其贸易产生不利影响的任何卫生和植物检疫措施。

9.20 条款：争端解决

当卫生和植物检疫措施涉及科学或技术问题时，应征求专家组与争议各方协商选定的专家的意见。为此，应争议方的请求，专家组可主动成立咨询技术专家组或咨询相关的国际标准制定组织。

八 贸易救济

USMCA 中关于贸易救济的内容分为四个部分：A 部分为保障措施，包括定义、权利和义务、紧急诉讼程序的管理，共计 3 条；B 部分为反倾销和反补贴税，包括定义、权利和义务，共计 2 条；C 部分为防止偷税漏税的贸易救济法律条文的合作，包括总则、打击逃税的合作，共计 2 条；D 部分为反倾销和反补贴税事项的审查与争议解决，包括定义、通则性规定、保留国内反倾销法规和反补贴税法规、对法定修正案的审查、对反倾销和反补贴税最终裁定的审查、保障专家小组评审制度、预裁定、磋商、特别秘书处的规定、行为准则、杂项，共计 11 条。

（一）A 部分：保障措施

10.1 条款：定义

该条款主要对主管调查机关这一概念给出了定义。加拿大的主管调查机关是加拿大国际贸易法庭或其下属机构；墨西哥的主管调查机关是墨西哥经济秘书处或其下属机构；美国的主管调查机关是美国国际贸易委员会（United States International Trade Commission，USITC）或其下属机构。

10.2 条款：权利和义务

缔约方均应履行和遵守 GATT 第 19 条以及《保障措施协议》（Agreement on Safeguards）所规定的权利和义务。除以下两种情况外，缔约方不得对其他缔约方的货物采取紧急行动：①从某一缔约方进口的货物占总进口的比例较大；②某一缔约方的进口或多个缔约方的进口将造成严重损害和重大影响。针对以上两种情况，USMCA 还给出了具体的判断标准，以控制对缔约方成员适用保障措施的情况。在多方达成一致的情况下，采取保障措施的缔约方需要向被采取保障措施的缔约方提供相应的贸易自由化补偿，补偿金额取决于贸易效应或额外关税；如果多方无法达成一致，那么被采取保障措施的一方可以采取类似的反制措施。

10.3 条款：紧急诉讼程序的管理

在紧急行动中，缔约方应委托调查主管机关决定是否造成了严重的损害或威胁，由司法或行政法庭在国内法的指导下进行审查。

（二）B 部分：反倾销和反补贴税

10.4～10.5 条款：定义、权利和义务

缔约方应根据 GATT 第 6 条、《反倾销协定》、《补贴与反补贴措施协定》（Agreement on Subsidies and Countervailing Measures，SCM），保留其权利和义务。

（三）C 部分：防止偷税漏税的贸易救济法律条文的合作

10.6～10.7 条款：总则、打击逃税的合作

缔约方应认识到各方对反倾销、反补贴和保障关税逃税问题的共同关切，以及通过信息共享等合作打击逃税的重要性。因此，缔约方应依法进行合作，共同打击逃税行为。在法律允许的范围内，缔约方应与其他缔约方共享进出口、运输和过境交易的海关信息，允许其他缔约方在其国内进行偷税漏税的核查。缔约方（申请方）可以要求在被请求缔约方的领土内进行逃税核查并获得出口商和生产商的信息，申请方在这些信息的基础上判断进入其领土范围内的货物是否属于应采取反倾销、反补贴或保障措施的范围，并且申请方在完成核查后须向被申请方提供报告。

（四）D 部分：反倾销和反补贴税事项的审查与争议解决

10.8 条款：定义

该条款对反倾销法规、主管调查机关、反补贴税法规、最终裁决等概念给出了定义。

第一，反倾销法规。加拿大的反倾销法规是指经修订的《特别进口措施法》的有关规定和任何后续法规的相关规定；墨西哥的反倾销法规

是指经修订的《对外贸易法》（Ley de Comercio Exterior）的有关规定和任何后续法规的相关规定；美国的反倾销法规是指经修订的《1930 年关税法》第 7 条的有关规定和任何后续法规的相关规定。

第二，主管调查机关。加拿大的主管调查机关是指经修订的《特别进口措施法》所界定的加拿大边境服务局主席或其继承者，以及加拿大国际贸易法庭或其下属机构；墨西哥的主管调查机关是指墨西哥经济秘书处或其下属机构；美国的主管调查机关是指美国商务部国际贸易管理局或其下属机构，以及美国国际贸易委员会或其下属机构。

第三，反补贴税法规。加拿大的反补贴税法规是指经修订的《特别进口措施法》的有关规定和任何后续法规的相关规定；墨西哥的反补贴税法规是指经修订的《对外贸易法》的有关规定和任何后续法规的相关规定；美国的反补贴税法规是指经修订的《1930 年关税法》第 303 条、第 7 条的有关规定和任何后续法规的相关规定。

第四，最终裁决。加拿大的最终裁决是指加拿大国际贸易法庭根据经修订的《特别进口措施法》第 43（a）条发出的命令或做出的裁决，加拿大边境服务局局长根据经修订的《特别进口措施法》第 41 条做出的决定，加拿大边境服务局主席根据经修订的《特别进口措施法》第 59 条重新做出的决定，加拿大国际贸易法庭根据经修订的《特别进口措施法》第 76（c）条做出的不进行审查的决定，加拿大国际贸易法庭根据经修订的《特别进口措施法》第 91（c）条进行的重新审议，加拿大边境服务局主席根据经修订的《特别进口措施法》第 53（a）条对一项承保进行的审查；墨西哥的最终裁决是指经修订的《对外贸易法》第 59 条就反倾销和反补贴税调查做出的最终决议，墨西哥经济秘书处每年对反倾销和反补贴税进行行政审查的最终决议，墨西哥经济秘书处关于某一种商品是否属于现行反倾销和反补贴税决议所述的商品类别或种类做出的最终决议；美国的最终裁决是指美国商务部国际贸易管理局、美国国际贸易委员会根据经修订的《1930 年关税法》第 705 条、第 735 条、第 751 条做出的最终肯定决定。

10.9 条款：通则性规定

反倾销法规和反补贴税法规的审查仅适用于进口方的调查主管机关根据具体情况，通过进口方的反倾销法规和反补贴税法规来审查进口货物。

10.10 条款：保留国内反倾销法规和反补贴税法规

缔约方拥有将其国内的反倾销法规和反补贴税法规应用于任何进口到该国领土范围内的货物上的权利。缔约方保留其修改反倾销法规和反补贴税法规的权利。

10.11 条款：对法定修正案的审查

缔约方（修改方）在修改针对另一缔约方（适用方）的反倾销法规和反补贴税法规时，适用方可以书面要求修改方将修正提案递交两国专门设立的专家小组并发表意见。专家小组就修改方的提案和适用方的意见进行审查并开展协商。

10.12 条款：对反倾销和反补贴税最终裁定的审查

如果一缔约方需要对修改方反倾销和反补贴税的最终裁定进行审查，可以申请专家小组介入，但须在最终裁定发布后或发出裁定的缔约方通知后 30 天内以书面形式通知其他参与方。专家小组根据行政记录来判断进口国主管调查机关的最终裁定是否符合其国内反倾销法规和反补贴税法规。如果专家小组的审查结果与国内主管调查机关的审查结果不符，修改方应以专家小组的审查结果为准。

10.13 条款：保障专家小组评审制度

该条款用以保障专家小组评审制度的运行，消除缔约方国内法律对专家小组评审制度的干扰。如果各缔约方无法就妨碍专家小组评审的国内法达成一致的修改意见，那么将设立特别委员会以促进各国协商。

10.14 条款：预裁定

该条款规定，USMCA 中贸易救济相关条款适用于 USMCA 生效后各主管调查机关做出的最终决定以及 10.11 条款中的提案。

10.15 条款：磋商

缔约方应每年或应任何缔约方的要求就本节有关的任何问题进行磋商，酌情提出解决方案并向委员会提交报告。各缔约方应指定一名或多名负责人以确保磋商及时进行。该条款对磋商的内容和报告的内容做出了具体的规定。

10.16 条款：特别秘书处的规定

各缔约方应成立秘书处。由各秘书处共同行动，促进相关规定的实施。该条款就特别秘书处的工作内容做出了具体的规定。

10.17 ~ 10.18 条款：行为准则和杂项

各缔约方应交换信函以维持上述专门小组和委员会的运行。根据另一缔约方的要求，缔约方的主管调查机关应向另一缔约方提供所有公开信息的副本，以便对该缔约方的货物进行反倾销或反补贴调查。

九　技术性贸易壁垒

USMCA 中关于技术性贸易壁垒的相关内容包括定义，适用范围，参考《技术性贸易壁垒协议》中的部分，国际标准、指南或建议，技术法规，合格评定，透明度，技术法规和合格评定程序的合规期，合作和贸易便利化，信息交流和技术讨论，技术性贸易壁垒委员会，联络点，共计 12 条。

11.1 ~ 11.2 条款：定义和适用范围

该条款对互认协议、双边和多边互认协议、拟议的技术法规和合格评定程序等概念给出了定义。技术性贸易壁垒的相关内容适用于任何可能影响缔约方之间货物贸易的标准、技术规范以及中央政府机构合格评定程序的制定和应用，不适用于政府机构为其生产或消费而制定的技术规范以及卫生和植物检疫措施。

11.3 条款：参考《技术性贸易壁垒协议》中的部分

USMCA 参考了《技术性贸易壁垒协议》中的大量内容，同时根据美国、加拿大和墨西哥的实际情况做出了适当的变动。

11.4 条款：国际标准、指南或建议

对技术性贸易壁垒的规定参考国际标准、指南或建议有助于监管协调条款和减少不必要的贸易壁垒。USMCA 规定，各缔约方须适用技术性贸易壁垒委员会制定的国际标准、指南或建议的原则，不得自行制定额外的原则；须在可行或适当的情况下相互合作，以确保国际标准、指南或建议成为技术法规和合格评定程序的基础，且不对国际贸易产生不必要的障碍。

11.5 条款：技术法规

在技术法规的准备方面，缔约方须对主要技术法规的影响和备选方案进行评估，并定期对技术法规及合格评定程序进行探讨。在技术法规的适用方面，如果有多种国际标准能够符合缔约方的技术性贸易壁垒要求，那么缔约方须考虑将这些标准作为其技术法规的基础，若拒绝某个国际标准，则需要提供书面说明进行解释；如果没有国际标准符合缔约方对技术法规及合格评定程序的目标，那么缔约方须考虑其他境外机构制定的标准。在技术法规的信息交流方面，如果缔约方不采用国际标准作为其技术法规的基础，那么必须向其他缔约方解释原因。在技术法规的标签方面，各缔约方须确保其关于标签的技术法规对本国和其他国家的货物持一致态度，避免产生不必要的贸易障碍。

11.6 条款：合格评定

关于国民待遇，在《技术性贸易壁垒协议》6.4 条款的基础上，缔约方给予位于另一缔约方领土内合格评定机构的待遇应不低于其给予位于国内或其他缔约方领土内合格评定机构的待遇。在解释和信息方面，在缔约

方对其领土范围内或其他缔约方领土范围内特定政府机构的特定产品实行
合格评定程序时，如果其他缔约方提出要求，该缔约方需要解释该评定的
必要性、具体的合格评定程序和步骤、商业机密信息的保密方法等。在分
包方面，若缔约方需要合格评定机构来证明货物符合技术法规和标准，则
该缔约方应允许合格评定机构采用分包的方式进行合格评定。在授权方
面，根据《技术性贸易壁垒协议》9.2 条款，如果合格评定机构在任一缔
约方国内获得授权，则其他缔约方不得拒绝该合格评定机构给出的结果。
在合格评定程序的选择方面，缔约方对不同的货物选择不同的合格评定程
序。在费用方面，缔约方有权要求特定产品的合格评定程序由特定的政府
机构执行，在这种情况下，缔约方必须限制合格评定程序的费用并公开收
费标准。

11.7 条款：透明度

缔约方应允许其他缔约方参与其中央政府机构有关技术法规、标
准和合格评定程序的制定工作，并给予其他缔约方不低于本国人员的
权利。在采纳某一技术法规和合格评定程序时，缔约方须公开相关内
容并允许其他缔约方人员提出意见。缔约方须发布最终版本的技术法
规和合格评定程序。

11.8 条款：技术法规和合格评定程序的合规期

根据《技术性贸易壁垒协议》，缔约方须在最终技术法规和合格评定
程序公示与最终采用之间提供不少于 6 个月的间隔期。

11.9 条款：合作和贸易便利化

推进缔约方接受合格评定结果有利于推动贸易便利化。为推进在合格
评定方面的合作，缔约方应认可其他缔约方领土范围内合格评定机构出具
的结果，认可合格评定机构间现存的双边和多边互认协议，运用国际授权
机制来确认合格评定机构的资格，接受供应商的合格声明。为减少技术性
贸易壁垒，缔约方应开展监管合作和沟通，推动技术法规、标准和合格评

定程序的使用与合作，努力接受其他缔约方的技术法规。

11.10 条款：信息交流和技术讨论

信息交流和技术讨论能够有效地帮助缔约方解决贸易方面的问题。该条款规定了开展信息交流和技术讨论所需的材料及流程。

11.11 条款：技术性贸易壁垒委员会

缔约方创建技术性贸易壁垒委员会，由各缔约方的政府成员组成，旨在通过技术性贸易壁垒委员会加强各方在技术法规、标准和合格评定程序等方面的合作，推动各缔约方间的贸易。该条款规定了技术性贸易壁垒委员会的具体职责。

11.12 条款：联络点

缔约方须设定一个联络点并通报给其他缔约方，旨在促进信息交流，沟通和协调相关政府机构，协调和咨询缔约方领土内涉及相关事务的个人，必要时执行任何技术性贸易壁垒委员会指定的额外职责。

十 承认墨西哥对碳氢化合物的所有权

USMCA 中的这一议题主要是为规范墨西哥对碳氢化合物的权利，具体内容包括：缔约方充分尊重各国主权，在其民主化进程中，尊重各国按照其宪法和国内其他法律来管理本章所属事项；对于墨西哥，在不损害其根据本协定提供的权利和补偿的情况下，美国和加拿大承认墨西哥对其宪法和国内其他法律制度的改革权，以及墨西哥对其国家领土的底土（Subsoil）中碳氢化合物拥有直接、不可剥夺和不可侵犯的主权。

十一 部门附件

USMCA 中部门附件这一章对化学品、化妆品、信息和通信技术、能源性能标准、医疗器械以及药品给出了规定。

关于化学品，部门附件这一章的目的是保护环境和人类健康免受化学物质的侵害。适用范围包括以下化学品的技术法规、标准、合格评定程序和进出口许可证等：能够严重影响缔约方贸易关系的化学品，不符合以下措施规定的化学品——植物和卫生检疫措施，与农药、药品、兽药、核材料、食品以及食品添加剂等有关的措施，以及基于防止生产麻醉药品和精神药物目的而进行管制药物的化学投入品。各缔约方应定期交流各自评估化学物质所用方法的信息，且如果另一缔约方当事人提出请求，缔约方当事人应分享关于特定化学物质现有的所有数据。

关于化妆品，部门附件这一章适用于缔约方中央一级政府制定、通过和适用的可能影响缔约方之间化妆品贸易的技术法规、标准、合格评定程序及通知程序，但卫生和植物检疫措施以及政府机构为该产品的生产或消费要求而编制的技术规格除外。各缔约方应确保化妆品的安全性、有效性和质量，同时要求各缔约方应在考虑相关科学因素的情况下，判断化妆品是否对人类健康构成风险。缔约方应为消费者、卫生从业人员和其他相关人士提供一致、标准化的化妆品成分信息，推动化妆品成分标签的统一，努力参与制定、修订和简化《国际化妆品原料字典和手册》（*International Cosmetic Ingredient Dictionary and Handbook*），该书由美国个人护理用品协会在华盛顿出版。

关于信息和通信技术（Information and Communication Technology, ICT），部门附件这一章适用于使用加密技术的ICT货物。任何一方在制造、销售、分销、进口或使用该货物的时候，可向制造商或供应商提出以下三个附加条件：向缔约方或缔约方领土内的人员转让或提供与加密有关的任何专有信息；与在其境内的人员合伙或以其他方式合作开发、制造、销售、分销、进口或使用该产品；使用或集成特定的加密算法或密码。

关于能源性能标准，部门附件这一章适用于规定能源性能标准和相关试验程序的缔约方中央一级政府主管部门技术法规的编制、采纳和使用。同时，各缔约方应以自愿的方式提高能源效率。

关于医疗器械，部门附件这一章适用于缔约方中央一级政府制定的可能影响缔约方之间医疗器械贸易的技术法规、标准、合格评定程序、销售授权以及通知程序的编制、通过与适用，但卫生和植物检疫措施以及政府机构为该产品的生产或消费要求而编制的技术规格除外。缔约方应根据风险评估对医疗器械进行分类，同时考虑相关的科学因素，缔约方应确保医疗器械的安全性和有效性，对医疗器械提出的任何监管要求均以对医疗器械风险的评估为基础。缔约方应根据评估某一医疗器械安全性、有效性和质量所必需的信息，决定是否批准该医疗器械的销售授权。

关于药品，部门附件的这一章适用于医药产品贸易的技术法规、标准、合格评定程序、市场管制以及政府层面通报程序的准备和应用，但卫生和植物检疫措施以及政府机构制定的生产和消费技术规范除外。各缔约方须制定法案来确保医药产品的安全性、有效性和质量，包括市场监管部门、通报程序及其组成部分。应给予本土产品和从另一缔约方进口的产品相同的待遇。

除信息和通信技术外，部门附件这一章对其他五类产品的监管要求基本类似，具体包括：各缔约方应在网上公布其中央一级负责实施和执行化学物质与化学混合物管制的主管部门的相关信息，各缔约方应及时通知其他缔约方关于该信息的任何重大变更，并在网上更新该信息，同时努力提升缔约方之间的监管兼容性。

第三节 《美墨加协定》传统议题的比较分析

USMCA 是美国、墨西哥和加拿大三国之间建立的一种较新的自由贸易体系，与世界上其他主要贸易协定相比，其针对传统议题的条款更加完善和深化。USMCA 在很大程度上借鉴了美国已签署的《跨太平洋伙伴关系协定》（TPP）和《美韩自由贸易协定》（Korea - U. S. Free Trade Agreement，KORUS FTA）中的相关条款，比较 USMCA 与 TPP、KORUS FTA 在传统议题上的异同点，可以较为清晰地梳理自由贸易协定的发展趋势。

一　《美墨加协定》传统议题与其他贸易协定的相同点

USMCA 与 TPP、KORUS FTA 的相同点主要体现在国民待遇和货物的市场准入、农业、原产地规则、原产地程序、海关管理与贸易便利化、卫生和植物检疫措施、贸易救济以及技术性贸易壁垒等方面。

（一）国民待遇和货物的市场准入

在国民待遇和货物的市场准入方面，USMCA、TPP 和 KORUS FTA 都要求降低关税水平，降低贸易壁垒。USMCA、TPP 和 KORUS FTA 均要求削减关税，立即取消一部分商品的关税，根据关税减让表逐年降低另一部分货物的关税。为了防止缔约方在降低关税的同时，维持或增加新的贸易壁垒，USMCA、TPP 和 KORUS FTA 均对进出口限制行为进行了一定的约束。

（二）农业

在农业方面，USMCA、TPP 和 KORUS FTA 在农产品出口补贴、出口限制、农业保障等方面的条款相对一致。在出口补贴方面，USMCA、TPP 和 KORUS FTA 均不允许使用任何农产品出口补贴。在出口限制方面，USMCA、TPP 和 KORUS FTA 都参考了 GATT 的相关规定，即要求各缔约方同意，一方可在满足第 11.1 条规定的禁止或限制的情况下，暂时对一项食品实施出口禁止或限制，以防止或缓解食品严重短缺情况，但同时需要满足《农业协定》第 12.1 条规定的条件。在农业保障方面，原产地农产品不承担进口方依据《农业协定》采取的特殊保障措施下的任何义务。为了防止进口缔约方出于保护国内市场的目的而设置出口限制，USMCA 和 TPP 规定，缔约方对农产品的出口限制不应超过 6 个月且应在采取出口限制前通知其他缔约方。

（三）原产地规则和原产地程序

在原产地规则和原产地程序方面，USMCA、TPP 和 KORUS FTA 在原产货物、再制造品生产中回收材料的处理、原产地证书等方面的条款基本一致。USMCA 中关于原产货物的条款与 TPP 和 KORUS FTA 的相关条款基本一致；USMCA 中关于再制造品生产中回收材料的处理的条款与 TPP 一致，都将在一个或多个缔约方领土内获得的回收材料视为原产材料。在优惠关税待遇要求方面，USMCA、TPP 和 KORUS FTA 均允许缔约方的进口商可以根据出口商、进口商和生产商填写的原产地证书，提出优惠关税待遇要求。同时，USMCA 和 TPP 均规定，不得因原产地证书中的轻微错误或不一致而拒绝原产地证书。

（四）海关管理与贸易便利化

在海关管理与贸易便利化方面，USMCA、TPP 和 KORUS FTA 均要求加强海关管理，促进贸易便利化。具体而言，USMCA、TPP 和 KORUS FTA 均要求保证海关程序可预期、持续和透明，并以促进货物进口、出口和过境的方式管理其海关程序。在货物放行、沟通与咨询、快运、风险管理、处罚、保密等方面，USMCA、TPP 和 KORUS FTA 的规定也比较类似，均要求缔约方应尽快回应有关人员关于进口、出口和过境程序的询问，使用简化的海关程序以进行高效的货物放行，采用风险管理系统以集中检查高风险货物，并对其他缔约方要求保密的信息予以保密。

（五）其他

在卫生和植物检疫措施方面，USMCA 中关于卫生和植物检疫措施的相关规定与 TPP 中的条款基本一致。

在贸易救济方面，USMCA、TPP 和 KORUS FTA 在保障措施、反倾销和反补贴税方面的规定基本一致。针对保障措施，USMCA、TPP 和 KORUS FTA 规定的权利和义务基本一致，都遵循 GATT 和《保障措施协议》的相关规定。针对反倾销和反补贴税，USMCA、TPP 和 KORUS FTA 规定的权利和义务基本一致，都是根据 GATT 第 6 条、《反倾销协定》、《补贴与反补贴措施协定》来保留其权利和义务。

在技术性贸易壁垒方面，USMCA、TPP 和 KORUS FTA 都参照了《技术性贸易壁垒协议》，并参考国际标准、指南或建议来制定缔约方的技术性贸易壁垒相关规定。此外，在技术法规、合格评定、透明度、技术法规和合格评定程序的合规期、合作和贸易便利化、信息交流和技术讨论、技术性贸易壁垒委员会、联络点等方面，USMCA、TPP 和 KORUS FTA 的条款都比较一致。

二 《美墨加协定》传统议题与其他贸易协定的不同点

USMCA 与 TPP、KORUS FTA 的不同点在国民待遇和货物的市场准入、原产地规则、原产地程序、海关管理与贸易便利化、卫生和植物检疫措施以及贸易救济等方面也有所体现。

（一）国民待遇和货物的市场准入

在国民待遇和货物的市场准入方面，USMCA、TPP 和 KORUS FTA 在关税减让年份、再制造品的进口、进出口许可证程序的透明度方面存在一定差异。在关税减让年份方面，USMCA 规定的最长过渡期为 11 年，TPP 规定的最长过渡期为 30 年，KORUS FTA 规定的最长过渡期为 20 年。在再制造品的进口方面，USMCA 和 TPP 区分了再制造品和二手商品，取消了对再制造品的进口限制，不再将对二手商品的禁止和限制措施施加于再制造品，而 KORUS FTA 则没有相关规定。在进出口许可证程序的透明度方面，为了防止缔约方将进出口许可证程序作为隐性的贸易壁垒，USMCA 和 TPP 均要求缔约方提高进出口许可证程序的透明度，并及时通知其成员相关程序的变化，而 KORUS FTA 中则没有相关规定。

（二）原产地规则和原产地程序

在原产地规则和原产地程序方面，USMCA、TPP 和 KORUS FTA 在区域价值成分的计算方法、原产地证书的语言和原产地证书有效期方面的规定存在差异。首先，USMCA、TPP 和 KORUS FTA 在区域价值成分的计算方法上存在不同。如表 2 - 2 所示，在基于非原产材料价值的计算方法中，USMCA 和 TPP 使用的方法一致，而 KORUS FTA 中使用了调整后的货物交易价值，计算方法比 USMCA 和 TPP 更为全面。同时，USMCA 中没有涉及基于原产材料价值的区域价值成分计算方法。其次，USMCA、TPP 和 KORUS FTA 在原产地证书的语言上存在不同。USMCA 规定，各缔约方均应提供采用英语、法语或西班牙语填写的进口货物原产地证书；TPP 规定，各缔约方均应提供以英语填写的进口货物原产地证书；KORUS FTA 规定，各缔约方应允许进口商以进口缔约方或出口缔约方的语言提交证明。但 USMCA、TPP 和 KORUS FTA 均规定，如果原产地证书不是进口方的语言，进口方可要求进口商提交一份采用进口方语言的译文的证明。最后，USMCA、TPP 和 KORUS FTA 在原产地证书有效期的规定上也存在差异。USMCA 和 KORUS FTA 均规定，原产地证书自签发之日起 4 年内有效；TPP 规定，原产地证书自签发之日起 1 年内有效，或者在进口缔约方法律法规规定的较长期限内有效。

表 2 - 2　USMCA、TPP 和 KORUS FTA 关于区域价值成分计算方法的比较

计算方法	USMCA	TPP	KORUS FTA
基于非原产材料价值的计算方法	$RVC=\frac{TV-VNM}{TV}\times100$	$RVC=\frac{VOG-VNM}{VOG}\times100$	$RVC=\frac{AV-VNM}{AV}\times100$
基于原产材料价值的计算方法		$RVC=\frac{VOM}{VOG}\times100$	$RVC=\frac{VOM}{AV}\times100$
净成本法	$RVC=\frac{NC-VNM}{NC}\times100$		

注：TV、VOG 为货物的交易价值；AV 为调整后的货物交易价值；VNM 为非原产材料的价值；VOM 为原产材料的价值；NC 为货物的净成本。

资料来源：根据 USMCA、TPP 和 KORUS FTA 的相关条款整理。

（三）海关管理与贸易便利化

在海关管理与贸易便利化方面，USMCA、TPP 和 KORUS FTA 在预裁定、海关执法小组委员会方面存在差异。在预裁定方面，USMCA 要求各缔约方在接受请求后尽快发布预裁定，最迟不超过 120 天；TPP 要求各缔约方在接受请求后的 150 天内发布预裁定，且保证预裁定至少有 3 年有效期；KORUS FTA 要求各缔约方在接受请求后的 90 天内发布预裁定。此外，USMCA 提出，各缔约方要设立由每个缔约方的政府代表组成的海关执法小组委员会，以处理与潜在或正在发生的海关违法行为有关的问题；设立由各缔约方的政府代表组成的贸易便利化委员会，提供论坛以共享信息，并在本协定生效之日起 1 年内举行会议，之后在双方商定的时间举行会议。TPP 和 KORUS FTA 在这方面则没有给出详细的规定。

（四）其他

在卫生和植物检疫措施方面，USMCA、TPP 和 KORUS FTA 在兼容性、全面性等方面存在较大差异。相比 TPP 和 KORUS FTA，USMCA 提高了对卫生和植物检疫措施兼容性的要求，规定在不降低各缔约方卫生和植物检疫措施保护力度的情况下，出于减少贸易障碍的目的，各缔约方应提升卫生和植物检疫措施的兼容性。此外，KORUS FTA 中关于卫生和植物检疫措施的条款比较简单，仅涉及范围、权利和义务、卫生和植物检疫措施委员会以及争端解决四个方面。

在贸易救济方面，USMCA 对紧急诉讼程序的管理、防止偷税漏税的贸易救济法律条文的合作、保留国内反倾销法规和反补贴税法规、对法定修正案的审查、对反倾销和反补贴税最终裁定的审查、保障专家小组评审制度、预裁定、磋商、特别秘书处的规定、行为准则等方面提出了更高的要求。

三 区域贸易协定传统议题的发展趋势

区域贸易协定中的传统议题主要是针对货物贸易自由化和便利化做出

了规定，其中贸易自由化包括削减关税和非关税壁垒，贸易便利化包括海关管理。关税是保护一国国内产业发展的重要手段，因此大部分贸易协定中的传统议题首先会对缔约方之间的关税税率做出规定。而为了确定货物的优惠关税待遇，传统议题还对原产货物的界定给出了详细的标准和计算方法。随着经济全球化进程的加快，贸易政策的内容越来越复杂，非关税壁垒的类型越来越多，传统技术性贸易壁垒、卫生和植物检疫措施等都可能成为进口国保护国内产业的隐形非关税壁垒。因此，区域贸易协定中的传统议题对技术性贸易壁垒、卫生和植物检疫措施等议题做出了规定。同时，为了提高货物通关效率，推动贸易便利化，传统议题还包括缔约方海关管理的相关内容。此外，为了防止不公平进口行为或过量进口给国内产业带来损害，维护公平贸易和正常的竞争秩序，区域贸易协定中的传统议题还包括贸易救济的相关内容。

（一）贸易自由化

在贸易自由化方面，削减关税，提升技术性贸易壁垒、卫生和植物检疫措施相关标准与规则的兼容性是区域贸易协定的总体趋势。在关税方面，以大幅度促进区域内贸易自由化为目标，区域贸易协定均要求大幅度、大范围地削减关税水平。不论是 USMCA、TPP、KORUS FTA 还是 RCEP，都明确规定要削减缔约方之间的货物贸易关税，其区别在于关税的削减程度和过渡期的长短不同。在非关税壁垒方面，区域贸易协定致力于促进规则的一致性、科学性和透明性，避免人为设定额外的非关税壁垒。USMCA、TPP、KORUS FTA、RCEP 均建议缔约方对技术性贸易壁垒的规定要参考国际标准、指南或建议，提升各缔约方之间卫生和植物检疫措施相关标准的兼容性，以减少不必要的贸易壁垒。无论是关税壁垒还是非关税壁垒，都是针对原产货物而言的。区域贸易协定对原产地规则的限制越来越严格，通过不断提高原产货物的认证标准，来推动区域内供应链的形成，促进区域经济的一体化。

（二）贸易便利化

在贸易便利化方面，简化海关程序、促进海关合作、提高贸易便利化水平是区域贸易协定的长期目标。USMCA、TPP、KORUS FTA 和 RCEP 均简化了海关通关手续，采取预裁定、货物的放行、货物的快运、信息技术的应用、单一窗口、海关程序的透明度、可预测性和一致性、清关后审计等方式促进了海关程序效率的提升，推动了产品的快速通关，减少了国际贸易的货物损耗和时间成本，促进了贸易规模的扩大，相关规定整体上超过了 WTO《贸易便利化协定》的水平。

（三）贸易救济

在贸易救济方面，USMCA、TPP、KORUS FTA、RCEP 中贸易救济的部分均包括保障措施以及反倾销和反补贴税两个方面的内容。区域贸易协定中关于贸易救济的权利和义务大部分是基于 WTO 的《保障措施协议》《反倾销协定》《补贴与反补贴措施协定》而制定的。贸易救济条款是保护成员国国内产业的重要措施，在不断推行深度自由化的过程中，如果没有对应的反倾销和反补贴措施，成员国国内的弱势产业可能会遭到恶意打击。但是，也有部分区域贸易协定鉴于竞争政策而禁止成员国使用反倾销措施。此外，提高救济调查的透明度也是区域贸易协定的一大趋势。例如，USMCA 通过保障专家小组评审制度、预裁定、磋商等制度和程序来保证贸易救济调查的透明度和程序的正当性。

3 《美墨加协定》的
传统议题深化

从现有的多边和双边等区域贸易协定来看，货物贸易、服务贸易和投资构成了传统议题的基本内容框架。USMCA 则主要对传统议题中跨境服务贸易和投资等相关议题的规则进行了内容深化和拓展，建立了新一代区域贸易协定的最高标准。为加深对 USMCA 传统议题深化内容的理解，本章首先对区域贸易协定中传统议题深化的内容进行一般性分析，其次剖析 USMCA 传统议题深化的具体文本，并将其与其他区域贸易协定进行比较。

第一节　国际经贸规则体系中的传统议题深化

关于传统议题深化的条款是新型区域贸易协定的重点内容，这一部分不仅建立了现行投资和服务贸易自由化的最高标准，而且构建了数字贸易的国际规则范本，反映了未来新兴贸易规则的发展方向。

一　传统议题深化的主要内容

传统议题深化的主要内容包括投资、跨境服务贸易、临时入境、金融服务、电信、数字贸易等章节，并对部分重点部门及业务单独设立了章节或增设了条款，进一步提高了贸易开放的自由化水平和规范化程度，并加强了对相关利益主体权利的保护。

（一）投资

投资是指由外国投资者拥有或控制的具有投资特征的某类资产，包括对资源、收益、利润的期望或风险的承担。[①] 在全球产业链分工的背景下，跨境投资为各国深度融入全球生产网络并实现贸易利益最大化提供了有效途径，投资自由化的重要性日益凸显。投资自由化条款旨在配合企业

---

① 中国社会科学院世界经济与政治研究所国际贸易研究室：《〈跨太平洋伙伴关系协定〉文本解读》，中国社会科学出版社，2016，第 95 页。

全球化的经营模式，加强投资者的权利保护及其对东道国的社会责任感，建立共同的国际准则，帮助各国企业有效整合全球要素资源，最大限度地降低生产成本。国际上关于跨境投资议题的谈判要点主要集中在如何处理不同国家之间的投资法律条例冲突、解决投资争端问题、控制资本外流等。[①]

（二）跨境服务贸易

跨境服务贸易是指自缔约方境内向另一缔约方境内提供服务。[②] 根据 GATS 的分类，国际服务贸易的内容包括商业服务，通信服务，建筑和相关工程服务，分销服务，教育服务，环境服务，金融服务，与健康相关的服务和社会服务，旅游和与旅游相关的服务，娱乐、文化和体育服务，运输服务，其他服务，共十二大类。[③] 这些服务既可以基于互联网等通信设备予以提供，也可以通过人员跨境流动提供。一般情况下，跨境服务贸易的实现往往需要供应商打破与消费者之间的地理空间限制，这就衍生出跨国投资和自然人流动等其他贸易活动。因此，跨境服务贸易的条款不仅单纯地涵盖服务贸易事项，而且涉及对外国直接投资和外国服务提供者的管理。[④] 当前国际服务贸易规则的谈判内容主要集中在扩大市场准入范围、提高一般义务标准、市场准入、准入前国民待遇、增加边境后措施、构建数字贸易规则等方面。[⑤] 此外，一些区域或双边区域贸易协定已经将跨境

---

① 中国社会科学院世界经济与政治研究所国际贸易研究室：《〈跨太平洋伙伴关系协定〉文本解读》，中国社会科学出版社，2016，第40页。

② "Annex 1B：General Agreement on Trade in Services"，https：//www.wto.org/english/docs_e/legal_e/26-gats_01_e.htm#ArticleI.

③ "Annex 1B：General Agreement on Trade in Services"，https：//www.wto.org/english/docs_e/legal_e/26-gats_02_e.htm#annartII.

④ Chauffour, J. P., Maur, J. C., *Preferential Trade Agreement Policies for Development：A Handbook*, World Bank Publications, 2011.

⑤ 杨玉英、任安娱：《全球服务业市场开放国际规则演变历程与趋势》，《全球化》2019年第5期；张悦、李静：《国际服务贸易规则演变新趋势与我国的对策》，《经济纵横》2017年第5期。

服务项下的重点部门单独设立章节，包括自然人流动、金融服务、电信、电子商务等。

（三）临时入境

临时入境是指缔约方从事货物交易、服务供应或开展投资活动的公民进入另一缔约方境内，但是该公民无永久居住的意图。[①] 跨境人员自由流动一直是贸易协定谈判中较为敏感的话题，其推动进程存在较大阻力，原因在于两个方面：一方面，对于人员流入国而言，国外劳动力的流入可能会挤占流入国的就业岗位，并引发因文化宗教冲突而产生的社会问题；另一方面，对于人员流出国而言，技术性人员的大量派遣会造成本国人才流失，可能削弱本国人才和技术的相对优势。因此，各国移民机构对国外人员的临时入境设置了较多的监管条款。但是，这一壁垒严重阻碍了全球生产分工体系下的贸易和投资自由化。商务人员流动的自由化条款旨在为商务人员从事跨国业务提供便利，推动并深化各类生产要素的全球流动和交换。

（四）金融服务

金融服务是指缔约方通过金融服务供应商提供某种类型的商业服务，具体包括保险及其相关服务、银行及其他金融服务（保险除外），以及具有金融性质的附带服务或辅助服务。[②] 跨境金融服务除了具有服务贸易的属性之外，还包含国际资本流动的内容。对此，金融服务的议题往往同时涉及服务和投资两个内容，如 USMCA 将金融服务划分为"跨境金融服务"和"投资"两个类别。随着贸易和生产全球化的不断深化，国际上对金融自由化的呼声日益高涨，发达国家是金融自由化的主要领导力量，

---

① "United States-Mexico-Canada Agreement"，https：//ustr. gov/trade – agreements/free – trade – agreements/united – states – mexico – canada – agreement.

② "Annex 1B：General Agreement on Trade in Services"，https：//www. wto. org/english/docs_ e/legal_ e/26 – gats_ 02_ e. htm#annfin.

而发展中国家的支持态度却不鲜明。这是因为金融行业触及一国经济的核心命脉，对于金融实力相对较弱的发展中国家而言，其难以在完全开放的国际金融市场环境中有效应对突发性、系统性金融风险，故关于国际金融服务贸易规则的谈判仍存在较大的分歧。

（五）电信

电信服务贸易是指跨境电信传递服务，包括电话、电报、电传以及涉及两处或多处用户提供信息的现实传递。[①] 由于电信服务涉及国家信息安全，因此电信服务贸易自由化的谈判是双边或多边谈判中的主要难题之一。然而，在数字经济时代，通信技术在货物和服务贸易以及全球生产分工中发挥着日益关键的作用，实现更深层次的电信服务贸易自由化成为必然趋势。在近年来签订的贸易协定中，电信议题下的内容开始由网络准入竞争规则转向移动通信服务商[②]，电信基础部门和增值部门的开放范围不断扩大。

（六）数字贸易

国际上对数字贸易还未形成统一的界定。2013 年，美国国际贸易委员会（USITC）首次提出了数字贸易的定义，认为数字贸易是经由互联网传输产品和服务的贸易活动。[③] 2017 年，该机构又将数字贸易的定义更新为：任何基于互联网交付产品和服务的商业活动，以及对实现这一交付方式所需的产品的供应，如智能手机和联网传感器等。[④] USITC 还强调数字贸易不仅包括电影、视频和游戏之类的终端产品，而且包括企业

---

① 中国社会科学院世界经济与政治研究所国际贸易研究室：《〈跨太平洋伙伴关系协定〉文本解读》，中国社会科学出版社，2016，第 155 页。

② 中国社会科学院世界经济与政治研究所国际贸易研究室：《〈跨太平洋伙伴关系协定〉文本解读》，中国社会科学出版社，2016，第 11 页。

③ Williamson, I. A., Pearson, D. R., "Digital Trade in the U. S. and Global Economies, Part 1", Washington：USITC, 2013.

④ Schmidtlein, R. K., Johanson, D. S., "Global Digital Trade 1：Market Opportunities and Key Foreign Trade Restrictions", Washington：USITC, 2017.

全球生产所产生的数据流、通信记录以及网上购物所产生的财务数据和交易信息。USMCA是第一个将"数字贸易"作为议题标题的贸易协定,以往贸易协定大多以"电子商务"来命名该章节。[1] 作为一种新兴贸易业态,数字贸易带动了更广、更深层次的全球一体化进程,数字贸易规则成为最重要的谈判议题,包括国内监管、透明度、消费者保护、数据隐私保护、认证和数字签名以及无纸化交易等内容。[2] 数字贸易自由化旨在寻求更加开放的国际互联网发展环境,降低各国设置的跨境数据流动和网络内容审查壁垒,为企业提供全球性的数据资源。但是,对于不同发展程度的国家而言,数字贸易自由化的影响不尽相同,高标准的数字贸易规则将给那些数字技术和数字经济发展相对滞后的国家带来巨大的挑战。

二 传统议题深化的经济影响

传统议题深化的内容主要覆盖了投资和服务贸易相关议题,对全球资源配置、成员方技术进步、产业结构调整等都产生了广泛的经济影响。由于该部分议题的经济影响较为复杂且存在差异性,以下将结合区域贸易协定的经济理论,分别就相应议题的自由化影响进行分析。

(一)投资

由于投资和贸易之间存在替代或互补的关系[3],区域贸易协定会改变企业出口和投资的相对成本与绝对成本,通过贸易创造和贸易转移两种方式影响一国的外国投资流入量。[4]

---

[1] Chauffour, J. P., Maur, J. C., *Preferential Trade Agreement Policies for Development: A Handbook*, World Bank Publications, 2011.

[2] Chauffour, J. P., Maur, J. C., *Preferential Trade Agreement Policies for Development: A Handbook*, World Bank Publications, 2011.

[3] Brainard, S. L., "An Empirical Assessment of the Proximity-Concentration Tradeoff between Multinational Sales and Trade", *The American Economic Review*, 1994, 87 (4).

[4] 马静、郑晶:《FDI、区域经济一体化与区域经济增长》,中国经济出版社,2009,第57页。

第一，对于市场导向型的投资企业而言，区域贸易协定同时降低了贸易和投资两种进入他国市场的壁垒。然而，由于区域贸易协定内的国家之间存在政策法律和管理文化的差异，跨国投资的风险可能要高于进出口贸易。对此，区域贸易协定内的企业往往倾向于以贸易而不是投资的方式进入他国市场。而区域贸易协定外的国家由于无法获得优惠的关税，其贸易成本相对较高且竞争优势较弱，故倾向于以跨境投资的方式绕开出口关税壁垒，以此来降低贸易可变成本。

第二，对于资源或效率导向型的投资企业而言，投资优惠条件会促使企业改变生产模式和生产行为。这类企业直接将某些生产部门设在他国境内，改变以往从国外进口原料或中间品的全球采购生产模式，这在那些依赖全球纵向生产分工的企业中较为常见。

第三，对于处于不同贸易协定内的企业而言，企业投资选择取决于区域贸易协定国的成本、资源和技术等要素的比较优势及其自身生产经营优势。区域贸易协定对企业在这些国家之间的贸易和投资选择产生再分配效应，因此无法准确预测区域贸易协定内部每个国家投资流入的实际变动方向。[①]

（二）跨境服务贸易

区域贸易协定通常要求政府降低服务业市场的监管措施要求，以使各国从跨境服务贸易自由化中获得一定收益。但是，服务业市场往往存在较多的信息不对称、外部性和自然垄断等市场失灵问题，在放松市场监管的同时也可能导致市场失灵问题更加严重。其经济影响主要包括收益效应和成本效应两个方面。[②]

---

① Chauffour, J. P., Maur, J. C., *Preferential Trade Agreement Policies for Development: A Handbook*, World Bank Publications, 2011.

② Chauffour, J. P., Maur, J. C., *Preferential Trade Agreement Policies for Development: A Handbook*, World Bank Publications, 2011.

从收益效应来看，区域贸易协定内国内与国际服务市场的结合以及宽松的所有权限制，使各国能够从规模效应和竞争效应中获益。[①] 对于那些需要服务性中间投入品的生产者而言，自由化降低了投入成本，提高了生产效益。对于服务品的消费者而言，服务业的专业性和多样性提高了消费者的直接效益和间接效益。同时，一定程度的国际市场竞争有利于国内初创企业的成长，能够帮助其提前做好准备以应对全球竞争。如果政府在协议签订前设置太多烦琐的监管障碍，超过了国家对市场失灵问题的补救范围，那么服务自由化将在政府监管收入损失较小的基础上降低对外商进入所支付的监管成本，并强化透明度原则，最终为本国带来正向经济收益。

从成本效应来看，一方面，对于存在自然垄断或寡头垄断的行业而言，如果区域贸易协定缺乏有利于竞争的监管措施，可能导致先进入者滥用市场优势来建立行业标准并压低市场价格，从而阻碍其他企业的进入并抑制市场竞争活力，不利于该国服务贸易自由化的多边深化。例如，南非电信服务自由化就是一个比较典型的失败案例，由于缺乏市场竞争环境，外国资本私有化的南非电信有限公司率先建立了较高的行业垄断壁垒，阻碍了其他企业进入市场，并且该公司也没有建立惠及贫困地区的电信基础设施，完全违背了南非政府发起电信自由化的最初意愿。另一方面，服务贸易自由化对服务品价格的影响具有不确定性，无法保障消费者普遍获益。例如，金融服务自由化要求政府取消以往的补贴或地区调节政策，但是新的市场进入者会选择利润率最高的市场，将贫困地区排除在外，资本借贷便流向风险较低的城市地区，农村地区将面临更高的资金借贷价格，最终拉大了贫富差距。[②] 综合以上分析，只有协定国之间存在相近的"自

[①] Schiff, M., Chang, W., "Market Presence, Contestability, and the Terms-of-trade Effects of Regional Integration", *Journal of International Economics*, 2003, 60 (1).

[②] 〔美〕阿迪特亚·马图、〔美〕罗伯特·M. 斯特恩、〔美〕贾尼斯·赞尼尼主编《国际服务贸易手册》，陈宪主译，上海人民出版社，2012，第 13 页。

然距离"，即其发展水平、实际距离、法律制度和语言文化等较为接近时，才能降低贸易自由化下各国取得监管协调一致和相互承认的成本损失。

（三）临时入境

商务人员流动经常发生于不同劳动工资水平的国家之间，这就对流出国和流入国产生了异质性经济效应。区域贸易协定降低了自然人流动的壁垒，并改变了不同国家的劳动供给总量、工资水平、资本收益率，从而产生受益方和受损方。就流入国来讲，劳动力流入促使工资率水平下降，国内资本投入回报率提高，从而使得本国工人的就业量和收入受到影响，但资本所有者的所得反而会增加。[①] 就流出国来讲，一方面，本国劳动力总量下降和工资率水平上升压低了本国的资本投资回报，致使生产部门的投资扩张受到限制。但是，流出的劳动力将获得高于国内水平的收入，其对本国的汇款能够弥补国内生产部门的部分损失。[②] 另一方面，商务人员自由流动往往只有利于高技能人员，而贫困群体由于缺乏专业技能，大多无法受益于区域贸易协定[③]，这可能会造成贫富差距加剧的问题。就共同影响来讲，跨境人员流动也涉及人员身份安全、与当地文化产生冲突等问题，易滋生社会不稳定性因素，甚至威胁国家主权和安全。总的来看，区域贸易协定有关临时入境议题的谈判仍存在多方面的权衡因素。

（四）金融服务

对于金融服务而言，区域贸易协定通常要求取消金融服务的歧视性监管、外资所有权限制和不公平的补贴政策，这将对协定内国家产生经济

---

① Chauffour, J. P., Maur, J. C., *Preferential Trade Agreement Policies for Development: A Handbook*, World Bank Publications, 2011.

② Pritchett, L., "Let Their People Come: Breaking the Gridlock on Global Labor Mobility", Washington D. C.: Center for Global Development, 2006.

③ 〔美〕阿迪特亚·马图、〔美〕罗伯特·M. 斯特恩、〔美〕贾尼斯·赞尼尼主编《国际服务贸易手册》，陈宪主译，上海人民出版社，2012，第405页。

影响。

第一，激发良性的市场竞争。国外服务提供商的进入将激励国内机构利用规模经济和范围经济提高管理水平，从而丰富服务类型，改善国内整体服务质量，使消费者拥有更多质优价廉的金融投资品和更为便利的融资渠道。

第二，增强金融体系应对冲击的稳健性。外资金融机构拓宽了企业的信贷来源，使其拥有国际性、多元化的投资组合，增强了应对经济冲击的适应性。

第三，增大国内经济风险。外资银行会侧重选择国内风险较低且获利较高的细分投资市场，而将高风险资产和客户留给国内金融机构，这间接加剧了国内金融机构的系统性风险，不利于为弱势金融客户提供借贷便利，拉大了贫富差距。此外，经济危机期间，外资金融机构可能会大规模集体撤离国内市场，威胁与之相连的国内实体产业，引发更深层次的经济动荡。[1]

（五）电信

电信自由化将对协定国产生以下经济影响。第一，区域贸易协定内的消费者可以从最初的竞争升级中获得消费者福利，但是无法保证消费者能够享受长期收益，因为率先进入市场的协定内企业并不完全是最具效率的生产商。第二，区域贸易协定的缔约方可能面临因原来国内垄断者的租金所得被转移给外国垄断者而产生的国内政府收入损失。第三，区域贸易协定下的优先顺序安排可能会阻碍更大范围的自由化进程。如果劣质厂商率先进入市场，在沉没成本效应下，其他优质厂商的进入将受到阻碍。[2] 这是因为电信产业具有很强的自然垄断性质和网络外部效应，从而使得先进

---

[1] 〔美〕阿迪特亚·马图、〔美〕罗伯特·M. 斯特恩、〔美〕贾尼斯·赞尼尼主编《国际服务贸易手册》，陈宪主译，上海人民出版社，2012，第239页。

[2] Tirole, J., *The Theory of Industrial Organization*, Cambridge：MIT Press, 1988.

入者能够利用资本积累的先发优势来阻碍后来者进入市场。从事电信服务，前期需要投入大量资金用于基础设施建设，这类资产的贬值速度较慢，其成本回收速度取决于规模化长期运营下的平均成本递减效应。先进入的厂商获得了制定行业标准的先机，率先将消费者吸附进其营销网络内，同时在"干中学"效应下通过优化生产效率来扩大市场份额，提高市场准入壁垒。相对于首先引入最有效投资者的情形，引入劣质企业将使该国丧失网络外部效应，且不利于后期自由化进程的推进。[①]

（六）数字贸易

区域贸易协定目前主要以"打补丁"的方式来处理数字贸易产生的数据存储、数据传输、数据披露等监管问题，通常从内容层、代码层、基础设施层予以实现。[②] 数字贸易规则的经济影响主要在于以下四个方面。

第一，竞争政策和跨境数据流动的自由化改革推动数字产品价格的下降。较低成本的数字产品将推动数字技术的广泛应用，从而在整个行业内降低搜寻成本、复制成本、运输成本、追踪成本和验证成本等，提高企业经营效率。[③] 数字化平台将成为各国进行贸易协调和资源配置的基本组织，进而帮助贸易参与主体实现交易协作。但是，低效的数字流动监管可能会引发大企业的自然垄断问题，甚至会威胁国家安全。

第二，鼓励内容层面的创新。有关知识产权的合理保护措施将有利于各国的创新发展，减少数字经济时代极为隐蔽的知识产权侵权行为，鼓励内容层面的创新。但是，极端的知识产权保护也可能滋生寻租行为，限制

---

① 〔美〕阿迪特亚·马图、〔美〕罗伯特·M. 斯特恩、〔美〕贾尼斯·赞尼尼主编《国际服务贸易手册》，陈宪主译，上海人民出版社，2012，第184、325页。

② C. L. 林、〔新加坡〕德博拉·K. 埃尔姆斯、〔瑞士〕帕特里克·娄编著《跨太平洋伙伴关系协定（TPP）——对21世纪贸易协议的追求》，赵小波、何玲玲译，法律出版社，2016，第11页。

③ Goldfarb, A., Tucker, C., "Digital Economics", *Journal of Economic Literature*, 2019, 57 (3).

知识的自由传播，从而抑制其他具有潜力的创新行为。

第三，营造稳定的网络环境。互联网环境治理的相互协调有利于协定成员国之间对域名系统、根服务器、IP 地址的分配和管理，营造更加稳定的国际网络环境，降低企业、政府、个人发送和存储信息的成本，激励更多主体参与到全球互联网市场中。

第四，拓展消费市场。消费者保护制度的协调有利于防止网络犯罪行为，加强消费者隐私保护和数据保护，拓展更大规模的消费市场，如果缺乏此类有效的监管措施，将降低消费者的网上交易意愿。但是，由于各国之间的文化和社会价值观存在较大差异，因而此监管条例的国际协调存在较大阻力，各国普遍采用内容过滤的方式来减轻监管负担。从理论上讲，区域贸易协定谈判应当将以上监管条例统一到一致的框架内，但是由于数字贸易涉及社会价值观的多样性问题，故而在多边层面的贸易谈判依然面临重重挑战。①

三 WTO 框架下传统议题深化的相关条款

为了理解传统议题深化的内容在多边贸易规则中的具体体现，以下将介绍 WTO 多边贸易协定中传统议题深化的内容，主要从议题的章节分布、定义、条款范围和重要条款内容等几个方面展开论述。

（一）投资

WTO 将投资议题列在 GATS 的"商业存在"模式之下②，关于投资后的商业服务和附件则纳入《与贸易有关的投资措施协定》（Agreement on Trade-related Investment Measures，TRIMs）中。WTO 关于投资的具体内容包括以下几个方面。第一，从投资界定来看，GATS 仅基于企业本身的商

---

① 〔美〕阿迪特亚·马图、〔美〕罗伯特·M. 斯特恩、〔美〕贾尼斯·赞尼尼主编《国际服务贸易手册》，陈宪主译，上海人民出版社，2012，第 381 页。

② "Annex 1B：General Agreement on Trade in Services"，https：//www.wto.org/english/docs_e/legal_e/26 - gats_01_e.htm.

业行为对投资进行定义，适用于拥有多数股权或行使控制权（对外直接投资）的企业或专业机构。WTO 中的投资条款仅限于与货物贸易有关的投资措施，而不涉及对服务贸易投资措施的监管。第二，从条款范围来看，WTO 的覆盖范围较窄，TRIMs 仅包含 9 个条款，采用"正面清单"管理，没有覆盖投资待遇标准、征收与补偿等较为重要的议题，具有较大的局限性。第三，从条款内容来看，TRIMs 放松了发展中国家的义务标准，对国民待遇等义务给予了过渡期优惠，并对不同发展水平的国家设定了不同的过渡期。对于争端解决制度的设置，GATS 的争端解决规则由《关于争端解决规则与程序的谅解》（Understanding on Rules and Procedures Governing the Settlement of Disputes，DSU）的一般程序和 GATS 第 22 条、第 23 条的特别规定组成，WTO 争端解决机制强调"管辖强制"，必须由其母国来提起投资争端，且投资者只能通过缔约方与缔约方之间的协商来解决争端问题。①

（二）跨境服务贸易

1995 年，在 WTO 成员的共同推进下，GATS 正式生效，这是全球首个国际服务贸易多边治理的规则，GATS 将所有的跨境服务贸易放在同一个规则文本框架中，只在附件中对部分重点部门做了单独的详细介绍。整体而言，GATS 无论是在规则框架还是在市场准入承诺要求方面，都保留了较高的灵活性，维持较低的自由化水平。从 GATS 的具体内容来看，在定义设置上，GATS 对跨境服务贸易给予开放式的分类划分，将跨境服务贸易分为跨境提供、境外消费、商业存在和自然人流动四类贸易模式。从条款范围来看，GATS 的条款包含最惠国待遇、国民待遇、透明度、市场准入、国内监管等。其中，国民待遇和市场准

---

① 中国社会科学院世界经济与政治研究所国际贸易研究室：《〈跨太平洋伙伴关系协定〉文本解读》，中国社会科学出版社，2016，第 101 页。

入被认为是"具体承诺"而非"一般义务",这些条款设计为后期区域贸易协定文本提供了基本框架。从条款内容来看,GATS 在清单形式上采取了"正面清单"管理,市场准入和国民待遇只适用于清单内的行业。在承诺履行的安排上,GATS 根据成员方的不同发展水平设定了不同的承诺履行时间表。由于 GATS 没有要求应当确保不同行业开放的平等性,因此协定国大多优先对基础设施类行业实行自由化。[①] 例如,GATS 规定了协定国对服务业采用渐进的方式履行国民待遇承诺,WTO 成员则选择以准入的方式逐步开放国内服务市场,因此准入前国民待遇仅适用于其成员在承诺表中明确列举的服务产品。在市场准入原则上,GATS 要求 WTO 成员在所有列入市场准入的部门中均不可实行包括限制供应商数量、机构数量或产出数量、自然人数量、交易或资产价值等在内的措施[②],但是"政府采购"则排除在外。在最惠国待遇和国民待遇原则上,GATS 对其成员的要求标准相对较低,允许 WTO 成员拥有不超过 10 年的最惠国待遇义务的豁免权。在国内监管上,GATS 没有设置用于确保管制手段与目标之间相对称的检验措施。[③] 在国有企业的竞争参与规定上,GATS 没有涉及国有企业问题的相关条款。

(三)临时入境

临时入境属于 GATS 中"自然人流动"模式的一部分,自然人流动首次被列入 WTO 谈判议程的主要目的是解决劳工跨国流动问题。在 WTO 多边贸易规则中,GATS 限定了自然人的具体范围,提出了开放自然人流动市场的基本原则,并赋予其成员对开放程度的自主选择权。具

---

① 〔美〕阿迪特亚·马图、〔美〕罗伯特·M. 斯特恩、〔美〕贾尼斯·赞尼尼主编《国际服务贸易手册》,陈宪主译,上海人民出版社,2012,第 44、184 页。

② 〔美〕阿迪特亚·马图、〔美〕罗伯特·M. 斯特恩、〔美〕贾尼斯·赞尼尼主编《国际服务贸易手册》,陈宪主译,上海人民出版社,2012,第 46、184 页。

③ Chauffour, J. P., Maur, J. C., *Preferential Trade Agreement Policies for Development*: *A Handbook*, World Bank Publications, 2011.

体而言，从概念界定来看，GATS 框架下的"自然人"包括公司内部的调任人员、执行特别任务的个体服务者和专家、短期访问者或商务访问者等①，准入门槛向高层次人才倾斜。从条款的具体内容来看，GATS 在临时入境期限上没有做具体规定，只提到了"短期进入一国境内且不长期居住和获取国籍的人员"。该规定具有较大的模糊性，致使在政府层面和贸易层面实施中存在歧义，实际上隐含了不利于低技术水平服务提供者的因素。② 在流动原因的界定上，GATS 也没有对自然人发生流动的基础条件做出明确限制，如是基于合同、雇用还是其他。此外，在国家合作机制上，GATS 未设立对人员的个人安全审查、专业认证等信息的合作承诺。③ 在自然人流动自由化程度的决定问题上，WTO 成员拥有广泛的自主选择权，其成员可以允许或取消约 160 个服务领域的市场准入，这一规定旨在回避不同 WTO 成员之间的国内规则冲突，如移民法冲突等，但是这造成了 WTO 成员市场开放程度的差异以及同一国家对不同成员方市场开放程度的差异④，导致部分 WTO 成员对自然人流动设置了不同程度的贸易壁垒。因此，整体来看，WTO 框架下的自然人流动自由化程度受限较大。由于 WTO 成员覆盖发达国家与发展中国家，各国的利益诉求迥异，WTO 自 2000 年开始重新启动服务贸易规则谈判以来，自然人流动议题从未取得任何实质性进展。

（四）金融服务

金融服务自由化的多边谈判在很长一段时间内处于停滞状态，这是因

---

① "Annex 1B：General Agreement on Trade in Services"，https：//www. wto. org/english/docs_ e/legal_ e/26 - gats_ 01_ e. htm#annmov.

② 徐军华、李若瀚：《GATS 框架下自然人流动规则的问题和出路》，《世界贸易组织动态与研究》2012 年第 1 期。

③ 中国社会科学院世界经济与政治研究所国际贸易研究室：《〈跨太平洋伙伴关系协定〉文本解读》，中国社会科学出版社，2016，第 147 页。

④ 徐军华、李若瀚：《GATS 框架下自然人流动规则的问题和出路》，《世界贸易组织动态与研究》2012 年第 1 期。

为金融监管涉及一国国民经济安全，很难实现深层次的开放。经过长期且激烈的乌拉圭回合谈判，WTO 成员之间最终形成了以 GATS 为基础、以《金融服务附录》《关于金融服务承诺的谅解》等为补充的多边自由化法律体系，具体阐述了金融服务的定义、国内监管、认可、争端解决机制等规则。其中，关于金融服务的定义，《金融服务附录》通过列举的方式解释了跨境金融服务的概念，即其成员的金融服务提供者提供的任何具有金融性质的服务，包括所有保险和与保险有关的服务以及所有银行和其他金融服务（保险除外）。[①] 这种列举式的定义方式适应了国际金融服务贸易形式不断创新和变化的趋势，也满足了不同国家对金融服务监管的要求。金融服务贸易涵盖跨境提供、境外消费、商业存在和自然人流动四种模式对应的服务提供方式，包括在成员境内向其他成员供应金融服务、在成员境内向其他成员的服务消费者供应金融服务、成员的服务供应商通过其他成员境内的商业存在提供服务、成员的服务供应商通过其他成员境内的自然人提供服务。从条款内容来看，GATS 没有引入国民待遇原则和"负面清单"管理模式，其成员的义务仅涉及透明度、最惠国待遇、市场准入等。此外，GATS 还设置了金融服务承诺表，列明 WTO 成员各自在金融服务部门做出的约束性开放承诺与保留。整体而言，GATS 体系下的金融服务贸易规则是一个较为保守的原则性框架。《关于金融服务承诺的谅解》（以下简称《谅解》）是在 GATS 主体规则之外由少数 WTO 成员额外自愿签订的高水平协定。相较于 GATS 金融服务贸易的多边主体规则，《谅解》的开放水平更高，且议题范围更广，对市场准入和国民待遇设置了更低的自由化标准，要求成员的承诺水平不低于当前的实际自由化水平。在议题设置上，《谅解》还增设了"政府采购金融服务非歧视原则"

---

① "Annex 1B: General Agreement on Trade in Services", https://www.wto.org/english/docs_e/legal_e/26-gats_01_e.htm#annfin.

"新金融服务市场准入""自律组织"等条款。

（五）电信

1994 年，在乌拉圭回合谈判的最终文本中形成了《关于基础电信谈判的决定》，提出"WTO 成员要在 GATS 范围内，按期逐步实现电信传输网络和服务贸易的自由化"。GATS 电信服务贸易规则主要分为四个部分，包括《GATS 框架协议》、《GATS 电信附录》、《GATS 基础电信协议》（GATS 第四议定书）和关于 58 个主要成员对增值电信业务现状约束的具体承诺。其中，《GATS 电信附录》列明了电信服务的特征和准则，以及适用于 WTO 准则的义务框架。具体而言，从定义来看，《GATS 电信附录》着重讨论了电信服务的界定，主要涵盖增值数据和公司使用服务，包括电子邮件，不包括支持服务的网络设施。但是，《GATS 电信附录》没有明确区分"基础电信"和"增值电信"，而是以各方自愿谈判的方式推动电信服务开放。从条款内容来看，《GATS 电信附录》仅包含 6 个条款，如国民待遇、法规透明度、最惠国待遇及豁免、市场准入等。关于电信服务的核心义务包括公共电信传输网络和服务的市场准入与使用，即"要求电信服务供应商能够在合理的且非歧视的条件下进入其他成员境内并使用其公共电信服务以及私人租用电路"。在清单类型上，GATS 以"正面清单"的形式列明了各缔约方对电信服务开放的承诺范围。在监管措施上，GATS 就竞争原则问题要求协定方"确保具有主导市场地位的既定供应商不得禁止潜在竞争者进入市场"。此外，《GATS 基础电信协议》文本涉及电话、电报、移动通信、移动数据传输、企业租用私人线路等各个电信服务的规则，旨在推动电信服务市场的全面开放，统一各个成员的基础电信监管规则，防止电信服务垄断行为的发生。

（六）数字贸易

数字贸易首次出现在多边贸易规则谈判中，是 1996 年 WTO 在新加坡召开的部长级会议上发布的《信息技术协定》 （Information Technology

Agreement，ITA）。该协定由 WTO 的多个成员方签订，要求缔约方取消所有覆盖信息技术产品和部件的进口关税及其他关税，主要针对 IT 领域的贸易活动提出相关的自由化措施，发展中国家可以要求延长执行的过渡期。1998 年，在《全球电子商务宣言》中，WTO 成员通过了电子商务"零关税"规则。2015 年，WTO 在内罗毕召开的部长级会议进一步扩大了"零关税"协议的适用范围，针对 201 个数字产品取消了贸易关税。①但是，随着数字贸易新形态的不断涌现，WTO 多边谈判迟迟没有跟上数字贸易的发展速度，导致其相关规则无法适应现实的治理需求。具体而言，从定义来看，WTO 没有明确界定"数字贸易"和"电子商务"的概念，由于数字产品同时具有商品属性和服务属性，因此数字贸易无法合理适用于 GATT 和 GATS 框架。WTO 是当前主要的多边贸易协调机构，但其缺乏系统的数字贸易管理条例，与数字经济时代的不适用性逐渐凸显，已经落后于数字贸易发展实践。在近年来的 WTO 谈判中，各成员之间又推出了 TiSA，希望进一步完善有关数字贸易的多边贸易规则。TiSA 是由 20个以上的 WTO 发达成员签订的，其电子商务章节包含 9 项规定，如一般条款、监管跨境信息、消费者、数据保护、开放源代码、禁止本地存在、争端解决等。但是，美国与欧盟在隐私保护、知识产权、公共服务等方面仍存在较大分歧。

第二节　《美墨加协定》传统议题深化的文本分析

　　USMCA 中关于传统议题深化的内容主要涉及投资、跨境服务贸易、临时入境、金融服务、电信、数字贸易等内容。

---

① "Ministerial Conferences"，https：//www.wto.org/english/thewto_e/minist_e/minist_e.htm.

一 投资

该章主要包括正文和 4 个附件，正文包括投资的定义、适用范围、与其他各章的关系以及协定方的权利和义务，附件为投资争端解决机制。

14.1～14.3 条款：定义、适用范围以及与其他各章的关系

该条款对与投资相关的基本概念给出了定义，包括投资企业、缔约方企业、自由使用货币等。

该条款内容适用于中央、地区或地方政府与主管机构及其授权的其他主体（包括国有企业或其他机构的人员）所采取或维持的与另一缔约方在缔约方境内的所有投资行为相关的一系列措施。该条款内容不适用于第17章金融服务的条款。

14.4～14.5 条款：国民待遇和最惠国待遇

缔约方在投资或所涵盖投资等行为上享有国民待遇和最惠国待遇，投资行为包括投资、融资、收购、扩张、管理、经营、销售或其他处置。

14.6 条款：最低处理标准

缔约方应按照国际法惯例给予所涵盖投资公正和公平的待遇以及充分的保护和安全待遇。但是，缔约方采取或未能采取某些不符合投资者预期的措施，甚至对所涵盖投资造成损失的行为，都不构成对本条款的违反。

14.7 条款：武装冲突或内乱情况下的待遇

各缔约方应对另一缔约方投资者由武装冲突或内乱造成的境内投资损失给予非歧视性待遇。该条款不适用于与国民待遇原则不一致的现有补贴或赠款措施，但适用于 14.12.5（B）条款（不符措施）。

14.8 条款：征用和补偿

除出于公共目的外，任何缔约方不得通过征用或与国有化（征用）类似的措施直接或间接没收投资或国有化所涵盖的投资，应当以非歧视的方式，通过正当的法律程序及时、充分地给予完全有效的和可转让的赔偿，赔偿金额应相当于征用发生前被征用投资的市场公允价值。本条款不

适用于 TRIPs 相关的强制许可，也不适用于知识产权的授予、撤销、限制或设定符合第 20 章和 TRIPs 的情况。

14.9 条款：转移

缔约方应允许与另一缔约方自由、及时地进行与所涵盖投资有关的所有转移，不应要求其投资者转移或惩罚未转移的在另一缔约方境内所获得的收益、利润或其他资金。但是缔约方仍可通过公平、非歧视和善意地使用以下有关法律来阻止或延迟转移，包括破产、无偿债能力或保护债权人权利；发行、交易、买卖证券或衍生品；刑事案件或刑事犯罪；为协助执法或金融监管当局，必要时提交的财务报告或保存的转账记录；确保在司法或行政诉讼中遵守命令或判决。该条款内容与 KORUS FTA 的规则相一致。

14.10 条款：业绩要求

当缔约方或非缔约方的投资者在其境内以设立、收购、扩大、管理、经营、出售或其他方式处置其投资时，缔约方不得强制执行任何要求、承诺①和义务，如出口要求；国内比例要求；优先购买、使用当地生产的货物或服务的要求；将进出口与投资有关的外汇挂钩；将投资者的境内销售与出口或外汇收入挂钩；向境内人员转让技术、生产工艺或其他知识产权的要求；在辖区内将投资企业生产的商品或服务独家提供给特定区域市场或者世界市场；在境内优先购买、使用该缔约方或缔约方个人的技术②及阻止对某项技术的优惠。本条款不排除强制执行私营方之间的任何义务、承诺或要求。

14.11 条款：高级管理人员和董事会

任何缔约方均不得要求投资企业必须任命一名具有特定国籍的自然人

---

① 第 1 款所述的接受或继续接受优惠的条件并不构成第 1 款所指的"要求"或"承诺"。
② "缔约方或缔约方个人的技术"包括缔约方或缔约方个人拥有的技术和专属许可证。

担任高级管理职务，但可以在没有严重损害投资者控制其投资能力的前提下，要求该缔约方企业的多数董事会或其任何委员会具有特定国籍或居住在其境内。

14.12 条款：不符措施

国民待遇、最惠国待遇、业绩要求、高级管理人员和董事会等义务的不适用措施包括：该缔约方在其附件 1 的中央级和区域级政府附表中规定的相关内容；地方级政府；其附件 2 中规定的对相关部门采取或维持的任何措施；政府采购或缔约方提供的补贴或赠款。此外，国民待遇不适用于第 20.8 条款和 TRIPs 第 3 条所规定义务的例外或减损的任何措施。最惠国待遇不适用于 20.8 条款和 TRIPs 第 4、第 5 条。

其中，附件 1 列出了各缔约方不受部分或全部核心义务约束的措施；附件 2 列出了各缔约方拥有保留权利的主体，即允许缔约方维持或接受新的或采用更严格的措施的特定部门及活动。

14.13 条款：特殊手续和信息要求

在不严重损害对另一缔约方投资者提供的保护的前提下，缔约方可以采取或维持与所涵盖投资有关的特别手续的措施。缔约方可以基于信息或统计目的，在公平和诚信的基础上要求另一缔约方的投资者提供有关投资的信息。

14.14 条款：利益的拒绝给予

缔约方可拒绝将该章的利益给予非缔约方的人员，或与该非缔约方没有保持正常经济关系的，且拒绝给予利益的缔约方投资者。缔约方也可拒绝将该章的利益给予在另一缔约方境内未开展真实的商业活动，且被非缔约方或拒绝给予利益的缔约方拥有或控制的投资者。

14.15 条款：代位权

如果缔约方或其代理人根据担保、保险合同及其他形式的赔偿向该缔约方投资者付款，则另一缔约方应当承认投资者所拥有的代位权或转让权。

14.16 条款：投资与环境、卫生、安全及其他管理目标

缔约方不得阻止另一缔约方采取、维持或执行为确保投资活动符合环境、卫生、安全及其他管理目标的相关措施。

14.17 条款：企业社会责任

各缔约方鼓励境内运营的企业自愿将该缔约方认可或支持的国际公认的企业社会责任标准、准则和原则纳入其内部政策，可涉及劳动、环境、性别平等、人权、本地人民权利以及腐败等领域。

二 跨境服务贸易

该章包含 12 个条款、5 个附件和 1 个附录。其条款内容主要包括跨境服务的定义、范围以及缔约方的主要权利和义务，附件是针对个别服务内容的特定要求，附录是对专业服务部门的相互承认协议和安排指南的具体介绍。

15.1～15.2 条款：定义和范围

该条款对"农产品"和"出口补贴"的定义与《农业协定》相同。农业相关条款适用于缔约方对农产品贸易采取或维持的措施。各缔约方应在 WTO 框架下通力合作，提高透明度，改善并进一步发展市场准入、国内支持、出口竞争等多边规则，以逐步减少支持和保护，从而实现根本变革。该章适用于缔约方对另一缔约方的服务提供者所采取或维持的跨境服务贸易措施，包括服务的生产、分配、销售或交付、购买、使用或支付，获得或使用与服务提供有关的分销、运输和电信服务，另一缔约方的服务提供者在该缔约方境内的存在，以及提供金融担保，等等。但是，该章存在以下不适用的情况：第一，除第 15.2 条款（a）项外，该章不适用于 17.1 条款所界定的金融服务；第二，该章不适用于政府采购、为行使政府权力而提供的服务，以及缔约方或国有企业提供的补贴或补助；第三，除退出服务期间的飞机维修保养服务和专业航空服务外，该章不适用于航

空服务，以及支持航空服务的相关服务。

15.3 条款：国民待遇

各缔约方给予另一缔约方服务供应商的待遇，应不低于该缔约方在相似情况下给予本国服务供应商的待遇。

15.4 条款：最惠国待遇

各缔约方给予另一缔约方服务供应商的待遇，应不低于该缔约方在相似情况下给予任何其他缔约方或非缔约方服务供应商的待遇。

15.5 条款：市场准入

任一缔约方不得在地区或辖区内采取或维持以下措施：以数量配额、垄断、独家服务供应商的形式，或者以经济需求检验的要求，对服务提供者的数量、总价值、服务产出总量、雇用人数加以限制；限制或要求特定类型的法人或合资企业。

15.6 条款：当地存在

任一缔约方不得将要求另一缔约方的服务提供者在其境内设立或保留代表办事处或企业、成为居民等作为提供服务的条件。

15.7 条款：不符措施

该章第 3~6 条不适用于附件 1 规定的中央、区域和地方政府层面的不符措施，但是缔约方保留对不符措施的磋商权利；也不适用于附件 2 所列部门、分部门以及活动所采取或维持的措施。

15.8 条款：措施的制定和管理

缔约方应以合理、客观和公正的方式实施影响服务贸易的措施。如果缔约方采用或维持影响服务贸易的许可或资格的要求和程序，则其应当确保标准制定的客观性、透明性、独立性，尽量避免要求申请人对每项授权向多个主管当局申请。① 如果缔约方要求获得提供服务的授权，

---

① 如果一项服务属于多个主管当局的管辖范围，缔约方可要求多项授权的申请。

则其应尽量确保主管当局在不限制申请时间范围的情况下，以电子方式接受申请，合理安排测试时间，及时告知申请人材料是否完整、处理进度、需要补充的文件或者拒绝理由等信息，并在此期间主动提供指导。

15.9 条款：承认

为满足最惠国待遇的实现条件，各缔约方应通过协调或其他方式与缔约方或非缔约方进行协议安排，对服务提供者在另一缔约方或非缔约方境内所获得的教育、经验、许可、认证等予以承认。任何缔约方不得区别对待各国服务供应商的批准、许可和颁发执照的适用标准，或对服务贸易变相限制。

15.10 条款：中小企业

为增加中小企业的商业机会，各缔约方应努力支持中小企业服务贸易和商业模式的发展，包括通过促进中小企业获取资源或保护个人免受欺诈行为的措施，并采用或维持适当的机制，充分考虑监管对中小企业的影响，鼓励中小企业参与监管政策的制定，确保服务部门的授权程序不会给中小企业带来歧视性负担。

15.11 条款：利益的拒绝给予

如果服务提供商是由非缔约方人员拥有或控制的企业，或者在缔约方境内注册但没有实质性商业活动的企业，那么缔约方可以拒绝另一缔约方的服务提供者使用该章条款获取利益。

15.12 条款：支付和转账

缔约方应当确保与跨境服务有关的转账及支付行为的自由性和及时性，但是可以公平、非歧视和善意地使用与其社会保障、公共退休或强制储蓄计划有关的法律来拒绝或拖延转账或付款。

三 临时入境

该章共包含正文部分的 8 个条款，如临时入境的定义、适用范围、一般义务及许可等内容。此外，还有 1 个附件用于对临时入境相关商务人员主体的身份确认，以及 2 个附录用于对商务访问者和专业人士入境进行详细说明。

16.1 条款：定义

"商务人员"是指从事货物交易、服务供应或开展投资活动的公民；"临时入境"是指缔约方的商务人员进入另一缔约方境内，但是没有永久居住的意图。

16.2 条款：适用范围

该章适用于影响缔约方商务人员临时进入另一缔约方领土的措施，不适用于影响自然人寻求进入另一缔约方就业市场的措施，以及公民身份、国籍、永久居留或雇用的相关措施。但是，在不剥夺或减损任一缔约方利益的前提下，本协定保留了对另一缔约方的自然人临时入境采取管理措施的缔约方权利，如办理移民手续等。

16.3 条款：一般义务

各缔约方应尽快实施该章规定的相关措施，避免妨碍或拖延本协定下的货物、服务贸易或投资活动的开展。此外，各缔约方应尽快制定并采取与该章实施相关措施有关的共同标准、定义和解释。

16.4 条款：临时入境许可

各缔约方应根据有关公共卫生、安全和国家安全的适用措施，对符合入境条件的商务人员准予临时入境。各缔约方应将处理商务人员临时入境申请的费用控制在服务提供的成本范围内，但准许入境不应免除该商务人员从事商业活动所需满足的要求，包括强制性行为守则等。

此外，缔约方可在商务人员临时入境可能产生不利影响的条件下拒绝临时入境或签发入境许可文件，如在就业地或预定的就业地未解决的任何劳动争端，或者此类争端所涉及的任何人的就业问题。同时，该缔约方应向被拒绝入境的缔约方和商务人员提供书面通知说明拒绝的理由。

16.5 条款：信息的提供

缔约方应在互联网上公布或以其他方式使公众知悉有关该章下临时入境要求的解释性资料，以便其他缔约方的商务人员熟悉此类要求。此外，缔约方应当根据其国内法收集、留存并向其他缔约方提供有关已签发入境文件的其他缔约方商务人员临时入境许可的数据，包括工种、职业、活动等信息。

16.6 条款：临时入境委员会

缔约方应设立由各缔约方代表组成的临时入境委员会，该委员会每年应至少召开一次会议，讨论以下内容：该章的实施与管理、相关措施的制定、取消对已获得一年以上临时入境许可的商务人员配偶的劳动许可证测试和类似作用的程序、该章议题的修改或增补，以及其他重要问题。

16.7 条款：争端解决

除该项事由涉及缔约方习惯性做法，以及该商务人员已经用尽所有可能的行政救济等情况外，对临时入境许可的拒绝或 16.3 条款第 1 款产生的具体事由，缔约方不得启动 31.5 条款（委员会、斡旋、调解和调停）下的程序。如果在行政程序启动一年之内，主管机构未能对该项事由做出最终决定，或者未能做出决定的原因并非业务人员造成的延误，则第 1 款（b）项所指救济应视为已用尽。

16.8 条款：与其他各章的关系

除该章、第 1 章（初始条款和一般定义）、第 30 章（管理和机构）、第 31 章（争端解决）、第 34 章（最终条款）、第 29 章 29.2 条款（公布）和 29.3 条款（行政程序）外，本协定不在移民措施方面对缔约方施加任何义务。

四　金融服务

该章共包括正文部分的 21 个条款和 3 个附件，附件主要对美国、墨西哥、加拿大等国金融跨境服务的开放范围、金融服务主管部门、墨西哥 – 美国金融服务投资争端等内容进行解释。

17.1 条款：定义

定义条款主要对该章所涉及的关键名词进行界定。其中，"计算机设施"是指在被涵盖人员的许可、授权或注册范围内用于处理或存储有关业务开展信息的计算机服务器或存储设备，但不包括用于访问金融市场的基础设施，证券、期货、期权和掉期等衍生品的交易所或市场，以及对被涵盖人员①行使监管或监督权的非政府机构的计算机服务器或存储设备。"一缔约方的跨境金融服务供应商"是指在一缔约方境内从事金融服务供应业务，并试图或正在提供跨境金融服务贸易的该缔约方人士。"金融机构"是指根据所处缔约方境内的法律，获得批准从事业务，并且予以管理或监管的金融中介或其他企业。"另一缔约方的金融机构"是指位于一缔约方境内，由另一缔约方人员控制的金融机构，包括分支机构。"金融市场基础设施"是指被涵盖人员和包括系统运营者在内的其他金融服务供应商都参与的系统，用于付款、证券、衍生品或其他金融交易的清算、结算及记录。"金融服务"是指具有金融性质的任何服务，包括所有保险及其相关服务、银行及其他金融服务（保险除外），以及具有金融性质的附带服务或辅助服务。"一缔约方的金融服务供应商"是指在一缔约方辖区内从事金融服务供应业务的该缔约方人员。"投资"是指除跨境金融服务供应商发放的贷款或持有的债券，金融机构发放的贷款或债券之外的、符合 14.1 条款（定义）所列的投资标准的投资。

---

① 确切地说，如果另一缔约方的跨境金融服务供应商受到该缔约方金融监管机构的监管、监督且需经过其许可、授权或注册，则该供应商是该章所指的"被涵盖人员"。更确切地说，如果一缔约方的金融监管机构放弃对另一缔约方的跨境金融服务供应商实施某些监管或监督要求，但是该供应商遵守另一缔约方金融监管机构规定的监管或监督要求，则该供应商是该章所指的"被涵盖人员"。

"新型金融服务"是指在一缔约方辖区内不提供但在另一缔约方辖区内提供的金融服务，包括提供金融服务的新形式或销售缔约方辖区内不出售的金融产品。"公共实体"是指一缔约方的中央银行、货币主管部门，以及一缔约方拥有或控制的任何金融机构。"自律组织"是指根据法规，代表中央和地区的政府或主管部门对金融服务供应商或金融机构行使监管权力的非政府机构。

17.2 条款：适用范围

该章适用于一缔约方采取或维持的与以下事项相关的措施：另一缔约方的金融机构；该缔约方辖区内金融机构的另一缔约方的投资者及其投资；跨境金融服务贸易。

该章不适用于一缔约方采取或维持的与以下事项相关的措施：①作为公共退休计划或社会保障法定制度组成部分的活动或服务；②为了该缔约方利益，由该缔约方担保的、使用该缔约方财政资源的活动或服务，包括其公共实体。除非该章仅适用于缔约方允许与其公共实体或金融机构处于竞争关系的金融机构实施①和②所指的任何活动或服务。此外，该章也适用于金融服务的政府采购，以及一缔约方的补贴或赠款。

17.3 条款：国民待遇

各缔约方对一缔约方的投资者在其辖区内所进行的金融机构和投资机构的设立、收购、扩大、管理、运营、运作以及销售或其他处置等方面，应给予不低于该缔约方在相似条件下的本国投资者待遇，"相似条件"主要取决于基于合法公共福利目标。这一原则也将地方政府包含进来。但是，本条款不要求一缔约方允许其他缔约方的跨境金融服务供应商在该缔约方境内经商或询价。

17.4 条款：最惠国待遇

每一缔约方对另一缔约方的投资者、金融机构、投资机构、金融服务或跨境金融服务供应商给予的待遇，应不低于其在类似情况下给予其他任何缔约方或非缔约方的投资者的待遇，并适用于中央级以外的政府。此条款与 CPTPP 对应条款有诸多相似之处。

17.5 条款：市场准入

一缔约方不得在另一缔约方的金融机构或投资商在其境内或部分地区准备建立金融机构或提供金融服务时，以任何形式限制金融机构或跨境金融服务供应商数量、金融服务交易或资产总价值、金融服务业务总量或金融服务总产出、提供特定金融服务所必需的直接相关的雇用人数，也不得限制和要求金融机构必须以特定类型的法律实体或合资企业提供服务。但是，一缔约方可以要求另一缔约方的跨境金融服务供应商对金融工具进行注册或获得授权。

17.6 条款：跨境贸易中止

对于缔约方在 1994 年 1 月 1 日允许的、不符合国民待遇规定的服务供应，缔约方不得限制另一缔约方提供任何种类的跨境金融服务贸易。

17.7 条款：新型金融服务

一缔约方应允许另一缔约方的金融机构，在相似条件下允许本国金融机构在不通过或修改任何法律①的前提下提供新型金融服务。一缔约方可以确定提供新型金融服务的机构和法律形式，也可以要求提供服务的授权。如果一缔约方要求金融机构获得提供此类新型金融服务的授权，则该缔约方应在合理的时间内根据合理的理由做出是否授权的决定。

17.8 条款：客户信息的处理

该章不要求缔约方披露金融机构或跨境金融服务供应商私人客户的金融事务和账户的相关信息。

---

① 一缔约方可颁布一项新法规或其他附属措施，以允许新型金融服务的提供。

17.9 条款：高级管理层和董事会

一缔约方不得要求另一缔约方的金融机构任命任何特定国籍的自然人作为高级管理人员或其他必要人员，也不得要求另一缔约方金融机构董事会的多数董事由该缔约方国民、辖区内居民或以上两类人组成。

17.10 条款：不符措施

该章规定了国民待遇、最惠国待遇、市场准入以及高级管理层和董事会等条款的不适用情况，包括缔约方在附件 3 "各缔约方清单" A 部分所列的中央级政府、地区级政府和其他地方政府等所采取的不符措施及其对不符措施的更新和延续。此外，附件 1、附件 2 和附件 3 清单 B 部分也列明了不适用的措施、部门、分部门和活动。其中，国民待遇和最惠国待遇不适用于任何对所规定的义务构成例外或减损的措施，如 TRIPs。

17.11 条款：例外

在谨慎性方面，USMCA 除了第 2 章（国民待遇和货物的市场准入）、第 3 章（农业）、第 4 章（原产地规则）、第 5 章（原产地程序）、第 6 章（纺织品与服装）、第 7 章（海关管理与贸易便利化）、第 9 章（卫生和植物检疫措施）、第 10 章（贸易救济）和第 11 章（技术性贸易壁垒）的其他条款外，不得阻止一缔约方出于谨慎性，对投资者、存款者、保单持有者、金融机构或跨境金融服务供应商应负信托责任的对象所采取的措施，以及为确保金融体系完整和稳定而采取的措施，如果这些措施与在例外条款中适用的规定不相符，则不可用这些措施来规避该缔约方对这些条款所做的承诺及应承担的义务。

在货币类政策方面，该章以及第 14 章（投资）、第 15 章（跨境服务贸易）、第 18 章（电信）［尤其是 18.26 条款（与其他各章的关系）］、第 19 章（数字贸易）的任何规定都不适用于公共实体在追求货币及相关信贷政策和汇率政策时所采取的非歧视性措施。

在金融机构或跨境金融服务供应商方面，一缔约方可公正、非歧视和善意地采取维持金融机构或跨境金融服务供应商安全性、健全性、完整性的相关措施，阻止金融机构或跨境金融服务供应商转移。

在法律方面，该章不限制一缔约方采取为确保遵守与该章法律一致的措施，包括与防止欺诈和消除不履行金融服务合同影响有关的措施。

17.12 条款：承认

一缔约方在采取该章所涵盖的措施时，可通过自动给予、协调、给予与非缔约方的协定安排等方式，承认非缔约方的审慎措施。予以承认的一缔约方应为另一缔约方提供充分的机会，以证明存在等效的法规、监督实施机制，以及合适的信息共享机制。最惠国待遇不要求一缔约方对其他任何缔约方的审慎措施予以承认。

17.13 条款：透明度和特定措施管理

各缔约方应确保该章适用的措施得到合理、客观和公正的实行，在可行范围内提前发布该缔约方拟采取的法规，并对其进行合理解释。在采用最终法规时，各缔约方应以书面形式对利益相关者和其他缔约方就该法规提出的意见做出回应，建立适当的机制来回应所提出的相关问题，同时应在最终法规发布日和生效日之间留有合理的时间。

如果一缔约方要求金融服务供应商获得授权，则其应确保申请提交时间的自由性和合理性，并提供详细的申请要求和程序，列出处理申请的指示性时间表。在处理申请的过程中，应尽量接受电子申请，不得延迟处理当地申请信息。对于完整且符合规定的申请材料，缔约方应确保在合理时间内处理完，且尽可能以书面形式将有关决议通知申请人，授权一经批准即生效。对于被驳回的申请，缔约方应将驳回原因告知申请人，并再告知重新提交申请的程序。此外，对于金融监管机构收取的授权费用①，要确保计量的准确性。

17.14 条款：自律监管组织

如果一缔约方要求另一缔约方的金融机构或跨境金融服务供应商必须加入其自律监管组织才能在该缔约方境内提供金融服务，那么该缔约方应当保证该自律监管组织遵守该章规定的义务。

17.15 条款：支付和清算系统

根据给予国民待遇的条款和条件，各缔约方应允许另一缔约方在其辖区内的金融机构进入实体经营的支付和清算系统，并允许其在从事普通业务过程中获得官方融资和再融资渠道。

17.16 条款：加速提供保险服务

各缔约方均同意建立保险服务的可用性程序，包括允许推出产品、保险产品无须进行批准或授权、对推出产品的数量和频率不加限制等内容。如一缔约方维持监管产品核准程序，则该缔约方应努力完善相关程序，为提供保险服务的供应商提供便利。

17.17 条款：信息转移

如果被涵盖人员出于在许可、授权或注册范围内开展业务的目的，那么各缔约方不得阻止被涵盖人员以电子或其他方式将包括个人信息在内的信息进行跨境传输。但是，本条款不限制一缔约方采取保护个人数据、个人隐私、个人记录和账户机密等措施的权利，这些措施不得被用于规避本条义务。

17.18 条款：计算机本地化措施

各缔约方认可另一缔约方的金融监管部门可以立即、直接、完整和持续地获取被涵盖人员的信息，包括这些人员的交易和运营信息，这些信息

---

① 授权费用包括许可证费用以及与资格审查程序相关的费用，但不包括使用自然资源、拍卖付款、招投标或其他非歧视性的特许权授予，以及对普遍服务提供强制性捐款等手段的相关费用。

对金融监管和监督是至关重要的，同时认可有必要消除对这一使用权的任何潜在限制。只要缔约方的金融监管部门出于监管和监督的目的立即、直接、完整和持续地获取被涵盖人员在该缔约方境外使用或设置的计算设施上处理和存储的信息，各缔约方不应要求被涵盖人员在该缔约方境内使用或设置计算设施，作为在该境内开展业务的条件。如果无法履行上述义务，则缔约方应向被涵盖人员提供弥补措施。但是，本条款不限制一缔约方采取保护个人数据、个人隐私、个人记录和账户机密等措施的权利。

17.19 条款：金融服务委员会

各缔约方应设立专门的金融服务委员会，首席代表应为附件 17 – B 所列的负责该缔约方金融服务的主管部门官员。金融服务委员会应对该章及该章细则的实施予以监督，并及时关注其他金融服务的相关问题。此外，金融服务委员会应在定期会议中对本协定在金融服务领域的运用情况进行评估，并公布评估结果。KORUS FTA 也要求设立专门的金融服务委员会。

17.20 条款：磋商

一缔约方可以以书面形式请求另一缔约方就金融服务的任何问题进行磋商，另一缔约方应对该请求给予妥善考虑，磋商缔约方应向金融服务委员会汇报磋商结果。各缔约方应将附件 17 – B 中所列的金融主管部门作为联络点，促进所涵盖措施实施情况的信息交流。但是，本条款不得被解释为要求缔约方减损其关于金融监管部门之间信息共享的法律，或减损缔约方金融监管部门之间的协定要求，或要求金融监管部门采取任何干预特定管理、监管、行政或执行事项的行动。

17.21 条款：争端解决

第 31 章（争端解决）适用于该章下的争端解决。在挑选小组成员时，各争端方应确保小组主席和其他小组成员拥有金融服务法律或实践的专业知识和经验，并满足 31.8 条款（专家成员名单与资格）中所列要求。如一缔约方寻求中止金融服务部门的利益，专家组在根据 31.19 条款（不执行和利益中止）对利益中止做出决定时，应在必要时征求金融服务专家的意见，该准则在 CPTPP 中也有所体现。但如果小组判定缔约方的措施与本协定不一致，且只影响金融服务产业以外的一个产业，则申诉缔约方不得在金融服务产业中暂缓给付；缔约方的措施影响金融服务产业和其他产业，如申诉缔约方采取的暂缓给付措施的影响超过其对该缔约方金融服务产业的影响，则该缔约方不得在金融服务产业中暂缓给付。

五　电信

该章正文部分共 27 个条款，主要包括定义、适用范围、一般权利和义务、监管合作机制、争端解决等内容；另有 1 个附件，为美国农村电话供应商的免责内容。

18.1 条款：定义

该条款对电信中所涉及的基本概念给出了定义，包括以成本为导向、拨号均等性、终端用户、企业、互联、租用电路、许可证、主要供应商、移动服务、元、非歧视性、携号转网、协同定位、公共电信网络、公共电信服务、参考性互联报价、漫游服务等。

18.2 条款：适用范围

该章适用于影响电信服务贸易相关活动的措施，具体包括使用电信网络或服务、电信服务供应商的义务、提供增值服务、其他活动。

该章不适用于有关电台、电视节目的广播传送和电缆分配的措施，并且不得解释为要求缔约方建设、购买、租赁、运营或提供非公共使用的电信服务，以及强制专门从事电台、电视节目的广播传送和电缆分配的企业将其广播和电缆设施作为电信网络。

如果该章与本协定中其他章节存在不一致，应以该章为准。

18.3 条款：接入和使用

各缔约方应保证，另一缔约方的企业可以在非歧视的条件下使用其境内或跨境提供的电信服务，用于境内或跨境信息传送，以及获取各缔约方境内数据库中或其他以机读形式存储的信息。具体而言，一缔约方应允许另一缔约方企业有以下行为：租购和连接与电信网络相关的终端或其他设备；通过其自有线路为其他终端用户提供服务，并可以与电信服务相连或与其他企业电路相连；行使交换、处理和转换功能；使用自己选择的操作协议。

但是，缔约方可以采取必要的措施来确保信息的安全性和机密性。此外，如果一缔约方是出于保障电信服务供应商的公共服务职责，或者保护电信服务技术完整性的目的，则其对上述义务可有所保留。

18.4 条款：与电信服务供应商相关的义务

与电信服务供应商相关的义务分为互联、转售、漫游、携号转网、拨号均等、接入电话号码等，旨在确保跨境电信服务的开放性和公平性。在互联方面，缔约方应确保其境内电信服务供应商能够与另一缔约方的电信服务供应商互联，并确保电信服务商业活动中敏感商业信息的保密性。对于跨境电信服务的转售和漫游，缔约方均不能予以禁止。在携号转网方面，缔约方应保证其境内电信服务供应商及时有效地提供携号转网业务。① 对于拨号均等性和接入电话号码，缔约方应保证另一缔约方可以平等即无差异地获得境内企业的电信服务。

18.5 条款：公共电信服务主要供应商的待遇

缔约方应确保境内供应商与另一缔约方电信服务供应商之间服务供应的公平对等性。

18.6 条款：竞争性保障措施

缔约方应维持适当措施，防止电信服务供应商垄断市场的行为，以保

---

① 对于墨西哥而言，这一条款只适用于终端客户在同类型服务中转换供应商的情况，直至墨西哥根据定期检查能够确定如果不在此限制下实施携号转网在经济和技术上都具有可行性。

障市场竞争性。① 这些行为主要包括：反竞争的交叉补贴；利用从竞争对手处获得的信息进行反竞争；不及时向电信服务供应商提供重要技术信息。

18.7 条款：转售

缔约方应确保境内供应商不对电信服务的零售业务施加歧视性条件。

18.8 条款：网络单元的分类计价

缔约方应要求境内供应商根据电信服务的分类计价，按成本费用和合理、非歧视、透明的条件向电信服务供应商提供网络接入服务。缔约方可根据自身法律决定其境内可供使用的线路元件，以及可以获得这些元件的供应商。

18.9 条款：供应商互联

一般性条款规定，缔约方应保证为另一缔约方的电信服务供应商提供合理有效且非歧视的互联服务，应保证技术的可行性，以及非歧视且透明的费率、标准和服务质量，并及时提供参考性互联要约和已生效的互联协定。对于互联供应商的选择，缔约方境内的电信服务供应商应提供与另一缔约方企业的互联协定磋商机会，并公开其互联谈判程序。

18.10 条款：租用线路服务的提供和定价

缔约方应确保境内供应商在合理时间内根据合理且非歧视的条款、条件及费率，基于普遍可用的报价、容量和成本来进行定价，为另一缔约方的服务供应商提供作为电信服务的租用电路。

---

① 墨西哥重新修正和补充《墨西哥宪法》第 6、第 7、第 27、第 28、第 73、第 78、第 94 和第 105 条中某些条款的法令所依据的原则，在电信领域，如联邦官方公报 2013 年 6 月 11 日刊所述，应对主要供应商采取必要措施以防止破坏竞争。对于墨西哥而言，对使用主要供应商的网络、设施和服务的费率以及条款和条件等所做的任何改变，都应符合促进有效竞争和防止垄断的目标，不得损害相应市场的竞争条件。

18.11 条款：协同定位

缔约方应确保其境内供应商在合理方式下及时向其境内另一缔约方的电信服务供应商提供所必需的设备实体协同定位。若因技术或空间限制而无法实现实体协同定位，那么缔约方应保证其境内供应商提供合理的替代方案。

缔约方可根据其法律确定受本条规则约束的境内供应商拥有的场所，同时应考虑协同定位所需的市场竞争状况等因素。

18.12 条款：杆、管、导管和路权的获取

缔约方应确保其境内供应商合理、公平、及时地向其境内另一缔约方的电信服务供应商提供其拥有的杆、管、导管和路权，以及其他由该缔约方确定的建筑物。

18.13 条款：海底电缆系统

缔约方应确保在没有可行替代品的情况下，其境内控制国际海底电缆登陆站的主要供应商依照 18.9 条款（供应商互联）、18.10 条款（租用线路服务的提供和定价）和 18.11 条款（协同定位）向另一缔约方的电信供应商提供这些登陆站的使用权。[①]

18.14 条款：提供增值服务的条件[②]

各缔约方应确保其采取的有关提供增值服务的任何许可、准许、注册或通知程序是透明和非歧视的，并且及时依据统一的标准来处理此类增值服务的申请。如一缔约方发现增值服务供应商存在反竞争行为，可采取相关补救措施，促进竞争和维护消费者利益。

18.15 条款：技术选择的灵活性

缔约方不应禁止电信服务供应商对其提供服务所用技术的选择自由权。

[①] 基于其对墨西哥海底电缆系统市场的竞争状况评估，墨西哥不适用于本条款中主要供应商相关的海底电缆登陆站措施。

[②] 本条款不得解释为反映了一缔约方对服务是否应分类为增值服务和电信服务的看法。

如果一缔约方采取了非必要的限制措施，则应按照透明度原则来实施。

18.16 条款：监管方法

为了保证电信服务市场的竞争性，并考虑不同国家市场的差异性，各缔约方应采取以下监管方法：第一，对可预见或已出现的问题，缔约方直接监管；第二，突出市场力量，尤其是在具有竞争力或低进入壁垒的细分市场上①；第三，使用其他有利于终端用户实现长期利益的手段。如果缔约方进行直接监管，可在其法律范围内暂缓适用于该缔约方的电信服务。

18.17 条款：电信监管机构

各缔约方应确保其电信监管机构的独立性和监管决策程序的公正性，并保障其电信监管机构有权向供应商提出不同于其他电信部门供应商的要求。

18.18 条款：国有企业

各缔约方不应以其境内的电信服务供应商由其中央级政府拥有或控制为由，给予该供应商特殊优惠待遇。

18.19 条款：常规服务

各缔约方有权界定其希望维持的常规服务义务。各缔约方应以透明、非歧视和竞争中立的方式履行其常规服务义务。

18.20 条款：许可程序

如果缔约方要求电信服务供应商必须拥有许可证，该缔约方应公开提供适用的许可标准和申请程序、许可证授权所需期限、许可证生效条件。对于以下四种申请结果，缔约方应对申请人做出合理解释，具体包括拒绝许可申请、要求在许可证上标明对供应商的要求、吊销许可证和拒绝延长

---

① 依据本条款，美国根据其对商业移动市场竞争状况的评估，没有在商业移动市场适用 18.5 条款（公共电信服务主要供应商的待遇）、18.7 条款（转售）、18.9 条款（供应商互联）、18.10 条款（租用线路服务的提供和定价）、18.11 条款（协同定位）、18.12 条款（杆、管、导管和路权的获取）中与主要供应商有关的措施。

许可证的期限。

18.21 条款：稀缺资源的分配和使用

缔约方应以客观、及时、透明、非歧视的方式管理其分配和使用稀缺电信资源的程序，包括频率、数字和路权，并公开频率使用情况，但对由政府使用的特定频率的详细情况可以予以保留。缔约方在为商业电信服务商分配频谱时，应考虑分配程序的公开性、透明性，以及市场竞争性，可利用拍卖等机制。

18.22 条款：执行

缔约方应授权其主管机关执行 18.3 条款（接入和使用）、18.4 条款（与电信服务供应商相关的义务）、18.5 条款（公共电信服务主要供应商的待遇）、18.6 条款（竞争性保障措施）、18.7 条款（转售）、18.8 条款（网络单元的分类计价）、18.9 条款（供应商互联）、18.10 条款（租用线路服务的提供和定价）、18.11 条款（协同定位）、18.12 条款（杆、管、导管和路权的获取）和 18.13 条款（海底电缆系统）等规定的有关措施。

18.23 条款：电信争端的解决

各缔约方应确保其他缔约方企业可求助缔约方电信监管机构以解决电信服务供应商之间的争端，并在合理的时间内对其决定做出书面解释。[①]此外，如果有复审、司法复核等情况发生，缔约方不得以复审申请或司法复核申请为由而不遵守电信监管机构的裁决。

18.24 条款：监管透明度

各缔约方应要求电信监管机构在征求条例提案意见[②]时确保提案意见的公开性，并给予详尽解释，提供发表评论的机会。缔约方应确保公开以

---

① 对于美国而言，该条款只适用于国家监管机构。
② 所征求的意见不包括政府内部审议。

下监管相关的内容：服务价目表以及其他条款和条件，技术接口的规格，电信网络连入终端或其他设备的条件，许可、准许、注册或通报要求，电信争端解决相关的普遍程序，以及在政府授权其他机构负责准备、修订、影响接入和使用标准的相关措施时电信监管机构所采取的措施。

18.25 条款：国际漫游服务

缔约方应保持国际漫游服务的透明及费率方面的合作，以促进缔约方之间的贸易增长。对此，缔约方可以努力确保消费者获取零售费率信息的便利性，以及降低漫游技术替代品使用障碍。

18.26 条款：与其他各章的关系

若本章与本协定中其他章节存在不一致，应以本章为准。

18.27 条款：电信委员会

缔约方应设立由各缔约方政府代表组成的电信委员会，其主要职责是审查该章条例的实施情况，以确保该章条例符合各缔约方、服务供应商和终端用户的实际应用要求。此外，电信委员会还应讨论该章条例和裁定等相关问题，并报告其讨论结果，在此过程中，可邀请缔约方以外的代表出席，包括与其讨论议题相关的专业私营实体部门的代表。

六　数字贸易

该章正文部分共包含 18 个条款，除定义和适用范围外，其余条款分为强制性条款和非强制性条款。其中，强制性条款包括关税、数字产品的非歧视待遇、国内电子交易框架、电子身份认证和电子签名、在线消费者保护、个人信息保护、接入和使用互联网进行数字贸易的规则、电子信息跨境转移、计算机设备位置、未经请求的商业电子通信、源代码，共计 11 个条款，其他条款则为鼓励性的非强制性条款。此外，该章还包括 1 个附件，主要列举了与该章不符措施的例外情况。

19.1 条款：定义

定义部分主要对与数字贸易相关的概念进行了解释，其中比较重要的如下。"数字产品"是指商业销售的经数字编码并以电子方式传输的计算机程序、文本、视频、图像、录音或其他产品。数字产品不包括数字化金融工具，如货币。"电子认证"是指证明在电子传输或交易中的一方身份并确保电子传输完整性的行为。"电子签名"是指存在于、附属于或逻辑上与电子文件有关，并可用来识别与电子文件有关的签名和用户对电子文件所含信息表示同意的电子数据。"政府信息"是指中央政府持有的非专有信息。"个人信息"是指已识别或可识别的自然人信息。"交互式计算机服务"是指提供或允许多个用户对计算机服务器进行电子访问的系统或服务。"未经请求的商业电子通信"是指在未经接收方同意或明确拒绝接收方的情况下，仍将电子信息发送到某人的电子邮件地址并作为商业用途。①

19.2 条款：适用范围和一般规定

在数字贸易带来经济增长和发展机遇的背景下，缔约方一致认为应当构建一个共同的框架来提高数字贸易消费者的信心，降低数字贸易发展过程中的非必要壁垒。该章适用于缔约方所采取的一系列影响以电子方式进行贸易的措施。该章不适用于政府采购，但是 19.18 条款规定的开放政府数据应包含在该章要求内。此外，在实施以电子方式传递和进行的服务供给的措施时，应包括缔约方义务和例外及不符措施，还应考虑第 14 章（投资）、第 15 章（跨境服务贸易）和第 17 章（金融服务）的内容。USMCA 关于数字贸易的适用范围与 CPTPP 的内容相同。

19.3 条款：关税

任何缔约方不得对缔约方之间以电子方式传输的数字产品贸易征收关税或其他费用。但是，本条款不阻止缔约方对以电子方式传输的数字

① 对于美国，未经请求的商业电子通信不包括出于商业或营销目的以外的目的而发送的电子信息。

产品征收内部税费或其他费用，只要税费征收方式不与本协定产生冲突。

19.4 条款：数字产品的非歧视待遇

缔约方应对在其他缔约方境内创作、生产、出版、签约、委托或首次商业化的数字产品及其作者、表演者、制片人、开发者以及其他缔约方的数字产品给予不低于其给予其他同类产品的待遇。但是，本条款不适用于缔约方所提供的补助，包括政府支持的贷款、担保或保险。该规则与KORUS FTA 的规则相同。

19.5 条款：国内电子交易框架

缔约方应维持符合 1996 年《联合国国际贸易法委员会电子商务示范法》的电子交易法律框架，并努力减轻电子交易的非必要监管负担，继续完善电子交易法律框架。

19.6 条款：电子身份认证和电子签名

除法律规定的情况外，缔约方不得仅因签名为电子形式而否定其法律有效性。任何缔约方均不得采用或维持电子认证和电子签名的措施：①禁止电子交易的各方共同决定适合交易的认证方法或电子签名；②禁止电子交易的当事人有机会在司法或行政当局证明其交易符合任何有关认证或电子签名的法律要求。缔约方可以提出要求，对于特定种类的交易，认证方法或电子签名必须满足特定的性能标准或由其法律认证的主管部门的担保。此外，各缔约方应鼓励使用可互操作的电子认证。

19.7 条款：在线消费者保护

缔约方应建立或维持消费者保护法，禁止从事对数字贸易消费者造成伤害的欺诈性商业活动。此外，缔约方同意根据 21.4 条款（消费者保护）开展合作，如消费者保护机构合作，以及跨境数字贸易相关活动的合作等，其目的是增加消费者福利。

19.8 条款：个人信息保护

各缔约方应采用统一的法律框架来保护数字贸易用户的个人信息，以增强消费者对数字贸易的信心。制定法律框架时应考虑的内容包括以下几个方面。第一，应在考虑有关国际机构原则的基础上，制定法律条款内容，如《亚太经合组织隐私框架》和《经济合作与发展组织关于保护隐私与个人数据跨国界流动的准则：理事会建议》（2013 年）。第二，缔约方应确保个人信息跨境流动限制措施的严格性和必要性，限制壁垒应与相关风险构成比例关系。第三，缔约方应努力采取非歧视性措施，保护数字贸易用户免受其境内个人信息保护违规行为的侵害，并制定补救措施。第四，各缔约方应通过协调各方制度来提升规则的兼容性，并交流其本国适用机制的信息。同时，各缔约方承认《亚太经合组织跨境隐私规则体系》是有效的信息保护机制。

19.9 条款：无纸化交易

缔约方应努力将电子版贸易管理文件视为与纸质版文件具有相同的法律效力。

19.10 条款：接入和使用互联网进行数字贸易的规则

缔约方认识到消费者自由接入和使用互联网是重要的，包括消费者可在互联网上自由选择服务和应用，可选择将终端用户设备连接到互联网，可访问关于互联网接入服务的网络管理信息，等等。

19.11 条款：电子信息跨境转移

如果某活动是与被覆盖主体相关的商业行为，那么缔约方不得禁止或限制以电子方式进行的跨境传输信息。但是，本条款不妨碍缔约方采取或维持为实现合法公共政策目标所必需的不符措施。

19.12 条款：计算机设备位置

任何缔约方不得要求被覆盖主体必须在该缔约方境内使用或在当地配

置计算机设备，并以此作为在其境内开展业务的条件。

19.13 条款：未经请求的商业电子通信

缔约方应对未经请求的商业电子通信采取限制措施，使消费者能够减少或避免发送到电子邮件地址以外的未经请求的地址。对于未遵守本条款的商业电子通信供应商，缔约方应提供追索权。此外，各缔约方应努力合作，共同监管未经请求的商业电子通信。

19.14 条款：合作

各缔约方应努力建立信息交流、规则标准、监管机制以及援助发展等合作机制，具体包括以下几个方面。第一，缔约方应努力交流并分享与数字贸易有关的法规、政策、执法和合规等信息，包括个人信息保护、电子通信安全性、认证等。第二，就促进和发展包括《亚太经合组织跨境隐私规则体系》在内的机制进行合作并保持对话，以实现隐私制度的全球互通性。第三，缔约方应积极参与区域和多边论坛。第四，鼓励私营部门制定数字贸易监管机制，包括行为守则、示范合同、准则和执法机制。第五，帮助残疾人使用信息通信技术，通过国际合作协助处理用户提交的个人信息保护投诉。

19.15 条款：网络安全

缔约方应努力提高国家层面的网络安全管理能力，加强现有的合作机制，以便识别和减少侵害网络安全的恶意代码，并利用该机制及时解决网络安全问题。另外，各缔约方应努力鼓励其境内企业使用基于共同标准的风险管理方法来识别和防范网络安全风险。

19.16 条款：源代码

任一缔约方均不得要求转移另一缔约方所拥有的软件源代码和该源代码中的算法，并将此作为该软件或依赖该软件的产品的进口、分发、销售或使用条件。但是，本条款排除供一缔约方监管机构或司法当局进行特定的调查、检查、执行或司法程序所要求的情况。

19. 17 条款：交互式计算机服务

缔约方不得将交互式计算机服务的供应商或用户视为信息提供者，以此来确定在存储、处理、传输、分发及服务提供中非法或有害信息的责任，供应商或用户创建和开发的信息除外。但是，本条款不适用于任何与知识产权保护有关的措施。

19. 18 条款：开放政府数据

缔约方应努力合作，以确保各缔约方增加对政府信息的访问与使用量，以增加和创造商业机会。如果一缔约方选择提供政府信息，则其应确保信息的可读性和开放性，并可以被搜索、检索、使用、重复使用和重新分发。

第三节 《美墨加协定》传统议题深化的比较分析

USMCA 的文本协定是美国对外贸易谈判的重要蓝本，反映了美国对全球贸易规则诉求的最新演变。整体上看，USMCA 在 NAFTA 的基础上增设了 CPTPP 的部分规则，并细化了规则的具体执行措施，力求实质性地提升国际市场的开放度。以下将针对 USMCA 中传统议题深化的每个议题，与其他由美国主导或曾经主导的区域贸易协定进行比较，进一步理解美国对外贸易发展的核心诉求，从而对未来区域贸易协定传统议题深化的发展趋势进行研判。

一 《美墨加协定》传统议题深化与其他贸易协定的相同点

在 NAFTA、CPTPP 和 USMCA 中，传统议题深化的基本框架大致相同，重点条款大多沿用了相同的实践做法，体现了较高的继承性，旨在推行更高标准的贸易自由化。

（一）投资

USMCA 保留了 CPTPP 和 NAFTA 中投资章节所设置议题的基本框架，

并沿用了概念性解释的相关内容。

第一，在投资的定义方面，USMCA 沿用了 CPTPP 中对"投资"的定义，涵盖由投资者直接或间接拥有的具有投资性质的所有资产。USMCA与 NAFTA、CPTPP 一样，都单独设置了投资议题的章节，同时涵盖商品投资和服务投资，自由化水平较高，均采取"负面清单"管理模式，并延续了"棘轮效应"。[①] 例如，USMCA 将"日落条款"的期限由 NAFTA中的 5 年延长到了 16 年，即各协定国必须每 16 年对 USMCA 进行一次续签。此外，这三个协定要求所有缔约方政府以同等的、公平合理的政策保障跨境投资自由，并没有对发展中国家采取特殊的宽松政策。

第二，在国民待遇和最惠国待遇授予规则方面，USMCA 也参考了CPTPP 的内容，要求政府在认定能否在"类似情形"下授予此类待遇时，需要综合、全面地考虑所有情形。在此基础上，USMCA 进一步规定了国民待遇和最惠国待遇的具体措施，如在判断是否存在歧视待遇时，要判断同一政府针对不同投资者所采取的措施。

第三，在企业社会责任方面，USMCA 的内容设定与 CPTPP 基本相同，要求成员鼓励其境内企业自愿将缔约方肯定或支持的企业社会责任的国际公认原则、标准和指南纳入企业内部政策。

（二）跨境服务贸易

对于跨境服务贸易的相关条款，USMCA 采取了同 NAFTA 和 CPTPP一样的管理模式，沿用了部分条款内容，并且在监管理念上一脉相承。

第一，USMCA、NAFTA 和 CPTPP 均对跨境服务贸易单独设置章节，采取"负面清单"管理模式。USMCA 沿用了 GATS 的开放式分类方法，划分为跨境提供、境外消费、商业存在、自然人流动四类跨境服务贸易模式，设置"棘轮效应"条款来确保缔约方不在自由化进程中"走回头路"。

---

① "棘轮效应"是指一旦放开某项投资限制，将不能再增设相关限制措施。

第二，在条款内容上，USMCA 囊括了 NAFTA 和 CPTPP 中关于跨境服务的定义以及国民待遇、最惠国待遇、市场准入等相关规定。此外，USMCA 同 CPTPP 一样，增设了跨境服务国内规制、支付与转移等新兴条款，并且都具有明确的"国有企业"限制条款，要求不得对国有企业给予特殊优惠待遇，以保障市场充分竞争。

第三，USMCA 同 CPTPP 一样在有关跨境服务的监管理念上保持一致，都强调将国际监管合作纳入自由贸易合作的制度，并确保监管程序的正当性和开放性。USMCA 设立了"良好的监管实践"章节来规范国内监管，相对应地，CPTPP 设立了"监管协调"规则，旨在要求协定国内的商业主体共同享有开放、公平、可预期的监管环境。此外，CPTPP 还纳入了"资格互认给予"的对话机制，加大了审批程序和手续费用透明度管制的力度，这一规定也被 USMCA 所采纳，两者都强调鼓励各方采用更加"开放"和"透明"的方式。①

（三）临时入境

在主要概念界定、议题条款框架等方面，USMCA 与 NAFTA、CPTPP 保持了一致性。但是，在商务人员的适用范围上，USMCA 参照 CPTPP 的条款内容对 NAFTA 做出了调整。

第一，NAFTA、CPTPP 和 USMCA 都对商务人员临时入境单独设置章节，强调流动主体必须为商务人员，即"高技术或高级管理人员"，商务人员都被定义为"一缔约方从事货物交易、服务供应或开展投资活动的公民"。

第二，在具体的议题设置上，USMCA 基本沿用了 NAFTA 的条款框架，并完全复制了一般义务条款，在临时工作组管理制度上基本一致，完全复制了争端解决不得采取委员会、调解和调停等办法的例外情况。附件

① 张磊、徐琳：《服务贸易国内规制的国际治理：基于 USMCA 对 CPTPP 的比较研究》，《社会科学》2020 年第 7 期。

中对具体商务人员的界定和说明也保持不变，都要求制定统一的专业服务提供者许可证和认证标准，强调了流动人员的技术专业性和商务性。

第三，在商务人员的适用范围上，USMCA 与 CPTPP 保持一致。要求"本章不得适用于影响就业市场而采取措施，也不得适用于与公民身份、国籍、永久居留或永久雇用有关的措施"，并强调保证商务人员有序跨境流动，不得使缔约方在本章的利益受到损害或抵消。同时，USMCA 与 CPTPP 在"信息提供"条款中都增加了允许提供互联网上的相关认证资料，这一调整适应了信息技术的发展环境，提高了资格认证的便捷度。

（四）金融服务

USMCA 的基本议题框架沿袭了 NAFTA、CPTPP 的范式，沿用"正面清单"的管理模式，相较于 GATS 的"自愿适用原则"更为严格。对于具体议题内容而言，上述几个自由贸易协定的相同点在于以下几个方面。

第一，在国民待遇和最惠国待遇方面，USMCA、NAFTA、CPTPP 均要求缔约方给予其他缔约方投资者的待遇不得低于相似情形下其给予本国投资者的待遇。

第二，在市场准入方面，USMCA 与 CPTPP 都要求禁止市场准入的数量配额限制。例如，任何缔约方不得以限制金融服务交易总值或资产总值、金融服务业务总数或金融服务产出总量，以及金融服务部门或金融机构可雇用的、提供金融服务所必需的、直接有关的自然人总数等为由拒绝另一缔约方金融服务的市场准入，而此类规则在 NAFTA 中未曾列出。

第三，在新型金融服务方面，USMCA 与 NAFTA、CPTPP 都对该内容进行了规定，旨在为缔约方在提供新金融服务时提供便利。USMCA 与 CPTPP 都要求"缔约方应允许另一缔约方金融机构提供不需制定或修改现存法律就允许本国金融机构提供的新金融服务"。

第四，在审慎监管方面，USMCA 的规定与 CPTPP 的条款保持一致，都将"支付和清算系统的安全性"包括在内，并在审慎措施限制性条件上采纳了 GATS 中有关"审慎例外"的规定。

第五，在支付和清算系统、加速提供保险服务方面，NAFTA 没有此类条款内容，而 CPTPP 与 USMCA 都设置了与该类内容完全一致的条款，旨在推进外资金融机构开放支付系统，以确保融资和交易的便利性，减少对金融服务产品类别提供的干预措施。

（五）电信

在由美国主导或曾经主导的区域贸易协定中，"电信"基本上是单独设置的章节，且采取"负面清单"管理模式，这些协定的相同点主要包括以下几个方面。

第一，在定义和适用范围方面，USMCA 和 CPTPP 的"定义"内容都十分详尽，且均对"漫游""虚拟共置""许可证"等概念做出了解释。在适用范围上，USMCA 与 KORUS FTA 保持一致，均要求该章条款规则适用于"有关获得和使用公共电信网络或服务的措施""有关公共电信服务供应商义务的措施""有关提供增值服务的措施""有关公共电信网络或服务的其他相关措施"，而 CPTPP 中缺少适用于增值电信服务的适用规则。KORUS FTA、USMCA 等在总体上都倡导电信行业的全面市场准入。

第二，在接入和使用规则方面，USMCA 和 CPTPP 都强调了接入和适用另一缔约方境内电信服务的非歧视性待遇、透明度原则以及信息获取的自由度，要求"应确保另一缔约方的任何企业都能够访问和使用任何公共电信网络或服务，用于企业境内和跨境的信息传输"，USMCA 和 CPTPP 还增加了"采取和维持透明的通报、注册和许可程序"的要求。

第三，在与电信服务供应商相关的义务方面，USMCA 和 CPTPP 都纳入了互联、携号转网、拨号均等性、接入电话号码的相关义务，但 USMCA 加入了漫游和转售的义务规则。USMCA 与 CPTPP 在公共电信服务主要供应商的待遇，竞争性保障措施，转售，网络单元的分类计价，租用线路服务的提供和定价，协同定位，杆、管、导管和路权的获取，海底电缆系统，技术选择的灵活性，许可程序，稀缺资源的分配和使用，国际漫游服务等方面的规则基本保持一致，只是在条款顺序设置上有所调整。

（六）数字贸易

在数字贸易议题规则的设计上，USMCA 继承了 KORUS FTA 在电子商务界定、数字产品关税征收及相关待遇、在线消费者保护、无纸化交易、互联网接入和跨境数据自由流动等规则的核心理念。相比较而言，CPTPP 关于电子商务承诺的自由化水平更高，USMCA 实际上是将 CPTPP 作为蓝本，基本上继承了 CPTPP 第 14 章的条款，只是对部分条款内容进行了深化和拓展。因此，USMCA 与 CPTPP 在数字贸易的相关内容上存在较高的一致性，以重点议题举例如下。

第一，USMCA 和 CPTPP 都禁止缔约方对以电子方式传输的数字产品（电子书、影片、音乐、软件与游戏等）征收关税、服务费用、其他费用或实施其他歧视性措施。只要这些税费的征收方式与本协定不冲突，就不禁止缔约方对该产品征收内部税费或其他费用。

第二，USMCA 和 CPTPP 都强调了对个人数据信息的保护，要求缔约方制定个人数据保护法，且不限制法律的具体内容和执行手段，也不要求缔约方不得采用更严格的隐私保护措施。

第三，USMCA 和 CPTPP 都推行数据跨境自由流动和禁止计算机本地化。USMCA 和 CPTPP 都规定"若此活动是协定涵盖人的商业行为，任何一方不得禁止或限制跨境传输包括个人信息在内的电子信息"，"任何缔约方不得要求协定涵盖人在该缔约方境内使用或在当地设置计算机设备，并将此作为在该境内开展业务的条件"，但是 CPTPP 对这两项内容都设置了例外条款，而 USMCA 则删除了这一例外，限制了协定方对承诺履行的可操作空间。

第四，USMCA 和 CPTPP 都禁止"强制披露源代码及算法"，旨在加强知识产权保护，确保信息通信技术产品加密技术的完整性。

二　《美墨加协定》传统议题深化与其他贸易协定的不同点

USMCA 在 NAFTA、CPTPP 的基础上提高了传统议题深化的贸易自由化标准，进一步丰富和完善了条款内容，并提高了规则执行层面的严格度。此外，USMCA 还根据技术发展需要和国内外经济环境增设了新的条款。

（一）投资

相较于 CPTPP 和 NAFTA，USMCA 对投资保护、企业社会责任、投资仲裁解决机制条款的具体内容做了较大调整，并加入了关于对"非市场经济体"的限制条款。

第一，在投资保护方面，USMCA 的投资规则变化主要体现为在 CPTPP 和 NAFTA 的基础上做了进一步的补充。USCMA 明确拒绝将司法或行政行为中做出的决定或判决看作投资，采用美国 2012 年投资协定范本中关于"公平与公正待遇"的原则，提出不要求额外的或超过最低待遇标准的待遇，也不创设额外的实体权利。需要强调的是，USMCA 规定不能仅依照缔约方采取或未采取与投资者期待不一致的行为就认定该缔约方违反了公平与公正待遇。USMCA 关于"征用和补偿"的规则也比 NAFTA 更加详尽，除了对征用和补偿的条件与程序进行进一步完善之外，还在附件中将"征用"细分为"直接征用"和"间接征用"。此外，为了保持公平竞争，USMCA 严格限制了国有企业的投资机会，不仅应用了比 CPTPP 更加宽泛的"国有企业"定义，而且设置了限制国有企业的非商业支持、在非缔约方市场发展贸易的机会等规则。

第二，在企业社会责任方面，NAFTA 中没有企业社会责任方面的议题，而 CPTPP 和 USMCA 都新增了此项内容。USMCA 沿用了 CPTPP 中关于"企业社会责任"的条款，但是 USMCA 对企业社会责任标准给出了更加严格且明晰的规定，进一步明确了有关企业社会责任的国际公认标准，包括《经济合作与发展组织跨国公司指南》等，此类标准涵盖了关于环境、人权、性别歧视、劳工、腐败等方面的责任标准。

第三，在投资仲裁解决机制方面，USMCA 保留了国际仲裁解决机制，但对该机制进行了较大程度的限制。USMCA 缩小了可仲裁的投资争端范围，将投资设立、取得与间接征收排除在外。此外，USMCA 还设置了仲裁前置程序，规定了仲裁程序的启动必须包括当地救济与时限要求，这项要求可能将迫使投资者在权衡成本和发起仲裁的难度的情况下，放弃仲裁救济而转向国内救济。USMCA 对投资争端解决机制的调整体现了国际投资仲裁方式的新动向，即将投资仲裁解决机制国家化，拓展东道国对投资争端的治理。[①] 在美墨加三国中，加拿大在协定中基本放弃了以国际投资仲裁的方式解决投资争端，加拿大与美国或墨西哥之间的投资争端只能诉求于国内法院、国家间的仲裁或以其他救济方式来解决，但美国与墨西哥之间的投资争端仍可通过国际仲裁解决机制来解决。在仲裁员组成方面，USMCA 缩短了指定仲裁员需要等待的期限，将组成仲裁庭的时间限制从NAFTA 的 90 天缩短至 75 天。此外，USMCA 还提高了仲裁的透明度，额外规定应当公开仲裁庭庭审。

第四，USMCA 加入了排除"非市场经济体"的"毒丸条款"，延续了美国对贸易对象国进行区别对待的传统，对非市场经济体的贸易投资行为严格设限。[②] USMCA 第 14 章的附件 14 - D 规定，"如果缔约方投资者由非缔约方人员所拥有或控制，且该非缔约方被另一缔约方视为'非市场经济体'，那么该投资者就不能提起投资仲裁"。换言之，被非市场经济体所拥有或控制的投资者不能依托 USMCA 的条款发起针对东道国的国际投资争端解决程序。同时，该条款也指出，"成员国拥有认定第三国是

---

① 翁国民、宋丽：《〈美墨加协定〉对国际经贸规则的影响及中国之因应——以 NAFTA 与 CPTPP 为比较视角》，《浙江社会科学》2020 年第 8 期。

② 王翠文：《从 NAFTA 到 USMCA：霸权主导北美区域合作进程的政治经济学分析》，《东北亚论坛》2020 年第 2 期。

否作为非市场经济体的排他权利"。实际上，USMCA 的此项条款旨在促进协定国家在"市场经济体"和"非市场经济体"之间站队，体现出明显的政治化色彩。

（二）跨境服务贸易

与现有的其他区域贸易协定相比，USMCA 调整了跨境服务贸易中具体议题的排列顺序，更为重要的是，USMCA 在原来条款的基础上以更加务实的原则强化了条款的约束力与执行力。

第一，USMCA 对政府层面的规则进行了补充说明。在"国民待遇"和"最惠国待遇"条款中，USMCA 要求"地方政府采取的措施应不低于相同情况下的最好待遇"；在"不符措施"条款中，USMCA 要求"如果一缔约方认为其他缔约方的措施对其跨境服务造成实质性的损害，无论该措施是地方政府层面还是中央政府层面，该缔约方都能够发起磋商"。

第二，USMCA 突出"执行"的达成。USMCA 新增了"执行"条款，规定各方主管机构有义务保障章节内特定条款的执行，并赋予其制裁权。USMCA 强调要确保资格审批机构的独立性，而 CPTPP 并没有将技术标准、资格要求和许可要求加以区分并分别设立审批机构。在市场准入措施上，NAFTA 要求各缔约方承诺在列出不符措施的附件中完全透明地规定这些限制，并尽最大努力逐步解除限制[1]，但 USMCA 更加强调要竭力扩大市场准入。USMCA 对该章规则的适用范围采取"负面清单"管理模式，形成了广泛的约束力，而 CPTPP 未列出具体的适用范围，只要求成员方尽快确认适用范围。由此可见，USMCA 关于跨境服务贸易的规则更加明晰，旨在确保规则的落地执行。

第三，USMCA 对"良好监管规制"做出了更加详细和严格的规定。

---

① Chauffour, J. P., Maur, J. C., *Preferential Trade Agreement Policies for Development: A Handbook*, World Bank Publications, 2011.

USMCA 的 "良好监管规制" 要求协定方有义务对国内政策的计划、设定、公布、实施和审议等流程进行良好的监管。CPTPP 的 "核心良好监管" 条款仅鼓励协定方积极开展相关工作，相对比较宽松。相较于 CPTPP，USMCA 继承了 CPTPP 的 "核心良好监管" 条款，深化了 CPTPP 的 "核心良好监管实践实施" 条款，更多地强调义务履行和尽力达成，并且进一步提升了有关纪律执行的严格程度，对 "监管影响评估" 制定了专门条款，强调 "必要性" 等。① USMCA 首次明确排除了不适用该章义务的国内规制，即除金融服务的部分内容外，其他领域都应该受到 "良好的监管实践" 条款的约束，这表明 USMCA 在对国内规制监管上已经开始探索采取 "负面清单" 管理模式。

（三）临时入境

尽管 USMCA 基本沿用了 NAFTA 和 CPTPP 的议题框架，但是在具体规则上进行了一定调整。

第一，USMCA 对信息透明度的要求更高，增设了要求申请临时入境人员提供相关法律法规和统计信息等文件的规定。如果一缔约方拒绝另一缔约方当事人入境，则应当迅速向另一缔约方当事人及另一缔约方相关部门书面告知情况并说明拒绝理由。

第二，USMCA 采取了更加审慎的国内监管措施，明确纳入公共健康、安全等标准，要求准入承诺应当符合公共健康和国家安全标准。

第三，USMCA 对规则的执行效率提出了更高的要求。USMCA 要求临时入境工作组每年应至少召开一次会议，而 CPTPP 仅要求每三年召开一次会议，协商和调节频率不同的原因在于 USMCA 和 CPTPP 的缔约方数量相差较大，USMCA 的组织协调难度相对较低。

---

① 张磊、徐琳：《服务贸易国内规制的国际治理：基于 USMCA 对 CPTPP 的比较研究》，《社会科学》2020 年第 7 期。

第四，USMCA 缺少对商务人员临时入境的具体时间要求。USMCA 没有列明对各类商务人员入境和临时停留的具体时间限制。而 CPTPP 针对每个协定成员国不同类型的商务人员入境进行了区分，并明确规定了准入时间限制。

第五，USMCA 在国家合作规则方面的完善度要高于 CPTPP。CPTPP 专门设定了国家合作条款，要求缔约方在签证手续和边境安全等方面加强合作，分享对生物识别技术、旅客信息系统、常客通关手续的使用经验①，更加强调跨境手续程序的高效性。

（四）金融服务

虽然 USMCA 的金融服务规则在整体上延续了以往美式自由贸易协定的模板，但是在信息转移、审慎例外、计算机设施位置、争端解决机制等方面都做出了更细致且更深入的规定。

第一，USMCA 在信息转移规则的承诺范围上更广泛、更细致。NAFTA 和 CPTPP 只对"金融机构"的信息转移自由做出规定，而 USMCA 将信息转移主体的承诺范围扩展至"金融服务提供者"，要求"一缔约方不应阻止另一缔约方的金融机构或跨境金融服务提供者在开展许可、授权、登记范围内的业务时转移信息"，相较于 NAFTA 和 CPTPP 对业务活动范围的限制，USMCA 在表述上更加明确。此外，USMCA 首次规定了"允许金融信息自由转移"，且单独列为一条。而 CPTPP 仅将电子商务章节的"允许信息自由流动"并入投资和跨境服务的部分条款，而没有涉及跨境金融服务，该细节变化也反映出 USMCA 对金融信息自由流动的特别关注。

第二，USMCA 的审慎例外标准比 CPTPP 更为严格。CPTPP 在对该议题内容的表述上所采取的措辞为"此类审慎措施不得（Shall Not）被用于

---

① 中国社会科学院世界经济与政治研究所国际贸易研究室：《〈跨太平洋伙伴关系协定〉文本解读》，中国社会科学出版社，2016，第 151 页。

规避义务或承诺",旨在推进金融服务规制的一致性,以达到各国规制的相互协调与平衡。而 USMCA 则以"负面清单"管理模式进一步扩大了审慎例外的抗辩范围,并将审慎例外规则的表述设置为"不应(Must Not)被用于",USMCA 的否定语气程度相对较强,这意味着 USMCA 的审慎例外标准比 CPTPP 更为严格。

第三,USMCA 统一要求"禁止计算机设施本地化"。这是 USMCA 相对于 CPTPP 的最大进步。[①] 以往的美式自由贸易协定中没有规定跨境金融服务必须符合"禁止计算机设施本地化"规则,CPTPP 在电子商务章节中也明确将金融服务排除在"禁止计算机设施本地化"的要求之外,缔约方有权对金融服务相关的计算机设备实施本地化要求。但是,USMCA 则强调及时、直接、完整地获得相关信息对监管的重要性,并规定"缔约方不能将计算机设施本地化作为在该国开展业务的条件"。

第四,USMCA 更加强调东道国在争端解决机制方面的控制权。在 CPTPP 和 NAFTA 中,金融服务的争端原则上可以采用"投资者 – 国家"争端解决机制来解决。但是,USMCA 第 17 章的 17.21 条款明确规定涉及金融服务的所有争端都只能通过"国家 – 国家"争端解决机制来解决,且不考虑当事缔约方政府是否援引金融"审慎例外",这意味着缔约方的当事人只能通过诉诸其母国的争端解决机制来获得间接救济。此外,USMCA 还限制了发起金融服务争端的诉因类型,要求缔约方只能提起"违反之诉"。[②] USMCA 的这些变化进一步强化了东道国在金融服务争端

---

① 杨幸幸:《〈美墨加协定〉金融服务规则的新发展——以 GATS 与 CPTPP 为比较视角》,《经贸法律评论》2019 年第 4 期。

② USMCA 的"违反之诉"是指一成员方针对另一成员方的违法行为向争端解决机制提出的诉讼;"非违反之诉"是指当成员方在"国民待遇和货物的市场准入""农业""原产地规则""原产地程序""纺织品与服装""海关管理与贸易便利化""卫生和植物检疫措施""技术性贸易壁垒""政府采购""跨境服务贸易""知识产权"义务项下合理预期的利益受到损害时,有权发起争端解决机制。

解决方面的主动权与控制力。①

（五）电信

在电信方面，USMCA 做出了不同于 NAFTA 和 CPTPP 的一些规定，具体表现如下。

第一，USMCA 在 NAFTA 和 KORUS FTA 的基础上对"提供增值服务的条件"条款的内容进行了扩充。USMCA 要求"如果一缔约方直接对增值电信服务进行管制，那么在没有适当考虑合法的公共政策目标和技术可行性的情况下，不得对电信增值服务提供者提出与公共电信服务提供者同样的要求，其采取或维持的有关提供增值服务的任何许可、准许、注册或通知程序必须是透明的和非歧视的，并且据此提出的申请应得到迅速处理"。USMCA 对电信增值服务开放的承诺要求更加严格。

第二，USMCA 将"国际漫游服务"加入与公共电信服务供应商相关的义务条款，要求"各缔约方不能禁止公共电信服务供应商签订协议以提供漫游服务"，但 CPTPP 中没有对公共电信服务供应商的义务设置此规则。此外，CPTPP 也允许"一缔约方对国际漫游服务实行管制定价，只要其允许未实行类似政策的缔约方的运营商有机会享受此低价"。相对而言，CPTPP 的"漫游服务"承诺限制较为宽松。

第三，USMCA 在电信服务章节明确纳入了"国有企业"条款，要求"各缔约方不应以其境内的电信服务供应商由其中央级政府拥有或控制为由，给予该供应商特殊优惠待遇"。在 KORUS FTA 和 CPTPP 的电信服务章节中都没有关于"国有企业"的条款，这反映出 USMCA 对国有企业的规制力度较大。

（六）数字贸易

在数字贸易方面，USMCA 条款内容的深化程度要高于 CPTPP，主要

---

① 杨幸幸：《〈美墨加协定〉金融服务规则的新发展——以 GATS 与 CPTPP 为比较视角》，《经贸法律评论》2019 年第 4 期。

表现在以下几个方面。

第一，USMCA 将议题名称由 CPTPP 的"电子商务"（Electronic Commerce）修改为"数字贸易"（Digital Trade），使其不仅包括通过互联网实现的货物或服务贸易，而且包含其他一切以电子方式开展的贸易活动，有效地拓展了"数字贸易"定义的覆盖范围。

第二，USMCA 将非歧视性待遇的适用范围扩展至"广播服务产品"，而 CPTPP 以及包括《美国－新加坡自由贸易协定》、《美国－澳大利亚自由贸易协定》、KORUS FTA 等在内的美式自由贸易协定都将"广播服务产品"排除在外，这一谈判成果突破了已有贸易规则中的"文化例外"原则。

第三，USMCA 剔除了"跨境数据自由流动""计算机本地化"规定中的例外规定，不再考虑"各方监管需求"或"公共安全"的特殊情况。相较于 CPTPP 和 KORUS FTA 而言，USMCA 对实现跨境数据自由流动和禁止本地化采取了更为激进的措施，这样能够有效避免其他缔约方采取各种讨价还价的方式来设置隐形的数字贸易壁垒，极大利好美国数字经济相关产业。

第四，USMCA 对个人隐私保护采取了强有力的措施。USMCA 列明了在实施"个人信息保护"方面所必须遵循或参考的具体国际协定和基本原则，包括《亚太经合组织隐私框架》和《经济合作与发展组织关于保护隐私与个人数据跨国界流动的准则：理事会建议》（2013 年）等。相比之下，CPTPP 只是要求协定方认识到"个人信息保护"的重要性，仅做出了原则性规定。

第五，USMCA 在知识产权保护上提出了更高的要求。CPTPP 仅对"基础设施"做出了排除限定，而 USMCA 将"禁止源代码开放"规则的适用范围拓展至"基础设施"。此外，USMCA 还引入了对"加密技术"的保护，禁止"缔约方在其知识产权受到侵害的情况下将获得加密密钥作为向外国技术开放国内市场的前提"。

此外，USMCA 的条款范围更广，相对于 CPTPP 还新增了以下条款。第一，"交互式计算机服务"规则。该规则用于豁免平台方对第三方实施的知识产权侵权行为所需承担的责任，使网络平台不用因非本平台实施的知识产权侵权行为而承担民事责任。此条规则在 CPTPP 等区域贸易协定中都不曾出现，这项措施减轻了互联网中介平台的责任压力，降低了互联网中介平台对外服务的额外风险，提供了更加宽松的制度环境，对跨境数据自由流动起到了更好的辅助作用。第二，"政府数据开放"规则。这是现有区域贸易协定中首次出现的条款，这一规则承袭了美国国内对数字经济治理的理念，美国早在 2009 年《公开政府指令》中就指明"政府数据的公开性和可获性对私人机构意义重大"①，美国认为政府数据信息的公开性和透明性可以帮助私人机构进行理性决策。

三 区域贸易协定传统议题深化的发展趋势

根据前文分析，USMCA 代表了新一代区域贸易协定的最高标准，传统议题深化条款的广度和深度都进一步提升，反映出区域贸易协定传统议题深化的未来发展趋势。

（一）投资

USMCA 投资议题中最为重要的两个趋势在于投资争端解决机制的变化和非市场经济体合作限制的增设，这也反映出未来投资议题规则的新动向。

第一，投资争端解决机制。投资争端解决机制未来可能在更大程度上体现"卡尔沃主义"色彩。"卡尔沃主义"的核心是反对一国干涉他国内政，反对外国投资者享受超国民待遇，并且主张当外国投资者与东道国政府产生争议时应当将争议提交国内法院受理。② 随着发展中国家对区域贸

---

① "10 Steps Congress Can Take to Accelerate Data Innovation", https://www2. datainnovation. org/ 2017 - data - innovation - agenda. pdf.

② 单文华：《从"南北矛盾"到"公私冲突"：卡尔沃主义的复苏与国际投资法的新视野》，《西安交通大学学报》（社会科学版）2008 年第 4 期。

易协定谈判的广泛参与，"卡尔沃主义"曾被认为已经消亡。但是如今包括美国、加拿大、澳大利亚等发达国家以及拉美国家在内的一些国家倾向于在国际贸易投资争端解决机制中应用"卡尔沃主义"。例如，在 CPTPP 中，澳大利亚退出了国际投资仲裁机制；在 USMCA 中，加拿大也退出了国际投资仲裁机制。这表明投资争端解决机制的"卡尔沃主义"或将复苏。与此同时，这一趋势也将导致投资仲裁机制的分散化，不利于推进投资争端处理中的国际合作。美国所推动的分散化争端解决机制是为了照顾美国国内投资者的利益需求，这一变化有利于促使美国投资回流，重振美国国内经济。

第二，非市场经济体合作限制。USMCA 中有关非市场经济体的限制条款很可能成为美国自由贸易规则谈判的范本，不排除美国未来将在国际范围内大力推行此类条款。美国绕开 WTO 多边经贸机制，直接在区域贸易协定中约束非市场经济体，试图以经济联盟的共同标准对抗其他所谓的非市场经济体①，破坏以 WTO 为基础的非歧视待遇原则。这意味着美国的目标是不断突破现行规则体系的制度约束，重塑全球贸易投资规则体系。因此，有关非市场经济体的约束条款不会仅局限于 USMCA 中，很可能被复制到其他自由贸易协定中。此外，有关非市场行为的国有企业也可能成为未来区域贸易协定中的限制重点，相关的特殊规则已经在实践中出现，如 CPTPP 严格限制了国有企业的正常贸易权。《美国 – 新加坡自由贸易协定》要求新加坡政府减少国有企业中的所有权和其他利益。USMCA 贸易规则体系的调整无不体现出以美国为中心的逻辑，如果该规则未来进一步延伸到其他贸易协定的谈判中，那么所谓的非市场经济体将不可避免地面临参与全球贸易自由化的制度障碍。

---

① 孙南翔：《〈美墨加协定〉对非市场经济国的约束及其合法性研判》，《拉丁美洲研究》2019 年第 1 期。

（二）跨境服务贸易

随着发达国家贸易协定的不断推进和逐渐完善，越来越多的双边或区域贸易协定开始吸收发达国家之间形成的共识规则，有关服务贸易自由化规则的新框架也在加速成形。USMCA 建立了更高的跨境服务贸易自由化标准，未来服务贸易规则深化的重点将集中在扩大开放范围、充分保护竞争和强化规则纪律等方面。

第一，跨境服务贸易的开放范围将进一步扩大。从现有的各类区域贸易协定的趋势来看，"负面清单"管理模式或将成为界定跨境服务贸易规则适用范围的普遍做法。USMCA、CPTPP、KORUS FTA 等协定都完全抛弃了 GATS 中的"正面清单"管理模式，目前超过一半的区域贸易协定采取"负面清单"管理模式。[1] 虽然承诺列表方式不能完全决定国际服务贸易规则质量的高低，但是在指示性方面则具有重要意义。[2] "负面清单"管理模式的广泛适用意味着未来跨境服务贸易将朝着更加自由化的方向发展。在"负面清单"管理模式之下，除了部分"不符措施"的适用范围之外，一缔约方需要向其他缔约方开放其境内所有的服务部门，这相对于"正面清单"管理模式具有较高的易读性和透明度。此外，在目前的区域贸易协定中均包含"棘轮机制"，要求在协定生效后一缔约方实施的新的自由化措施应当同等赋予其他缔约方的服务或服务提供者，这表明服务贸易自由化程度只能越来越高。这一趋势也符合美国的自身利益，服务贸易一直都是美国的强势产业，未来必然也会助力国内服务业进入全球其他国家的市场。

第二，跨境服务贸易规则的设置将更加强调充分竞争。最新的区域贸

---

① Latrille, P., Lee, J., "Services Rules in Regional Trade Agreements—How Diverse and How Creative as Compared to the GATS Multilateral Rules?", *SSRN Electronic Journal*, 2012.

② 石静霞：《国际服务贸易规则的重构与我国服务贸易的发展》，《中国法律评论》2018 年第 5 期。

易协定均吸纳了国有企业竞争中立原则，尤其是在发达国家主导的各类协定中更为明显，如 CPTPP、TTIP 等。该条款在发展中国家还没有被广泛纳入，如 RCEP 没有涵盖国有企业条款，旨在适应发展中国家的特殊国情。虽然国有企业竞争中立原则未来是否会在全球普遍推行仍然存在不确定性，但是 CPTPP、USMCA 等有关国有企业竞争中立原则必然会对未来区域贸易协定谈判起到一定的示范作用。此外，现有的区域贸易协定都设置了竞争政策，涵盖了对有关垄断、排他性服务提供者和其他限制性商业行为的规制，旨在减少威胁市场充分竞争的事件发生。综合来看，保护市场充分竞争的规则在标准化程度和约束效力上都越来越高，这也将成为未来自由贸易规则谈判的重点内容。

第三，有关跨境服务贸易规则的国内规制监管将更加合理化、规范化。国内规制属于边境内措施，是针对进入本国境内市场的所有服务而采取的监管措施，这与关税和市场准入有本质区别。在全球贸易自由化不断深化的背景下，贸易自由化的主攻方向已经由边境外措施逐渐转向边境内措施。WTO 规定了"非歧视性国内规制"的必要性原则，世界各国的国内规制监管也不断得到优化。从 APEC 提出"监管一致性与合作"，再到 CPTPP 的"监管一致性"和 USMCA 的"良好的监管实践"条款，各国国内规制监管范围逐步扩张，在透明度和行政程序等方面不断得到完善，并逐步取消国内规制的司法审查机制，进而保障了缔约方的自主性和灵活性。此外，协定方之间的国内规制监管合作也实现了突破，合力评估监管措施的影响逐步成为全球经济治理的制度性要求。[①] 国内规制监管的优化符合全球贸易自由化治理的共同需求，尽管在 WTO 多边谈判中国内规制监管规则的谈判迟迟未取得进展，但是随着最新区域贸易协定对服务贸易

---

① 张磊、徐琳：《从 WTO "必要性" 到 TPP "一致性"：论国际经贸协定中国内规制监管的发展特征与趋势》，《社会科学》2016 年第 3 期。

国内规制规则的推行，国内规制监管的合理化、规范化趋势将在全球自由贸易规则中更加明显。

（三）临时入境

近年来，区域和双边贸易协定取得了较大进展，大多数贸易协定在关于自然人流动的承诺上高于 GATS 的标准。因此，商务人员临时入境规则的谈判在区域和双边贸易协定的推动下有望取得更大的突破。

第一，临时入境人员的数量、广度和自由化深度将进一步提升。目前，大多数区域贸易协定扩大了跨境人员类别或拓宽了服务提供途径，放松了长期签证的限制。一些区域贸易协定放开了对专业人员类型的管制，如《日本－印度尼西亚－菲律宾自由贸易协定》首次放开了护士和医疗工作者进入劳动力市场的机会限制。此外，在程序处理效率上也做出了改善，如 RCEP 对商务人员临时入境的审批手续、程序透明度等都进行了改进。

第二，将更加强调入境人员的商务性质和专业性质。在 GATS 框架下，"自然人"包括公司内部调动人员、商务访问者、履约人士、独立专业人士和其他五种类别，而现有的区域贸易协定基本只覆盖前两类人员，一些贸易协定的承诺范围也扩展到"独立专业人士"等，如在《泰国－日本自由贸易协定》中，日本就对其国内所需的泰国艺术、语言等专业人才做出了承诺。美国服务业联盟（United States Coalition of Services Industries）曾提出为了便利专业技术人员的跨境流动而支持所有国家改善自然人跨境流动的承诺。[①] 同时，大多数协定对专业人员的执照和认证审查施以严格监管。这些举措表现出"临时入境"议题谈判的未来发展存在着重引进高技能、高素质人才的导向特征。

第三，将对国家安全保障给予更加审慎的考虑。CPTPP 和 USMCA 均

---

① Chaudhuri, S., Mattoo, A., Self., R., "Moving People to Deliver Services: How Can the WTO Help?", Policy Research Working Paper, 2004, 8 (2).

强调入境人员要符合有关公共卫生和国家安全的准则。此外，一些协定规定人员输出国需要承担一部分安全保障义务，需要在出境前检测服务提供者的技术水平以及犯罪记录等。[①]

（四）金融服务

目前，包括 USMCA 和 CPTPP 在内的由美国主导的区域贸易协定已经逐步将国际金融服务的自由化标准提升到更高的水平，揭示了未来国际金融服务经贸规则改革的方向。

第一，有关跨境金融服务贸易的规则设置理念将从推进金融自由化转向推进金融开放与金融监管并行。能否维护跨境金融服务贸易的安全稳健成为推动区域贸易协定谈判的前提。当前诸多区域贸易协定逐步提高了监管透明度，进一步优化了金融服务的"审慎例外"和"争端解决机制"条款，并扩大了金融监管者的监管权力，这些措施对维护跨境金融服务的安全稳健发挥了积极作用。此外，在数字经济时代，金融风险的传播速度将更加迅速，扩散范围也将更加广泛，这就更加容易引发剧烈的全球金融动荡。因此，强有力的、合理的金融监管规则必然成为未来金融服务贸易规则谈判的重点内容。

第二，金融开放的范围将愈加清晰且广泛。从最新的区域贸易协定来看，金融服务贸易规则的适用范围已经从 GATS 允许缔约方自主开放的自愿型模式转向以"正面清单"承诺的强制型模式。此举使得金融开放在界定范围上更加清晰且更易操作，更有利于推动承诺的履行和监管。此外，诸多区域贸易协定将国民待遇和市场准入义务延伸至包括保险、电子支付等在内的更广的服务类别，自由化水平不断提升。需要注意的是，USMCA 是美式自由贸易协定中金融自由化水平最高的，这充分体现出美

---

① 中国社会科学院世界经济与政治研究所国际贸易研究室：《〈跨太平洋伙伴关系协定〉文本解读》，中国社会科学出版社，2016，第 152 页。

国竭力提高全球金融服务自由化的决心。

第三，金融服务谈判将不断补充新议题，以适应数字经济时代下的新兴业态。当前，以美国为首的发达国家试图重塑跨境金融服务贸易规则，以适应数字经济时代的变革，其中最为重要的新规则是要求跨境信息自由流动和取消本地化措施。发达国家提出这一诉求的根本目的是拓展本国的金融服务市场。例如，美国在《2019 年国别贸易评估报告》中将限制跨境数据流动和计算机设备本地化视为典型的贸易壁垒，认为此类措施无法使监管机构及时获取信息，削弱了信息的统一性与安全性。① 从 TPP、CPTPP 到 USMCA，金融信息的自由流动一直是这些协定的重点内容，USMCA 更是将取消计算机设备本地化措施与跨境信息自由流动相结合。因此，适应数字化发展的金融服务规则必然成为趋势所向。

（五）电信

从最新的区域贸易协定内容来看，电信服务贸易正在双边和多边层面的贸易协定下逐渐形成强有力的规则框架。相较于 GATS 而言，电信服务贸易规则的未来发展将具有更高的开放标准、更加细致的规则设计，并不断与电信技术的升级发展相契合。

第一，"负面清单"管理模式或将成为电信自由贸易规则管理的基本模式。随着全球服务贸易自由化的深度发展，电信服务亟须更开放、更有效的国际市场。近几年的区域贸易协定逐步将"负面清单"管理模式引入电信服务章节，除了部分"不符措施"外，所有电信部门都需要向成员开放，这一规则框架为电信运营商提供了更广范围的竞争市场，有利于促进新技术的开发与试验。同时，电信服务是美国规模最大的服务贸易部门之一，高水平的电信服务贸易标准更加符合其贸易发展的利益诉求。因

---

① "2019 National Trade Estimate Report on Foreign Trade Barriers", https：//ustr. gov/sites/default/files/2019_ National_ Trade_ Estimate_ Report. pdf.

此，无论是从电信技术和电信服务市场飞速发展的要求来看，还是从以美国为主的发达国家的推进来看，电信服务贸易自由化必将迈向更高的开放水平。

第二，电信服务贸易的规则将更加细化。最新的区域贸易协定在该部分条款内容的解释上将更加细致，如在监管方式方面对监管独立性的要求将进一步强化。此举旨在充分保障市场的竞争性，对监管措施的描述更加具体，强调公平、公正和透明度原则，进一步保障了监管的可执行性和有效性。在争端解决机制方面，将采取更加多元化的机制，如 USMCA、CPTPP 等都指出电信服务争端可以适用于"行政程序""复审和上诉""援用""复议""司法审查"等。在承诺的具体范围上也将更加细致，如 RCEP 在电信服务章节中就包括了监管方法、漫游、国际海底电缆系统、技术选择的灵活性等规则，此类内容也包含在 USMCA、CPTPP、KORUS FTA 等协定中。这一发展趋势将更加有效地推进协定区域内电信产业的协调发展，从而实现全球电信产业链的重塑和升级。

第三，随着电信技术的发展，新增的电信服务类型将逐渐被纳入贸易规则体系内。由于 GATS 签署时诸如移动通信等新兴电信技术还未兴起，进入 21 世纪以来，电信技术发展突飞猛进，在最新的贸易协定中，电信服务章节逐步纳入了对新增电信服务类型的定义解释和承诺约束，包括携号转网、商业移动服务、移动漫游服务、物理地址共享、虚拟地址共享等。这些新规则契合了电信服务行业发展和变化的新诉求，如移动服务是目前电信服务业务增长最快的部门，未来将成为更多人群访问互联网的主要渠道。此外，对于携号转网的现实发展而言，全球有 60 多个国家和地区实行了携号转网，而 CPTPP、USMCA 等将电信服务规则拓展至移动服务、携号转网等领域正是契合了这一现实需要。因此，未来电信服务贸易规则将逐渐纳入诸多新增条款。

4 《美墨加协定》的
深度一体化议题

深度一体化是区域经济一体化发展的典型特征和重要趋势。虽然在以WTO框架为代表的全球多边贸易协定中深度一体化议题的相关内容一直没有得到实质性进展，但深度一体化议题已经日益成为高水平区域贸易协定中不容忽视的重要内容。在 USMCA 中，深度一体化议题涉及竞争政策、政府采购、知识产权、劳工、环境等领域，相关内容均以独立章节的形式出现，共计 5 章 167 个条款。本章在对区域贸易协定中的深度一体化议题进行一般性分析的基础上，对 USMCA 中的有关章节进行了全面解读，并通过比较对高水平区域贸易协定中深度一体化议题的发展趋势做出了判断。

第一节 国际经贸规则体系中的深度一体化议题

1996 年，罗伯特·劳伦斯（Robert Z. Lawrence）在《地区主义、多边主义和更深层次的一体化》一书中首次提出"深度一体化"的概念。他认为，"深度一体化"是指在降低关税和配额等边境壁垒的"浅度一体化"政策的基础上，采取更广泛、更深入的政策，以促进区域内经济的进一步整合，消除专属国家管辖的、制约跨境贸易和服务转移的法律及管制政策。[1] 简言之，对于深度一体化的参与国而言，在相当程度上它们通过协商，自愿放弃在特定国内法律或管制政策上的管辖裁量权，获得托马斯·谢林（Thomas C. Schelling）所讲的"自行捆住手脚之后更大的经济自由"。[2] 相较于传统议题，区域贸易协定中的深度一体化议题在贸易和生产之外，更多地涉及竞争政策、政府采购、知识产权、劳工、环境等国

---

① Robert, Z. L., *Regionalism*, *Multilateralism and Deeper Integration*, Booking Institution, Washington D. C., 1996

② 东艳、冯维江、邱薇：《深度一体化：中国自由贸易区战略的新趋势》，《当代亚太》2009 年第 4 期。

内政策的范畴，其经济影响更为复杂，在 WTO 框架下的进展也较为缓慢。

一 深度一体化议题的主要内容

随着全球范围内区域经济一体化的迅速发展，时至今日，"深度一体化议题"已被普遍纳入区域贸易协定的谈判中。一般而言，区域贸易协定中此类议题的有关内容主要涉及竞争政策、政府采购、知识产权、劳工和环境五大领域。

（一）竞争政策

从最广泛的意义上讲，凡是与市场竞争有关的政策都属于竞争政策的范畴。但通常来说，竞争政策是为了促进竞争而不是限制竞争的，因此竞争政策一般是指市场经济体为促进市场竞争而实施的基本经济政策，其核心目标是通过促进市场竞争，确保竞争机制在相关市场发挥核心作用。[①]竞争政策在各国普遍通过"反垄断法"等具体法律和相关政策法规得以实施，其主要内容包括：禁止限制竞争的价格协议等各种形式的垄断组织；监督并控制企业的合并，防止市场力量过度集中；加强监管，开放市场，防止滥用市场支配地位的行为；取消行业限制，鼓励民营企业，避免行政垄断；等等。

一般认为，充分竞争能够促进生产效率和资源配置效率的提升，为消费者提供更多自由选择的机会，在增加消费者福利的同时也能促进创新和行业标准的提高。因此，在国内层面，制定保障竞争的政策被各国政府广泛接受。而在国际层面，竞争政策问题更为复杂。其主要原因在于，跨国公司作为世界经济的微观主体之一，为了取得或巩固现有的竞争优势，规避充分竞争下的风险和投入，不可避免地存在限制竞争意愿。因此，传统上针对国内市场配置国内资源的竞争政策和针对国家间资源配置的贸易政

---

① 王先林：《试论竞争政策与贸易政策的关系》，《河北法学》2006 年第 1 期。

策不可避免地出现了交集，竞争政策的制定对国际贸易的影响日趋明显。虽然竞争政策和自由贸易政策有着目标的一致性，两者同时适用的重要概念包括促进市场的公开性、为市场参与者提供公平和均等的商业机会、提高法律制度的透明度和公平性、提高效益以及使消费者的权益最大化①，但在实际操作中还是无法彻底解决各国利用竞争政策实现变相贸易保护等问题，竞争政策和自由贸易的关系很难简单概括。

简言之，从国际层面看，一方面，对竞争的限制是一个私人限制和国家限制交织的复杂组合，一国竞争法很难独自解决与国际贸易相关的竞争政策问题。② 另一方面，各国采取竞争政策的目的和程度不尽相同，竞争政策对国际贸易的影响无法一概而论。因此，面对国际贸易中复杂的竞争政策问题，各国政府需要让渡部分国内权力，以寻求更为紧密的国际合作。

（二）政府采购

政府采购是指公共部门利用财政资金取得货物、工程和服务的行为，在财政支出中，所有的购买性支出都可以视为政府采购。③ 由于财政资金是全体人民共有的财富，因此作为采购主体的政府"采购什么、何时采购、找谁采购、如何采购"等一系列问题不仅事关财政平衡和经济发展，而且关乎社会公平和公共福利。从历史的角度看，最初的政府采购一般作为财政预算管理制度的一部分，相关制度的目标也以节省开支、避免腐败、物尽其用为主。

20世纪30年代资本主义经济危机后，政府采购规模的急剧扩张不仅

---

① 〔日〕松下满雄：《世界贸易组织的基本原则和竞争政策的作用》，朱忠良译，《环球法律评论》2003年春季号。

② 王晓晔、陶正华：《WTO的竞争政策及其对中国的影响——兼论制定反垄断法的意义》，《中国社会科学》2003年第5期。

③ 杨灿明、李景友主持《政府采购问题研究》，经济科学出版社，2004。

带来了政府采购法律制度的复兴，而且引起了政府采购法在属性上向宏观调控法的嬗变。[①] 巨额的政府采购订单除了在帮助公共部门获得所需产品和服务之外，还可以通过拉动内需利好销售企业，刺激就业和创新，从而促进产业和地区发展。所以时至今日，政府采购政策早已被视为国家实现社会经济目标、实施宏观经济调控的工具之一。在各国现有的政府采购政策中，普遍存在"支持中小企业发展""鼓励高新技术产业""补贴欠发达地区"等行动目标。

从国际贸易的角度看，上述普遍存在的偏袒国内产品和供应商的采购政策具有很强的贸易保护倾向，甚至形成了变相的贸易壁垒，背离了自由贸易原则。GATT 于 1979 年将政府采购纳入贸易投资自由化谈判领域，在东京达成了《政府采购协议》（又称"1979 年协议"）。在乌拉圭回合的多边谈判中，政府采购问题再次成为重要议题之一，新的《政府采购协议》（又称"1994 年协议"）也得以达成。该协议作为 WTO 多边协议之一，为世界各国政府采购法律制度的建设与完善提供了良好的示范，也为许多国家政府采购立法或者修改提供了依据。[②]

由于涉及市场开放范围和国内法律调整两个方面，《政府采购协议》在多边贸易谈判中的进展并不顺利，相反在双边贸易协议特别是区域深度一体化的谈判中进展更快，相关条款在 NAFTA 和 USMCA 中均有体现。

（三）知识产权

人类社会正经历工业经济向知识经济的转变，知识产权保护的重要性日益凸显[③]，知识产权的相关保护制度逐渐建立。其中，知识产权国际保

---

① 盛杰民、吴韬：《多边化趋势——WTO〈政府采购协议〉与我国政府采购立法》，《国际贸易》2001 年第 4 期。
② 徐焕东：《国际完善政府采购制度的新趋势——联合国国际贸易法委员会〈采购示范法〉修订的方案与思路》，《国际贸易》2006 年第 12 期。
③ 冯晓青、刘淑华：《试论知识产权的私权属性及其公权化趋向》，《中国法学》2004 年第 1 期。

护制度兴起于 19 世纪 80 年代，现已成为国际经济、文化、科技、贸易领域中的一种重要法律秩序。① 它以《保护工业产权巴黎公约》（1883 年）、《保护文学和艺术作品伯尔尼公约》（1886 年）、《知识产权协定》（1994 年）等具有代表性的国际公约为基本形式，以世界知识产权组织、WTO 等相关国际组织为协调机构，对各国知识产权制度进行协调，从而在知识产权保护领域形成国际性的法律规则与秩序。②

虽然各国对知识产权保护普遍持认同态度，但关于知识产权的范围划分至今仍有争议。从广义的角度看，知识产权可以包括一切人类智力创作的成果，即根据世界知识产权组织 1979 年修正的《建立世界知识产权组织公约》第二条"定义"所划分的范围，"知识产权"包括下列项目的权利：文学、艺术和科学作品；表演艺术家的表演以及唱片和广播节目；人类一切活动领域内的发明；科学发现；工业品外观设计；商标、服务标记以及商业名称和标志；关于制止不正当竞争；在工业、科学、文学或艺术领域内由于智力活动而产生的一切其他权利。

根据国际贸易实践需要，乌拉圭回合谈判缔结的《建立世界贸易组织的马拉喀什协议》（Marrakesh Agreement Establishing the World Trade Organization）中包含的《与贸易有关的知识产权协定》对国际贸易中的知识产权问题做出了更加细致的安排③，其界定的知识产权具体包括：版权和相关权利；商标；地理标识；工业设计；专利；集成电路布图设计（拓扑图）；对未披露信息的保护；对协议许可中反竞争行为的控制。④

科学技术的日新月异，特别是计算机网络和数字技术的广泛运用，使"知识产权"数量呈爆炸性增长态势，也让相关无形物的传播速度呈指数

① 郑成思：《知识产权论》（第三版），法律出版社，2007。
② 吴汉东：《知识产权国际保护制度的变革与发展》，《法学研究》2005 年第 3 期。
③ 郑成思：《知识产权论》（第三版），法律出版社，2007。
④ 《与贸易有关的知识产权协定》第二部分"关于知识产权效力、范围和使用的标准"。

级加快，更是给传统的知识产权法带来了新的挑战。因此，围绕知识产权保护的新理论和新制度的构建不断推陈出新，相关内容也是自由贸易协定谈判中最为重要的主题之一。

（四）劳工

在劳资双方矛盾凸显、反全球化运动浪潮迭起的背景之下，政府间组织与国际非政府组织对劳工问题日益重视，急于寻求一个趋同的国际劳工标准，以促进世界经济的稳定发展。但世界各国经济发展水平参差不齐，很难提出一个适用于所有国际贸易参与国的工资、工时、职业安全和卫生、社会保障标准①，导致劳工问题一直没有在多边合作中取得突破。

20世纪70年代以后，一批新兴工业化国家的崛起在以劳动密集型为主的产业中对发达国家产生了严重威胁，导致发达国家的贸易政策发生了根本变化，由过去的多边贸易自由化原则转为追求双边的市场开放和公平的贸易秩序，更加强调贸易活动的公平、对等和互惠，使公平贸易政策得到"复兴"。② 在发达国家看来，发展中国家的出口优势之一就是依赖普遍较低的劳动标准，于是劳工问题逐渐成为"不公平竞争"的重要议题之一，并逐渐发展成为如今的"蓝色壁垒"（也称"社会壁垒"）。

从20世纪80年代开始，发达国家与发展中国家在是否应将劳工标准与国际贸易挂钩的问题上一直争辩不休。③ 1986年乌拉圭回合谈判、1999年西雅图会议、2001年多哈会议均未将劳工问题纳入谈判议题。面对多边谈判中的屡屡受挫，美国和欧盟等发达经济体纷纷绕开国际组织，通过单边"劳工壁垒"、双边谈判和区域自由贸易协定等途径对劳工标准进行

---

① 单宝：《蓝色贸易壁垒的双重效应及两手策略》，《国际经贸探索》2007年第5期。

② 刘力：《重新认识公平贸易政策的性质与意义》，《国际贸易问题》1999年第3期。

③ 郭根龙、冯宗宪：《国际贸易中的劳工、环境标准之争及发展趋势》，《当代经济科学》2004年第1期。

推广。欧盟一体化进程中的贸易自由化和欧盟东扩的入盟谈判中对劳工标准有着多处规定。美国在《美国－新加坡自由贸易协定》《美国－澳大利亚自由贸易协定》《美国－智利自由贸易协定》《美国－约旦自由贸易协定》等双边协定中都直接包含劳工条款，在 NAFTA 中也附加有《北美劳工合作协定》（North American Agreement on Labor Cooperation，NAALC）。由此可见，美国等发达国家已经将劳工标准和国际贸易紧密关联，不会轻易放弃将劳工标准纳入多边贸易谈判的任何努力。① 因此，劳工问题已经成为深度一体化议题中不可回避的问题之一。

（五）环境

同劳工问题类似，与国际贸易相关的环境问题也是发达国家和发展中国家在以 WTO 为代表的多边合作中争议的焦点。尤其是面对生物多样性锐减、海洋污染、全球气候变化等全球性而非区域性的环境问题时，单一国家很难加以解决，客观上的确需要全球各国的充分合作。

环境标准的确立和实施依赖于技术物质条件及配套设施的协助，发达国家通过多年的发展，拥有雄厚的经济实力和领先的技术水平，已经能够独立地在诸多领域较为有效地处置环保方面的相关问题。而发展中国家在这一领域的缺口较大，它们既无雄厚的资金，又无可以利用的高科技手段，其环保水平尚处于初始阶段，在短期内缺乏实施严格的环境标准的能力。② 因此，对经济、科技发展水平相去甚远的不同国家采取统一的环境标准并不现实。

事实上，大部分具有环境意义的措施会包含附加的环境条件，含有保护主义因素，许多情况下很难判别究竟是贸易保护还是资源环境保护占主

---

① 刘波：《国际贸易与国际劳工标准问题的历史演进及理论评析》，《现代法学》2006 年第3 期。

② 朱京安、杨越：《对绿色壁垒的理性分析及发展走向初探》，《国际贸易问题》2005 年第1 期。

要地位。① 更有甚者，部分国家在环境问题上对国内外采取双重标准，对特定国家实施歧视性标准，这些借环境保护之名行贸易保护之实的行为实质上构成了"绿色贸易壁垒"。正因如此，多边经贸合作中的环境问题往往存在争议，有关环保的条款更多地出现在区域性贸易协定的深度一体化议题之中。

二 深度一体化议题的经济影响

从理论上看，深度一体化议题的执行可以维护缔约方之间跨国商品和要素市场的自由运转，对缔约方的总体福利会产生正面效应，而有关环境、劳工等方面的内容也有利于各国经济的可持续发展。但是，在深度一体化议题的实际执行过程中，要求各成员采取一致的竞争政策、政府采购、知识产权、劳工和环境标准，这对于经济和生产力水平较为落后的发展中国家来说存在较大的不公平性，甚至过高的相关标准有可能会对发展中国家的经济发展产生一定的负面影响，这也是深度一体化议题最大的争议所在。

（一）竞争政策

理论上讲，深度一体化议题中"竞争政策"的有关内容是维护市场经济在国家间运行的重要机制。在区域贸易协定中加入竞争政策的有关内容可以在一定程度上补充国家间缺乏的竞争管理制度，从而缓解市场失灵问题，进而对参与区域贸易协定的各经济体的经济发展产生积极影响。例如，Dutz 和 Hayri 在调查现有的经验证据并进行一项重大的跨国研究后发现，经济的长期增长与反垄断和竞争政策的有效执行之间存在很强的相关性。② Broadman 等发现竞争政策带来的不仅有因降低产品价格而产生的静

---

① 李慧明、卜欣欣：《绿色国际贸易与绿色国际贸易壁垒》，《南开学报》（哲学社会科学版）2000 年第 4 期。

② Dutz, M. A., Hayri, A., *Does More Intense Competition Lead to Higher Growth?*, World Bank Publications, 1999.

态收益，在转型经济体中有效执行竞争政策还可以加快外国公司进入该国的步伐，从而带来一系列动态收益。①

但是在现实中，一般只有在各缔约方制度发展水平相似的情况下，谈判和实施竞争条款的成本才被视为合理。鉴于区域贸易协定的很多成员是小型经济体，并没有足够的资源资助国家竞争的管理机构，而在一些制定了国家竞争法的发展中国家，相关法律也很难得到理解和执行，因此竞争政策在执行层面有时无法得到充分理解或充分执行。

（二）政府采购

一般而言，不同国家的政府采购支出数额存在较大差异，尤其是发展中国家的公共采购支出规模相对较小。但无论公共采购支出与经济规模有多小，这些资金的使用方式都会对经济和社会发展产生重要影响。究其原因，主要是大多数公共产品和服务对经济绩效与生活水平有着直接或间接的影响，特别是对于无法支付私人替代品的穷人来说，政府采购对其福利的作用极为重要。

理论上讲，政府采购中的歧视现象有其存在的必然性。尤其是在买方拥有绝对市场权力的情况下，一些预算规模庞大的买方国家可能会通过对某些供应商实行歧视以降低购买成本。就像在其他不完全竞争的情况下一样，理论上贸易保护反而可以改善整体福利。例如，在外国供应商相比其国内竞争对手享有成本优势的情况下，对外国供应商实行投标控制（即将其出价提高一定比例）可以直接促使它们降低对政府采购的报价，从而降低政府采购的预期成本。有效的国家采购政策有助于改善国家基础设施的执行情况，从而产生出口和增长效益。因此，一个追求公认发展目标的政府应努力限制其公共采购制度中的浪费和腐败。

---

① Broadman, H. G., Dutz, M., Vagliasindi, M. II., "Competition in the 'Old' and 'New' Economy in Russia's Regions", *Unleashing Russia's Business Potential*, 2002, p. 17.

（三）知识产权

经济理论大多支持单边贸易自由化，即不管其他国家怎么做，取消进口保护总是能使本国受益。基于此，知识产权这类"非关税壁垒"性质的命题似乎更多的是出于"公平贸易"的考虑，而非基于纯粹的福利最大化的经济学逻辑。但事实上，仍有部分经济学家还是赞同公平和互惠的概念，对国际贸易规则中知识产权的保护也有其他看法。

部分学者认为，传统的关税谈判和知识产权谈判有着较大的区别，尽管大多数贸易理论预测互惠关税带来的贸易自由化会提高社会整体福利，但降低知识产权保护标准的经济影响则并非如此。专利、版权和相关的知识产权旨在激励发明创造活动，这些形式的知识产权所有者受益于暂时的市场排他性，这种排他性使其能够产生高于竞争性回报的租金，从而收回最初产生创新时的投资。因此，各国政府需要在知识产权持有者和广大公众的利益之间取得适当的平衡，既要避免过度考虑公众利益而降低企业的创新动力和阻碍新知识的自由传播，又要避免因过度的市场排他性限制而降低社会福利。在实践中，这种平衡主要反映在政府对知识产权所赋予的市场排他性的有限期限和例外情况等方面。

与此同时，由于"平衡"知识产权保护程度是一项具有挑战性的任务，政府很难准确预测企业研发活动的未来回报率和新技术的社会价值。在缺乏可靠经验指导的情况下，现有的专利和版权制度通常是由历史、经验法则和既得利益共同影响的结果，并不能保证在区域贸易协定中采用高标准的知识产权规则必然会改善经济福利。因此，对于部分发展中国家来说，它们往往拥有较少的知识产权积累，消费者和政府的预算相比发达国家更为紧张，在此情况下，强调技术的自由传播而不是大力鼓励创新可能是较为适当的选择。由此可见，在不同国家采用不同的知识产权保护标准仍具有一定的合理性。

（四）劳工

劳工议题作为"非关税壁垒"的常用手段是否应该列入多边贸易规则也是颇具争议的话题之一。大量文献对此均有论述，讨论的核心包括两个方面：是否应该通过贸易制裁来执行劳工标准；劳工标准的引入是否会导致保护主义滥用。

自由贸易倡导者认为，自由贸易会促进经济增长和社会整体福利提高，而经济增长反过来又会带来更高的工资和更好的工作条件。因此，一方面，政府不需要特别关注区域贸易协定中的劳工标准，盲目推动发展中国家采用更高的标准反而会使其在出口市场上失去竞争力，从而导致就业机会减少和条件恶化；另一方面，以工会和人权组织为代表的劳工标准倡导者认为，出于吸引更多外国投资和争夺更大出口市场份额的目标，国家间会展开压低劳工标准的"恶性竞争"，最终不利于劳工标准的提高。

从实证的角度来看，劳工议题的影响更为复杂。Freeman 和 Medoff 证明，更高的劳工标准对竞争力的影响与通常的假设存在差异，现实中更高的劳工标准产生的更高的合规成本往往会被更高的生产率所抵消。[①] 世界银行 2002 年发布的研究报告显示，"执行工会权利的国家和不执行工会权利的国家在生产效率方面几乎没有系统性差异"。由此可见，劳工标准和效率的关系并不显著，实施劳工标准的贸易规则在很大程度上是出于政治因素和贸易保护的考虑。

（五）环境

与知识产权问题相似，关于环境标准纳入国际贸易规则的问题学界也存在两种不同的声音：一种主张在区域贸易协定中纳入适当的环境保障措施；另一种主张自由贸易不应受到任何限制。

---

① Freeman, R. B., Medoff, J. L., "Trade Unions and Productivity: Some New Evidence on an Old Issue", *The Annals of the American Academy of Political and Social Science*, 1984, 473 (1), pp. 149 – 164.

以 Daly 为代表的学者认为，自由贸易不一定会带来效率，反而会导致环境标准的恶化。Daly 在 1993 年提出的"污染天堂假说"中推论，如果各个国家除了环境标准外其他方面的条件基本相同，那么污染密集型企业就会出于利润最大化的目的，倾向于将其业务转移到环境标准更低、污染成本更小的发展中国家，从而造成"不公平"的国际贸易，不利于全球环境的保护①；而以 Bhagwati 为代表的学者则认为，自由贸易不应受到环境或其他方面的限制，理由是自由贸易最终将使经济增长和收入水平提高，并最终催生发展中国家更高的环境标准投资。②

在实证研究方面，大量文献也对两派观点进行了补充和完善。Friedman 等证明现实中环境法规不是影响投资决策的唯一因素，较低标准的环境法规不一定会真正产生所谓的"污染天堂"③；而 Jha 和 Mani 也通过实证证明，尽管贸易自由化可以促进经济增长，但经济增长不会自然转化为环境标准的提高，有必要通过加强环境监管来解决这一问题。④

三　深度一体化议题在 WTO 框架下的体现

就 WTO 框架下对"深度一体化"内容的讨论来看，各成员并没有在竞争政策、政府采购、知识产权、劳工和环境五项议题上取得实质性的进展。谈判成果以声明、决定等较为务虚的形式为主，世界各国，尤其是发达国家与发展中国家很难就议题达成统一的、进一步的具体协定。而在区域性双边和多边贸易协定中，特别是美国主导签订的贸易协定中，往往会

---

① Daly, H. E., "The Perils of Free Trade", *Scientific American*, 1993, 269 (5), pp. 50 – 57.

② Bhagwati, J., "The Case for Free Trade", *Scientific American*, 1993, 269 (5), pp. 42 – 49.

③ Friedman, J., Gerlowski, D. A., Silberman, J., "What Attracts Foreign Multinational Corporations? Evidence from Branch Plant Location in the United States", *Journal of Regional Science*, 1992, 32 (4), pp. 403 –418.

④ Jha, S., Mani, M., "Trade Liberalization and the Environment in Vietnam", World Bank Policy Research Working Paper, 2006, No. 3879.

就深度一体化议题达成更为具体的共识，竞争政策、政府采购、知识产权都是较为重要的章节，劳工和环境问题也会出现在附录或正文中。

（一）竞争政策

旨在规范和遏制反竞争行为的竞争政策虽然本质上属于国内政策范畴，但随着经济全球化特别是跨国垄断企业的发展，竞争政策逐渐成为国际经贸的重要问题之一。从 WTO 确立的非歧视、透明度、自由贸易和公平竞争四大原则来看，竞争政策涉及的内容已经远超公平竞争的范畴，与非歧视、透明度和自由贸易都有所关联。因此，竞争政策有许多方面的内容已经列入了 WTO 的议程，如贸易政策、补贴、知识产权保护、服务业市场准入等。WTO 争论的焦点集中于是否应该制定关于国家竞争法的立法及实施的规则。[①]

1996 年，在新加坡举行的 WTO 第一届部长级会议上通过的《新加坡部长宣言》第二十条"投资与竞争"宣布成立贸易与竞争政策互动工作组（Working Group on the Interaction between Trade and Competition Policy），主要负责在 WTO 框架下调查研究贸易与竞争政策之间的关系，以确定是否有必要启动相关领域的谈判议程。该轮谈判虽然没有直接将竞争政策作为谈判议题，但正式启动了关于竞争政策议题的考察和研究，是 WTO 将竞争政策纳入重点关注问题的重要体现。

2001 年，在多哈举行的 WTO 第四届部长级会议上通过的《多哈部长宣言》中设有重点针对竞争政策的"贸易与竞争政策的互相影响"章节，该章节共涉及三条实质性内容，具体包括：各国就建立多边框架、加强竞争政策方面的能力建设达成共识，并同意在 WTO 第五届部长级会议后对此进行具体谈判；各国同意与其他政府间组织展开合作，通过区域和双边

---

① Hoekman, B., Holmes, P., "Competition Policy, Developing Countries and the WTO", *The World Economy*, 1999, 22（6），pp. 875 – 893.

渠道向发展中国家和最不发达国家提供包括政策分析、政策研究等在内的技术和政策能力援助；在 WTO 第五届部长级会议前，贸易与竞争政策互动工作组应在充分考虑发展中国家实际情况的基础上，进一步研究关于国际竞争政策的核心原则和合作方式。WTO 第四届部长级会议在新加坡会议的基础上进一步明确了各国在竞争政策方面进行合作的意愿和态度。虽然会议上并没有达成具体的协议，但竞争政策问题就此被正式列入 WTO 的谈判框架，为后续谈判的开展奠定了基础。

此后，竞争政策在国际多边合作中的进展陷入停滞甚至倒退。2003 年，在坎昆举行的 WTO 第五届部长级会议上，部长们重申了《多哈部长宣言》，但并没有在竞争政策领域达成新的共识。2004 年 8 月 1 日，WTO 总理事会上各方达成的《多哈发展议程框架协议》指出，"竞争政策问题将不再构成宣言中设置的工作计划的一部分，在多哈回合期间，WTO 将不会就该领域的问题开展谈判"。事实上，WTO 框架下的国际经贸合作已经基本暂停对"竞争政策"问题的讨论，相关议题更多地集中在区域双边和多边贸易协定中。

（二）政府采购

WTO 认为，实现物有所值（Value for Money）是政府采购制度的首要目标，而开放、透明和非歧视的采购政策则是实现该目标的重要手段。向国内货物、服务和供应商提供优惠待遇，歧视外国供应商等行为都可以归为贸易壁垒范畴。因此，WTO 一直致力于制定多边规则以限制政府采购中的歧视行为。具体来看，WTO 成员在基本原则下展开了基于 GATT 第 3 条和 GATS 第 13 条的政府采购谈判，部分成员还签订了《政府采购协定》（Government Procurement Agreement，GPA）。该协定由 WTO 成员自愿加入，2014 年修订后该协定覆盖的政府采购总金额范围达到每年 1.7 万亿美元。该协定具体分为 17 个章节，对采购范围、安全措施、基本原则、采购系统信息、参与条件、限制性投标、发展中国家等进行了具体约定。目前已有美国、欧盟等 14 个参与方，共 41 个国家和地区签署了该协定，另有 22 个经济体观察员和 4 个国际组织观察员参与。中国作为经济体观察员之一，已于 2007 年底正式启动了 GPA 谈判。截至 2020 年底，中国已向 WTO 提交了 7 份 GPA 出价，中国加入 GPA 谈判打开了出价谈判与法律调整谈判同步推进的新局面。

（三）知识产权

乌拉圭回合谈判缔结的《建立世界贸易组织的马拉喀什协议》中附属的《与贸易有关的知识产权协定》（TRIPs）是首次在国际多边贸易合作领域引入知识产权保护规则的协定，也是当前全球公认的知识产权保护的重要标准。时至今日，全球多边层面贸易谈判中的知识产权保护议题还是主要围绕 TRIPs 展开。

TRIPs 具体分为总则和基本原则、知识产权的范围和使用、知识产权保护的实施、知识产权的取得和维护程序、争端解决、过渡安排和机构安排、最后条款 7 个部分，共计 73 个条款，对知识产权保护做了较为详细的规定。各成员就知识产权保护的基本义务和原则、知识产权保护的范围、知识产权保护的实施等问题达成了一定的共识，也基本确立了相应的争端解决机制，并尝试通过成立 TRIPs 理事会来监督成员的实施情况。值得一提的是，TRIPs 针对发达成员、发展中成员、转型中成员和最不发达成员的实际情况做了考虑，通过"过渡安排"给予了不同程度的发展中成员 5 ~ 11 年的过渡期（2015 年 TRIPs 理事会同意进一步延长最不发达成员的过渡期至 2033 年）。

（四）劳工

自 1994 年乌拉圭回合谈判开始，劳工标准就已作为贸易问题在全球多边层面进行讨论。特别是强调低劳工标准导致不公平竞争的发达国家在推动将劳工标准纳入全球多边贸易体制方面十分积极，《建立世界贸易组织的马拉喀什协议》的"前言"强调，"本协议各成员承认其贸易和经济关系的发展，应旨在提高生活水平，保证充分就业，大幅度稳步提高实际收入和满足有效需求"，提高劳工标准和劳工福利是 WTO 的目标之一。

在 1996 年的新加坡部长级会议上，经过激烈讨论，各成员确定了国际劳工组织（International Labour Organization，ILO）是国际劳工标准谈判的主管机构，就致力于遵守"核心"劳工标准，即结社自由、无强迫劳动、无童工和工作中无歧视等达成了共识。同时，会议成员也强调不应将相关标准用于贸易保护，由于成员在具体执行层面的分歧，会议并没有达成具体的条款和协议。此后，在 1999 年的西雅图部长级会议上，发达成员和发展中成员再次就劳工问题进行了激烈讨论，但仍没有达成任何协议。2001 年的多哈部长级会议重申了《新加坡部长宣言》，但没有对劳工问题进行任何具体讨论，国际多边贸易合作中的劳工问题讨论暂时搁浅。

（五）环境

《建立世界贸易组织的马拉喀什协议》的"前言"提出，"本协议各成员为持续发展之目的推动世界资源的充分利用，保护和维护环境"。

而在规则和制度上，《关税及贸易总协定》（GATT）第 20 条"一般例外"中的 b 条款和 g 条款经常被援引作为实施单方面贸易限制以实现环境保护目的的正当理由，根据这两个条款的规定，缔约方可以为"保护人和动植物的生命健康""保护可用竭自然资源"而采取必要的措施。因此，WTO 一般例外条款①中的"环保例外"实际上承认了国内环境政策利益的合法性，反映了 WTO 多边贸易体制对各成员保护环境合法目标的承认与支持。② 此外，WTO 成员在《关于贸易与环境的决定》中设立了贸易与环境委员会（Committee on Trade and Environment，CTE），以此审议与环境有关的贸易问题，并对缔约方将环保政策作为市场准入障碍的行

---

① 一般来说，GATT 第 20 条即被称为 WTO 的一般例外条款。
② 钟筱红：《关贸总协定 1994 第 20 条中环保例外条款的适用及困惑》，《国际贸易问题》2005 年第 2 期。

为进行监督。

2001 年，在多哈举行的 WTO 第四届部长级会议上通过的《多哈部长宣言》涉及"贸易与环境"章节，该章节共达成了三点共识，具体包括以下内容。第一，为了加强在贸易与环境领域的相互合作，各成员同意在不预先判断其结果的情况下就以下事项进行谈判：其一是现有 WTO 规则与《多边环境协定》（Multilateral Environmental Agreements，MEAs）中规定的具体贸易义务之间的关系；其二是建立 WTO 委员会与 MEAs 秘书处的信息沟通机制，并授予其观察员地位；其三是减少或酌情消除对环境货物和服务的关税与非关税壁垒。第二，委托 CTE 在权责范围内开展议程上的工作，尤其注意环境措施对市场准入的影响、知识产权协议的有关规定和环保相关的标签要求。第三，在贸易与环境领域为发展中成员尤其是最不发达成员提供技术援助。

通过《多哈部长宣言》的内容可以看出，虽然 WTO 成员并没有协商出有效的针对"绿色壁垒"的举措，但在环保产品的支持和对发展中成员的援助方面达成了较为一致的观点。在此基础上，2014 年 7 月 8 日，代表 WTO 48 个成员的 18 个与会者（欧洲国家以欧盟形式参与）发起了旨在降低环保产品关税的《环境产品协定》（Environmental Goods Agreement，EGA）多边谈判。谈判涉及清洁能源、可再生能源、提高能源效率、控制空气污染、废气处理、废水处理、监测环境质量等多个领域的超过 450 种环保产品。

第二节　《美墨加协定》深度一体化议题的文本分析

在 USMCA 中，包括竞争政策、政府采购、知识产权、劳工和环境在内的深度一体化相关议题均以独立章节的形式呈现，分别对应该协定的第 21、第 13、第 20、第 23、第 24 章，共有 167 个条款。具体来看，以上 5

个深度一体化议题的有关条款均较为充实，包括基础性条款、专项条款、合作机制条款以及磋商及争端解决机制条款等，对各项议题的范围、执行和争端解决等内容做出了较为细致的规定，其中尤以知识产权和环境议题的内容最为详细。

一　竞争政策

在 USMCA 中，竞争政策以独立章节的形式呈现于该协定的第 21 章。该章共有 7 个条款，对竞争政策的范围、执行和争端解决等做了详细规定，具体内容包括竞争法与权力当局、竞争法执法中程序的公正、合作、消费者保护、透明度、磋商和争端解决机制。与 2015 年签订的 TPP 相比，竞争政策章节虽有改动，但基本思路一脉相承，整体内容保持一致。

21.1 条款：竞争法与权力当局

该条款规定，缔约方就以下四点达成共识：一是维护禁止反竞争商业行为的国家竞争法，以促进竞争、提高经济效率和消费者福利，并对反竞争的商业行为采取适当措施；二是着力将其国内竞争法实施于其境内的所有商业活动，同时不禁止缔约方将其国内竞争法适用于其拥有管辖权的边境地区及其境外有适当联系的商业活动；三是各缔约方可以规定对其国家竞争法的某些豁免，只要这些豁免是透明的，并在其法律中有所规定，且以公共利益或公共政策为基础；四是设立一个或数个国家竞争管理机构，负责国家竞争法的实施。以上共识与 TPP 16.1 条款中的内容基本一致。

此外，USMCA 在具体的执法政策方面增加了更为具体的要求。21.1 条款第 5 条要求，缔约方应确保其国家竞争管理机构的执法政策包括以下内容：在类似情况下，对其他缔约方人员与本国人员一视同仁；考虑本国执法活动对其他缔约方国家竞争管理机构相关执法活动的影响；除损害或威胁缔约方领土和商业的情况外，限制缔约方针对领土外的资产或经营采取措施。

21.2 条款：竞争法执法中程序的公正

该条款主要对缔约方竞争法执法机构的执法程序和手段提出了限制和要求，主要包括以下五个方面的内容。

第一，在 TPP 16.2 条款的基础上补充了对执法程序的定义，明确指出"就本条款而言，执法程序是指对涉嫌违反国家竞争法的行为进行调查后采取的司法或行政程序"。

第二，对各缔约方国家竞争管理机构提出了较为详细的要求：保证竞争法律、法规和执法程序的透明度，并根据这些法律、法规和执法程序进行国家竞争法调查和执法；如果调查不受明确的最后期限限制，应在合理的时限内进行调查；允许律师参与国家竞争管理机构与当事人之间的所有会议或程序，承认律师与当事人之间合法的保密通信权利；针对并购交易的审查，允许国家竞争管理机构与并购单位进行提前协商，以便更好地传达管理机构对并购交易的意见。

第三，该条款第 3 条在 TPP 的基础上进一步要求各缔约方应确保其国家竞争管理机构在调查和审查期间对商业机密以及其他法律认可范围内的机密或特权信息给予保护，不能对外披露。

第四，该条款第 7 条进一步规范和整理了当事人的相关权益，要求各缔约方确保在对违反其国家竞争法的当事人实施制裁或补救机制之前，为当事人提供合理的机会：获取包括被指控违反的竞争法在内的有关国家竞争管理机构的具体信息；在重要的法律、事实和程序问题的关键点与相关国家竞争管理机构进行接触和沟通；如果当事人在执法程序中对指控提出异议，应当获得准备充分辩护所需的信息（但是国家竞争管理机构没有义务提供尚未拥有的信息）。如果缔约方的国家竞争管理机构在执法程序中采用或将采用保密信息，则该缔约方应在其法律允许的范围内允许被调查人或其法律顾问在适当的时候获取此类信息，盘问在执法程序中作证的任何证人，等等。

第五，该条款在第 9 条新增了对罚款的具体安排，要求各缔约方确保用于计算违反国家竞争法的罚款标准公正、透明，在缔约方对违反其国家竞争法的行为处以罚款且罚款的计算基于当事人的收入或利润的情况下，应主要考虑与该缔约方领土相关的收入或利润。该条款一方面肯定了罚款的合法性；但另一方面也在一定程度上限制了罚款的范围，确保了相关罚款的合理性。

21.3 条款：合作

该条款与 TPP 中的 16.3 条款相同，达成了相互援助、及时通知、提供咨询、分享经验和信息交流互换的共识，同意在与各缔约方国内法律和利益不冲突、保证商业机密安全的前提下，在合理的范围内进行竞争法的合作。此外，USMCA 中的合作条款主要新增了以下内容。

第一，21.3 条款第 3 条规定，缔约方应采取和维持足够的措施，在双边法律援助、加强信息共享等方面批准有关合作协议谈判的进行。

第二，21.3 条款第 5 条规定，缔约方应分享其在制定、修改、执行国内竞争法规和政策的经验，相关竞争法管理机构应开展技术合作和培训。

第三，21.3 条款第 6 条规定，缔约方应承认国际合作与协调的重要性，支持经济合作与发展组织（Organization for Economic Co-operation and Development, OECD）、国际竞争网络（International Competition Network, ICN）等多边组织的工作。

21.4 条款：消费者保护

该条款主要强调了消费者保护政策对建立有效竞争市场和增加贸易区内消费者福利的重要性，达成了缔约方通过消费者法禁止欺诈和虚假性商业活动的共识。同时，缔约方承诺通过信息沟通、资源共享、合作协调等方式在相关领域展开合作。

21.5 ~ 21.7 条款：透明度、磋商和争端解决机制

USMCA 中的 21.5 条款和 21.6 条款基本沿袭了 TPP 中 16.7 条款和

16.8 条款的内容，仅做了部分简化。

透明度方面，要求缔约方保证国内竞争法规和政策的透明度，应一缔约方要求，其他缔约方应公开其国内竞争政策的制定、执行、豁免等信息。

磋商和争端解决机制方面，USMCA 第 31 章的争端解决机制不适用于竞争政策相关内容，缔约方通过磋商和讨论解决问题。

二 政府采购

USMCA 的政府采购相关内容主要在第 13 章，共有 21 个具体条款，并附有美国和墨西哥两国的中央政府采购实体清单、其他采购实体清单、货物清单、服务清单、建筑服务清单、一般说明、采购信息清单等共计 16 个清单。USMCA 对政府采购的非歧视标准进行了规定，对采购程序的公正、透明提出了要求，并通过详细的附属清单列举了该条款的适用范围。

13.1~13.4 条款：定义、适用范围、例外和一般原则

该部分条款相较于美国前期签订的 TPP 和 NAFTA 变化很小，基本一脉相承，从宏观层面对政府采购的相关内容进行了解释和梳理，对缔约方的政府采购提出了较高的要求。13.1 条款对"商品和服务""建筑服务合同""国际标准""有限程序招标""技术规范""技术法规"等政府采购涉及的基本概念给出了定义。由于美国和加拿大之间还未达成协议，13.2 条款"适用范围"、13.3 条款"例外"主要通过解释附属清单，说明了政府采购条款对美国和墨西哥两国的适用范围以及保护公共道德、人类和动植物健康、知识产权等例外情况。而在 13.4 条款"一般原则"中，则强调了政府采购中的国民待遇和非歧视性原则，对原产地规则、补贴、电子工具使用等进行了规定和说明。

13.5~13.6 条款：采购信息公开和预采购通知

该部分条款主要以各缔约方企业能同等参与政府采购的竞争为目的，对采购信息特别是采购达成前的信息公开做出了具体要求。根据条款规

定，各缔约方必须在截止日期前通过文件或电子信息的方式公布预定的采购信息，具体包括以下内容：采购实体的名称、地址、联系方式等信息；采购货物或服务的性质、数量等说明；交付货物或服务的时限及合同期限；提交标书的地址和截止日期等内容。同时，与 TPP 中的相关安排类似，13.6 条款还鼓励各缔约方在每个财政年度尽早公布其采购计划，从而进一步方便各缔约方企业参与政府采购。

13.7～13.13 条款：参与条件、供应商资格、选择性招标、招标文件等

该部分条款与 TPP 中的相关内容基本一致，主要对政府采购的具体程序做出要求。

第一，在参与条件中，条款列举了采购实体判断供应商资格的标准，具体说明了破产或倒闭、虚假公告、履约记录中存在重大或持续性缺陷、有严重违法行为、未能缴税五种采购实体可以拒绝供应商参与的情况。

第二，在供应商资格中，条款规定缔约方不能通过登记制度或认证程序为协定国供应商投标制造障碍或延缓其参与采购；重申了缔约方采购实体及时公布采购通知以便供应商了解参与资格的重要性；鼓励缔约方及其采购实体建立供应商名录，以保证供应商可以随时就名录提出申请；要求各缔约方将采购实体间的资格审查差异降至最小。从多个维度对缔约方及其采购实体提出了要求。

第三，在选择性招标中，条款对政府采购实体使用选择性招标的情况进行了限定，要求仅在没有供应商满足条件、涉及专利保护和版权等知识产权、由于技术原因缺乏足够竞争、会对采购实体造成重大不便和产生大量重复性费用等情况下方可使用选择性招标。

第四，在招标文件中，条款对招标文件应包含的需求数量、投标条件、招标时间和地点、评标标准、交付日期等信息有详细要求，对招标文件的更改也进行了限制。

13.14～13.18 条款：标书处理及合同授予、透明度及授标后信息、信息披露、确保公平和国内审查

该部分条款主要对招标完成后缔约方采购实体的后续工作进行了规定。

第一，在标书处理及合同授予方面，要求采购实体严格按照招标文件规定的评估标准选择供应商授予合同，不能随意修改或终止合同授予。

第二，在透明度及授标后信息方面，要求采购实体向未中标供应商提供解释，并在指定出版物中公布中标单位和最终合同的各项信息，同时对相关记录的维护、统计数据的收集和整理也做出了具体规定。

第三，在信息披露方面，规定如果一缔约方提出要求，其他缔约方应在不妨碍司法、公众利益、知识产权等问题的情况下提供证据证明采购是否公平。

第四，在确保公平和国内审查方面，要求缔约方采取一系列举措，杜绝政府采购中存在的贪腐、欺诈等行为，同时要求缔约方至少设立一家独立于采购实体的行政或司法机关处理供应商的投诉，审查前文所述各个条款的执行情况。

13.19～13.21 条款：其他条款

该部分条款主要是对前文进行补充，其中"附件的修改和更正"条款对附件中缔约方提供的各项清单的修改做出了程序性的规定；"促进中小企业参与"条款说明了中小企业对经济增长和就业的重要贡献，强调了中小企业参与政府采购的必要性，要求缔约方尽可能运用分包、免费的招标文件等促进中小企业参与；"政府采购委员会"条款设立了由各方政府代表组成的委员会，用以监督和管理本章实施和运作中的有关事项。

三　知识产权

USMCA 将知识产权列为第 20 章，具体包括一般规定、合作、商标、国名、地理标志、专利和未公开实验及其他数据、工业品设计、版权及其

他相关权利、商业秘密、执行、最后条款，共计 11 个部分，具体条款多达 90 个，较 TPP 略有扩充。

20. A 部分：一般规定

该部分包含 11 个条款，对协定中知识产权保护的定义、目标、原则、义务的性质和范围、国际协议、国民待遇、透明度等内容进行了说明，对缔约方提出了较高的知识产权保护要求。

20. B 部分：合作

该部分包含 5 个条款，要求各缔约方指定一个或多个联络单位以加强知识产权领域的合作，同时设立由缔约方政府代表组成的知识产权委员会，主要负责知识产权方面的信息交换、加强海关协作和边境执法、提高专利诉讼公正性等工作。此外，该条款还要求各缔约方简化专利注册流程，通过共享经验和技术提高专利注册系统的质量和效率。

20. C 部分：商标

该部分包含 11 个条款，对商标的注册、认证标志、例外情况、审查和取消、保护期限、非许可证备案等细节进行了具体规定。值得一提的是，该部分 20.23 条款和 20.27 条款对数字化时代互联网领域的商标保护提出了要求，分别对电子商标和域名进行了具体规定，要求缔约方限制域名抢注，在与国家代码最高层次域名注册体系相符的条件下，对恶意注册的混淆域名采取补救措施。

20. D 部分：国名

该部分要求缔约方为有关人员提供法律手段，防止经营实体以某种方式商业使用某一缔约方的国名，从而使消费者混淆商品来源。

20. E 部分：地理标志

该部分包含 7 个条款，要求缔约方以商标、特殊制度或其他法律手段对地理标志加以保护。具体来看，地理标志主要针对产自特定地域，且所拥有的质量、声誉或其他特性取决于产地的产品，此类产品以农产品和农副产品为主，包含烟、酒、水果、花卉、水产品、肉制品等多个门类。该部分条款对地理标志的申请程序、缔约方拒绝或取消地理标志申请的理由、专业术语和习惯用语的确定、地理标志的保护期限等都做了详细安排，进一步保护了美国农业出口的绝对优势地位。

20. F 部分：专利和未公开实验及其他数据

有关产业技术和科学研究方面的知识产权保护，是当前新技术革命中各国最为关切的内容之一。该部分根据知识产权的类别具体细分为 3 个小节。

A 小节"一般专利"包含 9 个条款，对一般专利的定义、宽限期、撤销、更改、申请公布等内容进行了规定，要求缔约方有效地处理专利申请并及时公布，避免不合理地延误申请。

B 小节"与农业化学品有关的措施"中，对未公开的农业化学品测试及其他数据的保护提出了要求，在已经批准新的农业化学品上市许可的前提下，规定缔约方不得在 10 年内允许第三方的类似产品在境内上市。

C 小节"与药品有关的措施"包含 7 个条款，针对生物制药的知识产权保护进行了特别说明，对新药品给出了具体定义，通过 5～10 年的数据保护和其他措施保证了生物制药市场的专利保护期，同时针对部分药品豁免和保护期的变更进行了规定。

20. G 部分：工业品设计

该部分包含 4 个条款，规定缔约方根据 TRIPs 对工业品外观设计给予充分有效的保护，设定了工业品外观设计 15 年的保护期，并要求缔约方建立由工业品外观设计电子申请系统和受保护工业品设计在线数据库组成的电子工业设计系统，进一步方便相关设计保护。

20. H 部分：版权及其他相关权利

该部分包含 13 个条款，对各类版权的定义、复制权、传播权、分配权、其他相关权利、保护期限、限制及例外、合同转让、技术保护措施等内容进行了规定。多个条款结合互联网时代信息传播的新背景，强调不能通过电子形式或无线传播的方式对保护物进行复制或传播。在技术保护措施条款中，也对电子消费品、电信、计算机系统、计算机程序副本等数字版权的相关内容进行了具体规定。

20. I 部分：商业秘密

该部分包含 9 个条款，要求各缔约方对包含网络窃密在内的商业秘密盗取行为进行刑事执法。同时，新增了临时措施、保密信息、民事补救等条款，对缔约方的司法机构提出了较高的要求，规定了对被泄密企业的保护和补偿，进一步提高了商业秘密保护的标准，为深受商业窃密困扰的美国企业提供了良好的贸易环境。

20. J 部分：执行

该部分包含 11 个条款，对缔约方执行方面的义务、推定过程、执法能力、民事和行政程序、临时措施、边境措施的特殊要求、刑事诉讼和处罚等具体内容进行了较为详细的安排。尤其是 20.87 条款"政府使用软件"、20.88 条款"互联网服务提供商"等，规定缔约方政府机构须使用非侵权的计算机软件，并向互联网服务供应商提供法律援助和"安全港"，为美国跨国经营的互联网巨头提供了更好的保护。

20. K 部分：最后条款

针对墨西哥和加拿大两国，分别明确了知识保护章节各个条款的生效时间，根据条款和两国实际情况，在少数条款上给予了 2.5 ~ 5 年的过渡时间。

四 劳工

USMCA 中与劳工相关的内容位于第 23 章，共有 17 个具体条款，要求美墨加三国通过法律和政策手段维护国际劳工组织规定的劳工基本权利，严格执行劳动法。从具体内容来看，劳工章节大体可分为基础性条款、规则性条款以及合作机制和争端解决条款。相较于 TPP 对应的第 19

章内容，USMCA 的劳工章节在基础性条款、合作机制和争取解决条款两个方面总体保持不变，相关机制的设立基本沿用早前协定的思路，仅在规则性条款中进行了小修小补。

23.1~23.3 条款：基础性条款

USMCA 中劳工章节的基础性条款比较简短，包括定义、共同承诺声明和劳工权利 3 个条款，具体如下。

23.1 条款"定义"根据 1998 年《国际劳工组织关于工作中基本原则和权利宣言》对"劳动法"进行定义，规定 USMCA 中的劳工章节主要涉及结社自由和劳资双方谈判的权利、消除一切形式的强迫或强制劳动、废除童工、消除就业和职业歧视以及设立最低工资、工作时间和工作条件标准五项国际公认的劳工权利。

在 23.2 条款中，缔约方确认了其作为国际劳工组织成员的义务，承诺设立仅对符合本章条件生产的货物进行贸易的目标。而在 23.3 条款"劳工权利"中，再次重申了美墨加三方认可的劳工拥有的五项权利。

相较于 TPP 第十九章劳工章节的相关内容，USMCA 并未做出太大改动，除了定义中对美墨加三国的国内劳动法进行了补充外，其他内容基本保持一致。

23.4~23.11 条款：规则性条款

为了实现基础性条款中既定的劳工保护目标，USMCA 通过 8 个具体的规则性条款对不减损规则、劳动法的执行、强迫或强制劳动、对劳工的暴力行为、外来劳工、工作歧视、程序保障、公众意见等内容进行了详细的安排和规定，具体如下。

23.4 条款"不减损规则"要求缔约方承认通过削弱或减小劳动法保护力度以鼓励贸易或投资的行为是不恰当的，承诺不采用降低最低工资标准、弱化职业安全和健康保障措施、延长工作时间等"减损"劳工保护的方式影响各缔约方之间的贸易和投资。

23.5 条款"劳动法的执行"规定自协定生效之日起，缔约方不得通过持续性或经常性的行动影响缔约方之间的贸易或投资，缔约方承诺通过包括任命视察员、设立管理委员会、提供协调和仲裁服务等在内的法律和行政手段促进劳动法的执行。

23.6 条款"强迫或强制劳动"要求缔约方承诺消除一切形式的强迫或强制劳动，禁止全部或部分由强迫劳动和童工生产的进口货物进入领土。

23.7 条款"对劳工的暴力行为"要求缔约方承诺工人和劳工组织在没有暴力、威胁和恐吓的条件下行使 23.3 条款"劳工权利"规定的权利。同时，要求各缔约方不得以处理相关事务为由影响缔约方之间的投资和贸易。

23.8 条款"外来劳工"要求缔约方承认外来劳工在劳动保护方面的弱势地位，承诺在执行 23.3 条款"劳工权利"时确保外来劳工同样受到本国法律保护。

23.9 条款"工作歧视"要求缔约方基于消除就业和职业歧视的目标执行适当的政策，保护劳工免受基于性别、生育、性取向、家庭等的就业歧视，为新生儿童或领养儿童的劳工家庭提供带薪休假，杜绝薪水歧视，支持工作中妇女地位平等。

23.10 条款"程序保障"要求缔约方确保劳动法及其相关执法程序公正透明，不包含不合理的费用和时限拖延，相关记录和资料及时向社会公开。同时，缔约方应确保诉讼各方可以寻求补救措施，以保证劳工章节规定的权利得到践行。

23.11 条款"公众意见"要求缔约方承诺通过 23.15 条款设立的相关机制接受缔约方个人或组织提交的材料或申请，并酌情以书面形式反馈审议结果。

23.12～23.17 条款：合作机制和争端解决条款

与环境章节类似，合作机制和争端解决条款作为劳工章节最重要的内容之一，具体规定和安排了美墨加三国在贸易领域开展劳工保护合作的具体方法机制以及发生纠纷争议后的争端解决方式。

在合作机制方面，23.12 条款要求缔约方利用现有资源，通过分享信息、共同研究政策、联合研究开发、提供技术援助等方式展开合作，并邀请雇主和劳工代表等利益相关方参与。具体合作领域为国际劳工组织第 182 号公约规定的包括"打击强迫劳动和人口贩运、解决对劳工的暴力、预防职业伤害和疾病、设立劳动监察机构和系统、遵守合理的薪酬制度、多元化劳动力机会"等在内的共计 20 个劳工问题。同时，23.12 条款要求各缔约国与国际劳工组织及其他国际性或区域性组织建立合作，共同维护劳工权利。

23.13 条款进一步要求缔约方在接到对方请求后的 30 天内展开包括面对面等方式在内的对话，通过各方合作解决相关问题，除特殊情况外，对话双方须将对话结果向公众公布。

23.14 条款则要求设立由贸易和劳工部部长或其他高级别政府代表组成的劳工委员会，在协议生效一年内召开会议，审议本章范围内的任何事项，此后每两年召开一次会议并发布联合报告或声明，在协议生效后第五年审查本章内容运作的真实性和有效性。

与环境问题上美墨加三国的合作方法类似，USMCA 的 23.15 条款规定各缔约国在协议生效的 60 天内指定劳工部或其他部门内的办事处作为联络点，处理本章有关事项。联络点负责促进缔约方的定期沟通，协助劳工委员会开展工作，同时负责与缔约方内的贸易部门展开合作。23.16 条款则给予了公众、劳工代表、商业组织等个体就本章事项向联络点提出意见的权利。

在争端解决方面，劳工章节与环境章节的设置类似，通过 23.17 条款设立了一般磋商、高级代表磋商、部长级磋商和争端解决等多个层面的问题解决机制。请求方可以通过向本国联络机构提交书面请求,要求缔约方就本章涉及的任何事项进行劳务问题磋商。针对争议问题,可以逐级通过高级代表磋商、部长级磋商、委员会调解、成立专家组等方式予以解决。

由于 USMCA 涉及国家较少,劳工章节的附录内容比 TPP 更简略,仅包含对墨西哥境内集体劳资谈判的具体要求。

五 环境

USMCA 中与环境相关的内容位于第 24 章,共有 32 个具体条款,要求美墨加三国在环境保护问题上共同承担责任,减少污染物排放,控制有害化学品传播,保护野生动植物,以此应对当前严峻的环保问题。具体来看,这 32 个条款大致可分为基础性条款、专项条款、合作机制条款以及磋商和争端解决条款四类。与 2015 年签订的 TPP 相比,USMCA 中的环境章节主要对专项条款部分进行了扩充,目标是通过贸易协议实现更多领域、更高层次的环境保护合作。

24.1~24.8 条款:基础性条款

该部分条款主要从宏观层面对环境保护提出要求,从环境保护的定义、范围和目标、保护水平、环境保护法的执行、公众信息及参与、程序事项、环境影响的评估和多边环境保护协议等方面对缔约方进行了规定。相较于 TPP,USMCA 在基础性条款方面基本沿袭了其主要内容,除条款编号和顺序有所变化外改动很小,具体如下。

24.1 条款"定义"对环境保护法、环境保护、自然保护区、法规和条例等基本概念进行了解释和说明,梳理了相关内容在美墨加三国法规中的定义。

24.2 条款"范围和目标"明确了贸易对可持续发展的重要贡献,要求以"设立和践行促进相互支持的贸易和环境政策"为目标,加强合作以保护环境及自然资源。

24.3 条款"保护水平"规定各缔约方承诺制定、通过或修改国内环境保护法规及政策，以提高各自的环境保护水平。

24.4 条款"环境保护法的执行"规定缔约方保留设定环境法律、自由裁量等方面的主权，但不能出于保护贸易和投资的目的而削弱和减小环境保护法的执行力度。同时，一缔约方无权在另一缔约方领土内进行环境保护法律的执法。

24.5 条款"公众信息及参与"要求缔约方通过公开相关信息提高公众对环境保护法规和政策的认识。同时，各缔约方承诺利用现有或新建立的协商机制（如国家咨询委员会）就本章实施的具体事项征求多方意见，并向公众提供相关问题的意见和回复。

24.6 条款"程序事项"要求缔约方完善环境保护法规和政策的行政、准司法和司法程序，确保程序公正、公平、透明，确保听证各方均为不存在利益关系的独立人士，设立针对环境违法行为的制裁和补救措施，等等。

24.7 条款"环境影响的评估"要求各缔约方采取适当措施评估拟议项目的环境影响，并通过行动避免或减轻重大项目对环境造成的不利影响，同时缔约方应确保此类信息按规定向公众披露。

24.8 条款"多边环境保护协议"重申了多边环境保护合作的重要意义，要求各缔约方致力于多边环境保护协议的推进。同时，要求在涉及共同关心的问题特别是与贸易有关的问题时，各缔约方要对已经参与和正在进行谈判的其他多边环境保护协议进行磋商与合作。

24.9~24.24 条款：专项条款

该部分条款根据环境保护的细分领域具体呈现为臭氧层保护，保护海洋环境免受船舶污染，空气质量，海洋垃圾，企业社会责任与负责任的商业行为，加强环境保护的自愿机制，贸易和生物多样性，外来入侵物种，海洋野生捕捞，可持续渔业管理，海洋物种保护，渔业补贴，非法、未报告和不受管制的（Illegal, Unreported and Unregulated, IUU）捕鱼行为，环境保护与贸易，森林管理与贸易，环保类商品和服务，共计16个专项条款。相较于 TPP，USMCA 在保留原有专项条款的基础上新增了臭氧层保护、空气质量、海洋垃圾、森林管理与贸易等内容，也补充了企业社会责任与负责任的商业行为、加强环境保护的自愿机制等措施，具体如下。

24.9 条款"臭氧层保护"中，缔约方承诺采取措施控制可能对臭氧层造成消耗和破坏的有关物质的生产、消费与交易，并在相关领域展开合作与交流。

24.10 条款"保护海洋环境免受船舶污染"中，缔约方承认保护海洋环境的重要性，承诺在意外污染排放、港口废物处理、船舶排放物、特定保护区域等领域展开合作，共同解决船舶污染海洋环境的有关问题。

24.11 条款"空气质量"中，缔约方承认空气污染对公共健康、生态系统和可持续发展的重大威胁，承认空气污染可以长距离跨境传播的事实，承诺在空气质量监测、排放测量、减排技术发展、控制污染物等方面展开合作。

24.12 条款"海洋垃圾"中，缔约方强调采取行动预防和减少以塑料垃圾为主的海洋垃圾的重要性以及海洋垃圾威胁的全球性质，承诺在垃圾处理基础设施、垃圾管理机制等方面展开合作。

24.13 条款"企业社会责任与负责任的商业行为"中，缔约方承诺鼓励本国企业和跨国企业自愿采取肩负企业社会责任的商业行为，进一步增强经济和环境目标之间的一致性。

24.14 条款"加强环境保护的自愿机制"中，缔约方承诺采取灵活的自愿机制，根据法律、法规或政策，在适当的范围内鼓励保护环境和自然资源、建立非政府组织等行为，以避免变相贸易壁垒对环境保护的影响。

24.15 条款"贸易和生物多样性"要求缔约方重视生物多样性在可持续发展中的重要作用，承诺在保护生物多样性、维持和保护生态系统、获取遗传信息资源并分享利用等方面加强合作。

24.16 条款"外来入侵物种"要求缔约方根据 9.17 条款设立卫生和植物检疫措施委员会,并根据 24.26 条款设立环境委员会,加强协调管理,就外来入侵物种的移动、预防、发现和控制等问题进行信息沟通与合作。

24.17 条款"海洋野生捕捞"要求缔约方参与区域渔业管理组织(Regional Fisheries Management Organization,RFMO)和区域渔业管理安排(Regional Fisheries Management Arrangements,RFMA),遵守组织的安排和决定。同时,在国际层面采取集体行动,应对和解决过度捕捞以及不可持续的渔业资源利用和资源浪费问题。

24.18 条款"可持续渔业管理"规定缔约方采取措施进行渔业管理,控制外来入侵物种,减少对非目标物种的误捕,禁止使用毒药和爆炸物进行商业捕鱼等行为。

24.19 条款"海洋物种保护"要求缔约方实施有效的养护和管理措施,促进对鲨鱼、海龟、海鸟等海洋动物的保护。

24.20 条款"渔业补贴"要求缔约方于协定生效三年内,在《补贴与反补贴措施协定》规定的范围内实施旨在防止过度捕捞和促进生态恢复的渔业补贴。缔约方同时承诺在 WTO 中积极推动渔业部门补贴国际规则的建立,进一步提高各国渔业补贴透明度,加强对海洋哺乳动物的长期保护。

24.21 条款"非法、未报告和不受管制的捕鱼行为"要求缔约方加强港口管理,通过监测、控制、审查等方式限制非法、未报告和不受管制的捕鱼行为,打击非法、未报告和不受管制的捕捞商品的贸易。

24.22 条款"环境保护与贸易"要求缔约方承认打击野生动植物非法获取和贸易的重要性,承诺采取法律和行政措施履行 1973 年《濒危野生动植物种国际贸易公约》(Convention on International Trade in Endangered Species of Wild Fauna and Flora,CITES)义务,在打击非法捕获和非法贸易方面展开合作。此外，缔约方进一步承诺采取措施维护自然保护区生态完整，完善政府相关体制，提高行政管理能力，加大出入境口岸的检查力度，参与共建打击野生动植物非法贸易的国际信息网络。

24.23 条款"森林管理与贸易"要求缔约方承认森林保护对生态系统和经济社会发展的重要意义，承诺加强政府管控，打击非法采伐和相关贸易活动，发展合法采伐的森林产品贸易，促进可持续发展和资源高效利用。

24.24 条款"环保类商品和服务"强调了包括清洁技术在内的环保类产品对促进增长和就业、改善经济环境、应对全球环境挑战的重要作用。要求缔约方在贸易和投资领域促进环保类商品的流通，取消相关商品的非关税壁垒，在全球多边领域支持开放的环保类商品和服务的全球贸易。

24.25～24.28 条款：合作机制条款

该部分条款是 USMCA 环境章节中最为重要的内容之一，安排了美墨加三国就贸易领域开展环保合作的具体方法和机制，通过设立环境委员会和联络机构、制定环境法规执法意见书、开展环境咨询等方式实践和履行基础性条款与专项条款，具体如下。

24.25 条款强调了执行相关合作机制对提高缔约方环保能力、促进贸易和投资领域可持续发展的重要意义，要求缔约方根据签署的包括本协定在内的政府间环境合作协定开展环保合作。

24.26 条款明确规定缔约方在协定生效 90 天内成立联络机构并书面通知其他缔约方，共同设立环境委员会监督本章内容的实施。要求环境委员会在协定生效 1 年内举行会议，此后保持每 2 年 1 次，并生成报告向公众公布。

24.27 条款赋予了公众向环境委员会秘书处就环境法律法规执行提交意见书的权力，并对秘书处作答、回复的具体时限进行了规定。

24.28 条款进一步要求对 24.27 条款的意见书及相关回复进行保存和记录。

24.29~24.32 条款：磋商和争端解决条款

USMCA 中环境章节的磋商和争端解决安排基本沿用了 TPP 的相关条款，从一般磋商、高级代表磋商、部长级磋商和争端解决等多个层面对缔约方之间环境方面的矛盾解决进行安排。

在一般磋商方面，24.29 条款规定缔约方可通过书面通知对方联络机构，要求就本章涉及的任何问题进行磋商，除非另有协议规定，被通知方需在 30 天内进行答复。

在高级代表磋商方面，24.30 条款规定，如果磋商未达成一致，缔约方可要求环境委员会代表召开会议就相关议题进行审议，并委派各国代表就相关问题参与磋商。

在部长级磋商方面，24.31 条款进一步规定，在高级代表磋商无效的情况下，发起方可通过将事项交由本国相关部门部长，要求答复方部长参与，发起部长级磋商。

如果磋商未能解决矛盾，发起方可根据 24.32 条款请求环境委员会进行斡旋、协调和调解，并要求设立专家组对问题进行调查并出具报告。

第三节 《美墨加协定》深度一体化议题的比较分析

在全球多边贸易体制发展速度放缓的背景下，各国普遍将合作重点再次回归双边和区域性贸易协定的推进。与 NAFTA、KORUS FTA、TPP 等美国早先签署的其他区域贸易协定相比，USMCA 作为美国高水平区域贸易协定的最新"范本"，在继承其主要区域贸易协定框架的基础上，再次提高和确定了发达国家在深度一体化议题方面的标准。就目前情况来看，美国在其他贸易谈判的深度一体化议题方面沿用

USMCA 高标准要求的可能性很大，深度一体化议题将是国际经贸规则改进的重要突破口。

一 《美墨加协定》深度一体化议题与其他贸易协定的相同点

将 USMCA 分别与发达国家主导的 NAFTA、KORUS FTA、TPP 等区域贸易协定进行比较可以发现，USMCA 中的深度一体化议题基本延续了美国之前区域贸易协定的总体框架，在基本思想、概念定义、总体目标、文本框架等方面仍以继承为主。

（一）竞争政策

在美国主导签订的 NAFTA、KORUS FTA、TPP 等区域贸易协定中，虽然竞争政策并未全部以独立章节的形式体现，但相关内容均占有不小的篇幅。USMCA 竞争政策的有关内容与美国主导的其他区域贸易协定基本一脉相承。

以 NAFTA 为例，该协定中竞争政策部分的内容以维持竞争为主要目的，对限制商业竞争的行为进行控制，旨在提高协定签署国的开放程度，致力于建立透明的竞争政策体系，鼓励市场竞争，反对政府保护和企业垄断行为。从政策实施的理想效果来看，NAFTA 中相关政策的实施有利于美国拥有较大竞争优势的跨国企业进入加拿大和墨西哥市场，也有利于墨西哥获取更多的外商直接投资和引进先进技术，协定各方均能通过充分竞争有所获益。

USMCA 基本延续了 NAFTA 的思路。就具体的条款而言，NAFTA 在第五部分"投资、服务和相关问题"第 15 章"竞争政策、垄断和国有企业"15.1 条款"竞争法"中的具体规定如下。第一，各方应采取或保持禁止限制商业竞争的举措，各方应不时就采取措施的有效性进行协商。第二，各方应认识到在自由贸易区加强合作与协调以促进有效实施竞争法的重要性。各方应在竞争政策执法上进行合作，包括加强与贸易政策相关的司法协助、通知、信息交换等。第三，各方不得就本条款规定的事项诉诸争端解决。在此基础上，NAFTA 通过 15.4 条款要求成立由各方代表组成的"贸易与竞争工作组"（Working Group on Trade and Competition），在协定生效 5 年内报告并提出自由贸易区内有关竞争政策及竞争法的新提议。在 USMCA 中，包括"贸易与竞争工作组"在内的竞争政策内容均得到了全面继承。

（二）政府采购

总体而言，与 USMCA 类似，美国主导的 NAFTA、KORUS FTA、TPP 等区域贸易协定都对区域内的政府采购行为做了较为详细的安排，对采购范围、采购方式、采购程序等一系列具体内容做出了明显高于全球多边贸易协定标准的规定。

以 NAFTA 为例，其中第 10 章"政府采购"中的 10.25 条款占有较大的篇幅。从具体内容来看，10.25 条款由"范围、覆盖及国民待遇""招标程序""投标质疑""一般规定"四部分内容组成。第一，"范围、覆盖及国民待遇"条款对政府采购的范围、合同估价、国民待遇和非歧视、原产地规则、利益拒绝和技术规范等进行了界定。第二，"招标程序"条款对供应商资格，邀请投标，选择性招标程序，投标和交货期限，投标文件，谈判纪律，标书的递交、接收和开标，有限招标程序等具体政府采购细则进行了规定。第三，"投标质疑"条款对供应商针对政府采购行为的质疑和相应审查机构的回应进行了规范。第四，"一般规定"条款则对例外情况、技术合作、小企业联合投标、采购的更改、非经营性资产剥离、其他定义等内容进行了补充。除此以外，协定中还包含联邦政府实体、货物、服务、出版物、一般说明、过渡条款等 12 个附加协议，对各国的采购实体、采购的覆盖范围、美墨加三国实施政策的具体时间表等其他信息做了具体解释和安排。以上相关内容在 USMCA 中基本得到了全面继承。

（三）知识产权

美国前期主导的 NAFTA、KORUS FTA、TPP 等区域贸易协定已经对知识产权方面进行了较为完善的规定，因此 USMCA 中有关知识产权的内容与 NAFTA 基本相同。

具体来说，在 NAFTA 的第六部分"知识产权"中重点讨论了知识产权议题的有关内容。该部分共包含 21 个条款，对知识产权保护的性质和范围、国民待遇、滥用或反竞争行为控制、诉讼和处罚、边境知识产权的实施、技术合作与技术援助等一系列内容做了具体安排。涉及的知识产权范围主要参照 1971 年日内瓦《保护录音制品制作者防止未经许可复制其录音制品公约》、1971 年《保护文学和艺术作品伯尔尼公约》、1967 年《保护工业产权巴黎公约》、1991 年《国际植物新品种保护公约》的界定，对版权、录音、数据传输、商标、专利、半导体集成电路布局设计、商业秘密、地理标志、工业设计等内容分具体条款进行了详细解释和说明，对知识产权保护提出了较高标准的要求。

在具体执行层面，NAFTA 通过 17.14～17.20 条款对知识产权保护的实施做出了详细规定。其中，17.17 条款"刑事诉讼和处罚"规定，各方应至少对假冒商标盗版行为进行包括罚款和监禁在内的处罚，以保证知识产权保护的威慑力；在适当情况下，司法当局可以下令扣押、没收和销毁侵犯知识产权的货物以及侵权过程中使用的材料和工具，对各国的知识产权保护执行提出了更为严格的要求。其执行方法和执行力度基本与 USMCA 保持一致。

除 NAFTA 之外，美国、欧盟等发达国家或地区在推进区域性双边、多边贸易协定过程中都大量引入了高于 TRIPs 要求的"TRIPs-Plus"知识产权保护条款。

（四）劳工

劳工条款同样是美国主导的区域贸易协定普遍关注的重点，NAFTA是第一个对劳工标准做出详细规定的自由贸易协定。与环境议题类似，劳工议题集中在 NAFTA 附属的《北美劳工合作协定》（NAALC）中进行安排。该协定在序言中重申了美墨加三国的基本共识，主要包括"创造新就业机会，改善领土内工作条件和生活水平""尊重三方宪法和法律，保护、强化劳动者基本权利""加强劳工管理合作，促进工人组织和雇主之间的对话，提升工作场所的创造力和生产力""鼓励各国雇主和雇员遵守劳动法，共同营造一个进步、公平、安全和健康的工作环境"。

从具体安排来看，NAALC 共分为目标、义务、劳动合作委员会、共同协商、争端解决、总则和最后条款 7 章，并附有劳工原则、解释性裁决、加拿大国内执行、义务范围、国家特定定义等 7 个附录。其中，"义务"章节中对有关劳工问题的保护等级、政府行动、私人行动、程序保证、信息公布、公众意识培养等进行了较为具体的规定。在"劳工原则"附录中，也具体规定了结社自由、集体谈判权、罢工权、男女同工同酬、最低就业标准等 11 项具体劳工权利。在制度建设方面，NAALC 同意建立由部长理事会和美墨加三国秘书处组成的"劳工合作委员会"（Commission for Labor Cooperation），对劳工问题展开研究，对协定的执行进行监督，协助成员在劳工问题上展开合作。

总而言之，该附属协定对劳工问题进行了详细安排，已形成了初具雏形的制度建设体系，体现了美国强调的"公平、自由、对等"贸易理念中对"对等"的追求。此后，美国主导的其他区域双边和多边贸易协定中，劳工问题都是协商的重要议题之一，在《美国－澳大利亚贸易协定》《美国－新加坡贸易协定》《美国－秘鲁贸易协定》《跨太平洋伙伴关系协定》中均有出现，USMCA 的劳工章节也基本沿用了其主要内容。

（五）环境

NAFTA 是最早在贸易协定中明确规定环境保护具体内容的区域贸易协定之一。NAFTA 在序言中多次提及环境问题，要求参与国"以符合环境保护要求的方式展开各项合作工作""加强环境法律法规的制定和执行"，这足以表明该协定对环境问题的重视。

虽然 NAFTA 没有像 USMCA 那样设有专门的"环境"章节，但有关环境的具体措施仍在协定的第三部分"技术性壁垒"第 9 章"标准相关措施"中有所体现，其中第 904 条"基本权利和义务"给予了美墨加各方实施标准措施、建立保护等级等权利，允许美墨加批准、保持和应用包括与安全、保护人、动植物生命或健康、环境或消费者有关的标准措施，具体措施包括禁止货物和服务的进口。此外，NAFTA 第 1 章"目标"第 104 条"与环境和保护协议的关系"规定，协定中的贸易条款在与《濒危野生动植物种国际贸易公约》、《巴塞尔公约》、《关于消耗臭氧层物质的蒙特利尔议定书》以及附属的《北美环境合作协定》不一致时，以环境协定和公约为优先，给予了"环境保护"极高的重视。

NAFTA 附属的《北美环境合作协定》于 1993 年正式签订，该协定在序言中"重申了各国根据本国环境和发展政策开发本国资源的主权权利，同时重申了各国有责任确保其管辖和控制范围内的活动不会对其他国家或其管辖范围内的环境造成损害"，强调了环境问题中的主权权利和对应责任，并"再次确认了协定中包括提高环境保护水平在内的环境目标的重要性"。该协定通过设立北美环境合作委员会（Commission for Environmental Cooperation，CEC）来监督协定执行情况、协调国家间的"环境标准"问题和分歧、利用经济手段实现国内和国外环境目标、提供数据收集分析和污染防治技术等帮助。该附属协定再次强调了北美自贸区对环境问题的重视，同时为 NAFTA 提供了环境问题的争端解决机制，推动了相关条约的落地执行，也构成了当前 USMCA 环境条款的主要内容。

二 《美墨加协定》深度一体化议题与其他贸易协定的不同点

虽然在基本思想、概念定义、总体目标和文本框架上，USMCA 都继承和延续了美国主导的其他区域贸易协定的有关安排，但在具体的协定内容及条款中，USMCA 仍有一定的升级之处。除了在相关议题的深度和广度上有所拓展外，USMCA 在深度一体化议题领域最大的进展主要还是集中于监督和执行层面。

（一）竞争政策

总体而言，相比美国主导的其他区域贸易协定，USMCA 中有关竞争政策的内容涉及范围更为广泛，尤其是在反垄断和消费保护的执法层面做出了更为明确和严格的安排。

具体来说，在 NAFTA 中竞争政策内容较全球多边贸易协定有所加深，但没有建立约束机制的硬性保障，与真正建立跨国竞争政策体系仍存在一定的差距。而在美欧等发达国家或地区的双边合作中，有关竞争政策的协定也多以反垄断为主要形式展开，美国作为反垄断法域外适用制度的开创者和国际反垄断合作的主要实践者，至今已就反垄断达成了《美国－德国贸易协定》《美国－澳大利亚贸易协定》《美国－加拿大贸易协定》《美国－欧盟贸易协定》等多项双边协定。以美国与欧洲共同体 1991 年订立的《执行反垄断法的合作协定》为例，双方主要通过通告、信息交流、反垄断程序的合作与协商等方式避免反垄断法程序的冲突，该协定创造性地确定了"消极礼让原则"和"积极礼让原则"两项反垄断合作领域的重要原则。① 而相较于其他贸易协定，USMCA 主要在反垄断和消费保护的执法层面做出了明确安排。其中，21.2 条款"竞争法执法中程序的公正"第 9 条新增了对罚款的具体安排，对反垄断执法的要求较为严格。

（二）政府采购

由于在美国主导的贸易协定中有关政府采购的内容一直较为丰富，因此在政府采购方面，USMCA 的定义、适用范围、例外和一般原则、采购信息公开、预采购通知、参与条件、供应商资格、选择性招标、技术规

---

① 沈吉利、胡玉婷：《美欧反垄断法的域外适用及其启示》，《现代国际关系》2003 年第 6 期。

格、招标文件、标书处理及合同授予、透明度及授标后信息、信息披露、确保公平和国内审查等定义性和基础规则性条款与美国前期签订的NAFTA和TPP差别很小，基本一脉相承。

但USMCA在清单修改、中小企业和监督实施方面仍有所补充，具体包括以下几个方面。第一，在清单修改方面，USMCA对缔约方提供的各项清单的修改做出了程序性的规定；第二，在中小企业方面，USMCA中"促进中小企业参与"条款说明了中小企业对经济增长和就业的重要贡献，强调了中小企业参与政府采购的必要性，也要求缔约方尽可能地运用分包、免费的招标文件等方法促进中小企业参与；第三，在监督实施方面，USMCA通过"政府采购委员会"条款设立了由各方政府代表组成的委员会，处理本章实施和运作中的有关事项，完善了政府采购事宜的监督机制。

（三）知识产权

与美国主导的其他贸易协定相比，USMCA在知识产权领域有所完善，在具体内容上进行了更新，新增了有关执行的相关规定，还对知识产权中的"商业秘密"条款进行了补充。

第一，在内容更新方面，USMCA补充了20.87条款"政府使用软件"、20.88条款"互联网服务提供商"等具体内容，规定缔约方政府机构须使用非侵权的计算机软件，并向互联网服务供应商提供法律援助和"安全港"，为美国跨国经营的互联网巨头提供了更好的保护。第二，在执行规定方面，USMCA根据美墨加三国不同的发展情况，针对知识产权涉及的商标、地理标志、专利、数据、工业品设计、版权、商业秘密等内容规定了具体的条款生效时间，针对少数条款给予了2.5~5年的过渡时间。第三，针对"商业秘密"条款，USMCA进一步增加了临时措施、保密信息、民事补救等条款，对缔约方的司法机构提出了更高的要求，规定了对被泄密企业的保护和补偿措施，进一步提高了商业秘密保护的标准。

（四）劳工

由于在劳工问题上发展中国家和发达国家之间一直存在较大的分歧，因此"劳工"条款是 USMCA 签署过程中墨西哥和美国存在较大争议的条款之一，其最终结果是美墨两国多轮博弈的产物。相较于 TPP 对应的第 19 章内容，USMCA 的劳工章节在基础性条款、合作机制和争端解决条款两个方面总体保持不变，相关机制的设立基本沿用早前协定的思路，仅在规则性条款中进行了小修小补，未能取得较大的突破。事实上，由于 USMCA 涉及国家较少，劳工章节的附录内容比 TPP 简略，仅包含对墨西哥境内集体劳资谈判的具体要求。

（五）环境

相较于 NAFTA，USMCA 将原本附属文件中的环境内容作为专项章节放在了协定正文，进一步凸显了环境条款的重要性。而相较于 2015 年签订的 TPP，USMCA 在环境章节主要针对专项条款部分进行了扩充，进一步提高了贸易协定中具体环保领域的合作水平。

具体来看，USMCA 中的专项条款对臭氧层保护，保护海洋环境免受船舶污染，空气质量，海洋垃圾，企业社会责任与负责任的商业行为，加强环境保护的自愿机制，贸易和生物多样性，外来入侵物种，海洋野生捕捞，可持续渔业管理，海洋物种保护，渔业补贴，非法、未报告和不受管制的捕鱼行为，环境保护与贸易，森林管理与贸易，环保类商品和服务 16 项内容进行了极为细致的规定。相比之下，无论是美国较早签订的贸易协定还是发展中国家主导的贸易协定都暂时未能达到这一标准，尤其是发展中国家主导的贸易协定中的环境章节目前仍以框架性、纲领性的规定和要求为主，与 USMCA 的要求存在较大差距。

三 区域贸易协定深度一体化议题的发展趋势

USMCA 是美国现有的双边自由贸易协定中的"范本"，正在进行的美日、美欧甚至中美贸易谈判中，USMCA 中的有关内容都是美国希望达成的理想目标。正因如此，根据对协定中深度一体化条款的解读，可以对未来区域贸易协定和全球经贸规则中深度一体化议题的发展趋势做出如下展望。

（一）竞争政策

虽然竞争政策在本质上属于国内政策范畴，但随着全球经济一体化的不断深化，跨国企业在世界经济中扮演的角色日益重要，以反垄断、促进公平竞争、保护消费者权益为主要内容的竞争政策已经逐渐成为区域贸易协定和全球经贸规则制定过程中难以回避的重要议题，采用更高标准的竞争政策是高水平区域贸易协定发展的大势所趋。

结合 USMCA 和发达国家主导的区域贸易协定来看，"竞争政策"已经成为高标准、高水平区域贸易协定中共同关注的深度一体化议题。在 RCEP 等新兴经济体广泛参与的区域贸易协定中，竞争政策同样以独立章节的形式得到体现。以 RCEP 为例，该协定对竞争立法、竞争执法合作以及消费者权益保护等重点内容都做出了详细规定，明确了缔约方须共同遵守的竞争政策制定和执行原则。不仅如此，RCEP 还兼顾了缔约方之间发展水平的差异，针对文莱、柬埔寨、老挝、缅甸等国设立了完善监管体系的过渡期。

（二）政府采购

政府采购问题是区域一体化发展中难以回避的重要问题，目前有关政府采购议题的宗旨、适用范围、基本原则等基础性内容已经在主要的区域贸易协定中得到了充分应用，不同区域贸易协定在政府采购议题中的差异主要集中在监督和执行层面。而从发展趋势的角度来看，未来高水平区域贸易协定的发展趋势必然会聚焦在政府采购条款的审查和执行以及新兴领域采购两个方面。

如前文所述，USMCA 中有关政府采购章节的更新不多，仅在清单修改、中小企业和监督实施方面进行了小修小补，但相较于其他现有的区域贸易协定，USMCA 的政府采购章节已经极为详尽，可以在很大程度上代表高水平区域贸易协定的发展方向。以中国参与的 RCEP 为例，在该协定中，政府采购议题同样以独立章节的形式出现在第 16 章，涵盖宗旨、适用范围、基本原则、透明化、合作、审查、联络处、争端解决 8 个条款以及附件，对各缔约方的政府采购行为提出了分阶段、分层次的要求，但并未列举具体的货物清单、服务清单、建筑服务清单等政府采购清单，这些规定相对来说要求更低、灵活性更强。在未来的高水平区域贸易协定中，类似于 USMCA，更加具体且具有执行力的政府采购条款无疑会得到更多的应用。除此之外，随着新技术的不断发展，以数字化为主要特点的新产品、新业态逐渐兴起，政府采购的对象和途径会随之发生新的变化，区域贸易协定中的政府采购条款也同样会得到补充和完善。

（三）知识产权

在当前世界经济发展严重失衡的背景下，发达国家和发展中国家在财富分配、资源拥有和消耗、贸易收支等方面矛盾突出。出于国家利益的考虑，各国对"知识产权"问题的态度往往取决于该国在全球经济和技术领域中的地位，南北国家关于技术协定和技术规则的制定存在重大分歧。因此，在未来的区域贸易协定和国际经贸规则改革中，知识产权问题仍将是各方博弈的焦点。

第一，发达国家因其在经济和科学技术水平方面高度领先，在资本密集型和技术密集型产业中具有明显的比较优势。为了巩固和保持自身在全球产业链和价值链中的垄断性优势地位，发达国家普遍倾向于利用区域贸易协定中的高水平知识产权规则对先进技术的扩散和传播加以限制，进而维护其现有的垄断利益。

第二，对于发展中国家来说，过高的知识产权标准会阻碍自身合理引进和发展先进技术，不利于调节当前南北发展严重失衡的问题。在 2004 年举行的世界知识产权组织成员国大会上，巴西、阿根廷等 14 个发展中国家在《知识产权与发展议程》提案中指出，"现行知识产权制度对保护发展中国家的利益重视不够，导致富国与穷国之间的差距不断扩大；知识产权制度的发展不应无视各国发展水平的差异而设置更高的保护水准，而应当保障所有国家建立知识产权制度所获得的利益大于所付出的代价"。

因此，从发展趋势上看，由于主要参与方的发展水平存在较大差异，不同区域贸易协定之间的知识产权规则仍将存在较大的差异。

（四）劳工

与其他深度一体化议题类似，劳工议题也是全球多边贸易规则制定过程中发展中国家与发达国家难以达成共识的焦点，区域贸易协定中劳工相关规则的设定同样取决于缔约方自身的发展程度。

第一，以美国为代表的发达国家基于自身"公平贸易""对等贸易"的诉求，将继续在其主导的区域贸易协定中引入和推广相对较高的劳工标准，继续将劳工规则作为缩小其劳动力劣势的重要手段。例如，USMCA中的23.4条款"不减损规则"就直接要求缔约方承认通过削弱或减小劳动法保护力度以鼓励贸易或投资的行为是不恰当的，承诺不采用降低最低工资标准、弱化职业安全和健康保障措施、延长工作时间等"减损"劳工保护的方式影响各缔约方之间的贸易和投资，不能在不考虑各国具体国情的情况下强行要求采取统一的劳工标准，不应强调绝对的"公平"和"对等"。

第二，对于资源禀赋普遍集中于劳动力要素的发展中国家来说，过高的劳工标准会削弱其在劳动力方面的比较优势，反而不利于国民经济的增长和社会整体福利的提高。因此，在未来的区域贸易协定中，有关消除一切形式的强迫或强制劳动、废除童工、消除就业和职业歧视等内容的劳工规则较容易达成共识，而有关最低工资、工作时间和工作条件标准的内容可能仍将存在较大的差异和分歧。

（五）环境

环境问题不仅是国际贸易和可持续发展的经济问题，而且是人类共同关注的生存问题。在未来的高水平区域贸易协定中，对环境问题的重视程度会不断提高，但环境规则和标准的设定还是主要取决于缔约方的发展阶段与发展水平。

第一，从重视程度上看，环境问题会继续成为各类区域贸易协定普遍关注的重点问题。不只是 USMCA、NAFTA 等美国主导的区域贸易协定，在 RCEP、《中韩自由贸易协定》等发展中国家广泛参与的区域贸易协定中，环境议题也都以独立章节的形式得到体现。人类共同应对气候变化、环境污染等非传统安全问题和可持续发展问题的整体趋势在短期内不会发生改变，在 WTO 的全球多边框架之上采用更高标准的环境条款是高水平区域贸易协定发展的重要方向。

第二，从具体规则和监督执行层面看，过于严格的环境规则在实施过程中也会遇到诸多阻碍。环境议题与"绿色壁垒"等非关税壁垒息息相关，过高的环境保护标准与发展中经济体享有的发展权利可能形成冲突，很难得到发展中经济体的广泛接受，类似于 USMCA 中较为具体和严格的环境规则安排可能很难在短时间内得到全面推广。

（六）数字贸易

随着数字贸易规则在大量区域和双边贸易谈判中的逐步推进，以美国为首的发达国家积极将其国内制度推广至国际数字贸易规则框架，如今，数字贸易规则框架已初具形态。基于对各类区域贸易协定中数字贸易议题规则的分析，可以对区域贸易协定中全球数字贸易规则的未来发展方向做出以下分析。

第一，数字贸易规则的谈判范围将不仅仅局限于电子商务通常语境下的"货物跨境流动"，还将发展为囊括数据信息流动、知识产权保护、隐私保护、互联网中介责任等在内的有关数字经济治理的整套制度规则。在多边规则体系谈判中，WTO 早在 1998 年就开始将"电子商务"纳入谈判内容，主要围绕国民待遇、最惠国待遇、市场准入、例外条款等传统议题的规则框架展开讨论，但是 WTO 多边谈判一度陷入停滞状态。欧盟、日本、美国等发达国家或地区更关注数字经济与贸易时代新规则的建立，如欧盟对消费者隐私保护较为关注，在 2018 年全面实施了《一般数据保护条例》（General Data Protection Regulation，GDPR）；日本关注透明度建设、网络安全问题等[1]；美国对跨境数据自由流动、知识产权等问题的关注度较高。从最新签署的区域和双边贸易协定来看，数字贸易规则框架的覆盖范围更为广泛，综合考虑了数字贸易时代的潜在壁垒问题和必要监管措施，并且对未来数字经济发展的新商业模式具有一定的前瞻性。因此，未来数字贸易规则内容的设置将更为全面且复杂，不排除在现有贸易协定的基础上增加新议题内容的可能性。

第二，推动更自由的跨境数据流动将成为区域贸易协定谈判的共识。自 KORUS FTA 15.8 条款首次提出协定方应"尽量避免对跨境数据流动施加不必要的阻碍"以来，欧盟、日本、澳大利亚等国家或地区也开始将跨境数据自由流动纳入自由贸易规则谈判中，如《欧盟 - 韩国自由贸易协定》提出协定方"应当在保护个人基本权利和自由的前提下，通过合理措施保护个人数据传输"。此后，囊括发展中国家在内的超大型区域贸易协定 CPTPP 也要求"除了特殊监管需求外，缔约方应当允许为满足商业活动而开展的以电子方式进行的跨境信息传输，包括个人信息"。而美国则在 USMCA 中直接删除了 CPTPP 中关于监管需求例外规定，并把这一原则继续纳入《美日数字贸易协定》（U. S. -Japan Digital Trade Agreement，UJDTA）中。此外，美国还通过推行"禁止本地化""增强政府数据公开性"等措施加强对跨境数据自由流动规则的维护。美国一直是推行跨境数据自由流动的带头人，逐步将跨境数据流动自由化标准推至最高水平。

---

[1] Kelsey, J., "How a CPTPP-style Ecommerce Outcome in the WTO would Endanger the Development Dimension of the GATS Acquis (and Potentially the WTO)", *Journal of International Economic Law*, 2018, 21（2）.

从经济学意义来看，全球数据自由流动能够提高经济效率，有利于提高数字型企业的竞争优势，在数字经济发展日新月异的背景下，跨境数据流动必然会朝着更加自由的方向发展。

第三，更加侧重对知识产权的保护。CPTPP 规定任何缔约方均不得"要求转让或访问另一缔约方的人员所拥有的软件的源代码，作为在该国销售产品的条件"。但是该规则仅限于"大众市场软件或含有该软件的产品"。USMCA 则直接剔除了该限制条件，将包括银行等在内的金融机构的基础设施软件也纳入"禁止强制源代码披露"的范畴中。同时，USMCA 也将"算法""密钥""商业秘密"新增至"开放禁令"列表中。此外，USMCA 还明确了加密保护的概念，禁止缔约方在对方"知识产权受到侵害"的情况下将获得加密密钥作为向外国技术开放国内市场的前提。美国一直致力于推进数字知识产权保护，"禁止强制源代码披露"和"密钥保护"是美国在数字知识产权保护上的核心立场[①]，此项诉求主要是为了维护美国高精尖技术的优势地位，防止技术窃取等行为的发生。未来随着数字技术的升级与普及，数字内容和基于互联网的货物交易所承载的知识产权价值将越来越高，构建更加健全的知识产权保护体系在保护技术和知识创作与维护网络安全稳定性方面是十分必要的措施，加强知识产权保护必然会成为数字贸易规则谈判的重要方向。

第四，更加强调消费者信息安全，并逐步推行国际标准化、普适性的保护规则。在网络信息时代，能否保障消费者隐私安全是树立消费者信心的关键，对维护数字经济市场秩序和促进数字经济发展起着至关重要的作用。从最新的区域贸易协定以及各国数字经济政策来看，加强消费者安全保护已经成为国际共识。例如，欧盟历来注重个人隐私保护和数据安全问

---

① 陈寰琦、周念利：《从 USMCA 看美国数字贸易规则核心诉求及与中国的分歧》，《国际经贸探索》2019 年第 6 期。

题，GDPR 共设置了 11 个章节的内容，其覆盖范围前所未有，欧盟因此成为全球隐私监管的引领者。此外，CPTPP 也鼓励缔约方建立和维持保护数字贸易使用者个人信息的法律制度，并建立相关机制来协调不同国家之间的制度差异性。① USMCA 则进一步明确了"个人信息保护"的主要原则，并提出"各缔约方在构建保护电子商务用户个人信息的法律框架时，应考虑有关国际机构的原则和准则"。在其他双边贸易协定中，《欧盟-韩国自由贸易协定》7.43 条款要求缔约方遵守保护个人的基本权利和自由的承诺，应当采取保护隐私的相关措施，尤其是在个人数据传输方面。UJDTA 也指出要"保护消费者和企业的机密信息，并确保将可执行的消费者保护应用于数字市场"。② 因此，未来消费者安全保护规则将更加规范化、全面化、严格化。

---

① 韩立余主编《〈跨太平洋伙伴关系协定〉全译本导读》（下册），北京大学出版社，2018，第 360 页。
② "U. S. -Japan Digital Trade Agreement Text"，https：//ustr. gov/countries – regions/japan – korea – apec/japan/us – japan – trade – agreement – negotiations/us – japan – digital – trade – agreement – text.

5 《美墨加协定》的
横向新议题

横向新议题是近年来在贸易协定中引起广泛关注与讨论的议题。传统的区域贸易协定往往涉及关税、原产地规则等纵向议题，议题之间的关联性较小，实施过程较为明确，谈判双方就一个议题达成一致后，能够迅速转入另一个议题。横向新议题属于交叉议题，其内容的制定和实施涉及区域贸易协定中其他章节的内容。横向新议题一旦形成协定条款，就成为跨部门适用的规则。[①] 此外，横向新议题的内容还深入国际贸易领域之外的边境内问题，包括国有企业、反腐败和汇率问题等。在对外开放的重点从边境外措施转移到边境内措施的背景下，针对横向新议题的探讨显得尤为重要。

第一节　国际经贸规则体系中的横向新议题

横向新议题侧重于规范贸易协定的参与方在微观层面和边境内层面的举措，旨在为国际市场中的微观主体营造公平、透明的竞争环境。随着区域贸易协定的发展向纵深推进，在以贸易壁垒为代表的传统议题之外，横向新议题成为新一代高标准区域贸易协定中的重要内容。

一　横向新议题的主要内容

根据现有划分方式，横向新议题的范畴包括国有企业及指定垄断企业、中小企业、反腐败、宏观经济政策和汇率问题共四个议题。[②] 其中，国有企业及指定垄断企业、中小企业和反腐败三个议题都属于微观层面的议题，阐述了区域贸易协定的参与方对国有企业的非商业性支持、母国企业对东道国公职人员的贿赂行为等阻碍公平贸易的问题，并提供了各自的

---

① 蔡鹏鸿：《TPP 横向议题与下一代贸易规则及其对中国的影响》，《世界经济研究》2013 年第 7 期。
② 中国社会科学院世界经济与政治研究所国际贸易研究室：《〈跨太平洋伙伴关系协定〉文本解读》，中国社会科学出版社，2016。

衡量标准和解决方式。宏观经济政策和汇率问题这一议题主要探讨了贸易伙伴竞争性贬值行为的定义和解决方式。

（一）国有企业及指定垄断企业

从广义上看，国有企业是政府直接或间接拥有或施加影响的企业，包括非政府所有但获得政府支持的企业。与私营企业相比，国有企业能够从政府处获得产业补贴、低成本信贷、政府采购资格等优惠，从而对自由市场竞争造成影响。为了削弱国有企业在补贴、融资方面的优势，GATT 设定了"国营贸易企业"章节，对国民待遇、非歧视和透明度等做出了具体规定。如该章节规定，如果成员设立了国营贸易企业或给予了国营贸易企业特权，则国营贸易企业在购买和销售方面都要享受最惠国待遇和国民待遇，在商业活动中只根据商业考虑因素行事。

然而，由于全球多边贸易谈判机制的停滞，为了平衡来自新兴经济体的竞争压力，促进国有企业和私营企业的公平竞争，美国将国有企业问题添加到区域贸易协定的议题中，意图构建多边竞争中立规则并重掌国际贸易规则制定权。[1] 例如，2003 年美国和新加坡签署的《美国－新加坡自由贸易协定》首次规定了较为系统的国有企业条款，致力于提高国有企业透明度、降低政府对国有企业的影响。美国主导的 TPP 进一步发展了国有企业条款，规范了适用范围、非歧视性待遇、商业考虑因素、管辖权、非商业援助、透明度等方面的内容。TPP 中国有企业条款的规制标准高于以往自由贸易协定。USMCA 第 22 章 "国有企业及指定垄断企业" 在一定程度上借鉴了 TPP 中的内容。

（二）中小企业

中小企业是与大型企业相对应的概念，两者的区别主要在于企业规模

---

[1] 李晓玉：《"竞争中立"规则的新发展及对中国的影响》，《国际问题研究》2014 年第 2 期。

不同。在中小企业与大型企业的划分上，不同国际组织的标准略有差异。WTO 发布的《2016 年世界贸易报告》将员工数量少于 10 人的企业称为微型企业，员工数量为 10~49 人的企业称为小型企业，员工数量为 50~249 人的企业称为中型企业，员工数量在 250 人及以上的企业称为大型企业。① 另外，世界银行在其开展的企业调查中将员工数量为 5~19 人的企业称为小型企业，员工数量为 20~99 人的企业称为中型企业，员工数量在 100 人及以上的企业称为大型企业。②

与大型企业相比，中小企业对进出口总额的贡献较小。但在第四次工业革命的浪潮下，以数字技术和互联网为代表的信息与通信技术革命为中小企业参与国际贸易创造了新的机遇。基础通信设施的建设降低了中小企业的信息和流通成本，跨境商务缩短了中小企业与客户之间的物理距离，在线平台使中小企业能够更及时地接触国内外市场中的客户。贸易壁垒的降低、全球价值链的深入发展为中小企业参与国际贸易提供了更多机会，加快了中小企业国际化的步伐。

自 2000 年以来，涵盖中小企业议题的区域贸易协定的数量稳步增加，中小企业议题出现的频率显著提高，中小企业相关条款的数量也显著增加，详细程度不断提高，一些区域贸易协定甚至为中小企业设立了独立的章节。中小企业相关条款主要包括促进中小企业的国际合作、政府采购、电子商务、义务豁免、知识产权和透明度等方面。总体而言，中小企业相关条款没有固定的模板，在区域贸易协定中的重要性和具体内容也不尽相同。

（三）反腐败

与传统的、有形的关税等贸易壁垒相比，腐败被看作无形的贸易壁

---

① "World Trade Report 2016: Levelling the Trading Field for SMEs", Suisse: World Trade Organization, 2016.

② The World Bank, "Enterprise Surveys", https://www.enterprisesurveys.org/en/methodology.

垒，极大地阻碍了全球经济和社会的发展。对于国家而言，腐败不利于国家的可持续发展。对于企业而言，腐败会破坏公平竞争，增加企业开展业务的成本，增大其面临的法律风险和声誉风险。

美国将反腐败作为国家安全问题的优先事项，以构建负责任的政府形象，为企业提供公平的市场竞争环境。美国的反腐败工作包含以下三个方面。第一，防范腐败。美国国务院通过加强民主体制建设、促进问责制来防范并解决可能存在的腐败问题。第二，加强跨境执法。美国国务院致力于同主要金融中心之间实现数据共享。第三，解决安全领域的腐败问题。美国国务院致力于打击犯罪分子和恐怖分子，以保护公民、捍卫国家主权。① 1977 年，在尼克松水门事件的背景下，为了防范企业商业道德滑坡，提高证券市场的监管程度，美国颁布了《反海外腐败法》。②

然而，美国公司为了遵守《反海外腐败法》的规定，丧失了大量的海外市场和竞争优势。为了改变美国公司的不利竞争地位，提升国际经济效率，加强国际法治规范，美国双管齐下，一方面，对《反海外腐败法》进行了三次修正；另一方面，将惩治贿赂外国公职人员的理念推向国际，推动了国际公约的制定和其他国家的国内立法。③ 在美国的影响下，美洲国家组织在 1996 年达成《美洲反腐败公约》（Inter-American Convention against Corruption，IACAC），欧盟在 1997 年通过《欧洲共同体官员反腐败公约》，OECD 在 1997 年通过《关于打击在国际商业交易中行贿外国公职人员行为的公约》，加拿大联邦议会在 1998 年通过《外国公职人员腐

---

① U. S. Department of Justice，"U. S. Anti-Corruption Efforts"，https：//2009 – 2017. state. gov/anticorruption/index. htm.

② U. S. Department of Justice，"U. S. Foreign Corrupt Practices Act"，https：//www. justice. gov/criminal – fraud/file/1292051/download.

③ 张薇：《国际投资中的社会责任规则研究》，中国政法大学出版社，2011。

败法》。USMCA 第 27 章"反腐败"条款就借鉴了美国的《反海外腐败法》和加拿大的《外国公职人员腐败法》，禁止本国企业向外国政府官员或公职人员实施贿赂行为。

2000 年，联合国大会通过《联合国打击跨国有组织犯罪公约》（United Nations Convention against Transnational Organized Crime，UNCATOC），为打击跨国有组织犯罪提供了有效的工具和必要的法律框架。2003 年，联合国大会通过《联合国反腐败公约》（United Nations Convention against Corruption，UNCAC），成为迄今为止处理腐败问题最具影响力的公约。联合国全球契约的第十项原则指出，企业应当反对一切形式的腐败，包括勒索和贿赂。① 联合国指出，企业应当制定政策和计划，以解决各种形式的腐败问题。此外，联合国还呼吁政府、社会机构和民间组织共同致力于建设透明度更高、可持续发展的全球经济体。

在区域贸易协定中纳入反腐败议题有利于促进国际贸易领域中的良好治理，提升透明度。近年来，越来越多的双边和区域贸易协定将反腐败规定纳入协定条款。打击腐败问题成为提升贸易政策透明度的重要手段。② 1996 年，美洲国家组织通过的《美洲反腐败公约》旨在打击跨国腐败。该公约规定，腐败破坏了公共机构的合法性，参与方应当禁止腐败行为并给予相应的惩罚。1997 年，欧盟通过的《欧洲共同体官员反腐败公约》是欧洲第一个反腐败协定。该公约指出，接受贿赂的被动腐败和给予贿赂的主动腐败都属于刑事犯罪。自 2000 年以来，已有 40% 的区域贸易协定

---

① United Nations，" Eliminate Corruption to Build Sustainable，Inclusive and Transparent Societies"，https：//www. unglobalcompact. org/what – is – gc/our – work/governance/anti – corruption.

② Lejárraga，I.，" Multilateralising Regionalism：Strengthening Transparency Disciplines in Trade"，OECD Trade Policy Papers，2013，p. 152.

将反腐败和反贿赂承诺纳入协定条款。[1] 打击腐败问题成为提升贸易政策透明度的重要手段。[2]

(四)宏观经济政策和汇率问题

20 世纪 30 年代,以贸易保护主义和竞争性贬值为代表的重商主义政策对全球经济造成了极大的危害。1945 年,国际货币基金组织(International Monetary Fund, IMF)成立,协调汇率成为其核心职能。IMF 和 WTO 均对成员的货币政策和外汇政策进行了纲领性指导与阐述,指出成员不应当操纵汇率。从历史上看,贸易协定几乎不涉及货币操纵这一话题。究其原因,贸易协定的目标是扩大贸易规模,而汇率的目标是实现贸易平衡。此外,汇率的形成机制较为复杂,决定因素较为广泛,相对汇率的变动难以量化。因此,贸易协定往往不涉及汇率操纵话题。然而,自 20 世纪 80 年代以来,美国长期处于巨额经常账户赤字状态,这一现象的持续存在对贸易失衡能够在短期内纠正的理论提出了挑战。有学者研究发现,美元每升值 10%,美国的贸易赤字将增加 3000 亿美元;美元每贬值 10%,美国的贸易盈余将增加 3000 亿美元。[3][4] 甚至有美国学者认为,长期贸易失衡的现象是贸易伙伴的汇率操纵行为导致的,通过干预外汇市场,出售本币、购买美元,人为压低本币价值,降低出口产品价格、提高进口产品价格,贸易伙伴在与美国的贸易中获得了不公平的竞争优势。

美国 1988 年《综合贸易和竞争法案》和 2015 年《贸易便利化和贸易执法法案》对汇率操纵行为进行了详细的规定,并要求财政部定期对潜在

---

[1] Lejárraga, I., "Deep Provisions in Regional Trade Agreements: How Multilateral-Friendly?", OECD Trade Policy Papers, 2014, p. 168.

[2] Lejárraga, I., "Multilateralising Regionalism: Strengthening Transparency Disciplines in Trade", OECD Trade Policy Papers, 2013, p. 152.

[3] "Exchange Rate and Trade Flows, Disconnected?", In World Economic Outlook, "Adjusting to Lower Commodity Prices (October)", Washington: International Monetary Fund, 2015.

[4] Cline, W. R., "Estimates of Fundamental Equilibrium Exchange Rates", PIIE Policy Brief 16-22, Washington: Peterson Institute for International Economics, Nov. 2016.

的汇率操纵国开展监测与评估。根据 2015 年《贸易便利化和贸易执法法案》第 7 章"货币汇率和经济政策协调",美国财政部应当在货币问题上与其主要贸易伙伴加强接触,强化对主要贸易伙伴货币政策的分析,并定期向国会提交《美国主要贸易伙伴的外汇政策报告》。① 美国财政部在分析和评估贸易伙伴的货币政策时,应当对贸易伙伴的汇率、国际收支余额、外汇储备积累、宏观经济趋势、货币和金融发展、机构发展状况以及金融和外汇限制等信息进行仔细审查。此外,美国财政部还应当研究贸易伙伴的资本管制和支付限制措施,以协助识别汇率操纵行为。2015 年《贸易便利化和贸易执法法案》提出了三个判断"汇率操纵国"的标准:①与美国存在重大双边货物贸易顺差,超过 200 亿美元;②自身存在重大经常账户盈余,超过 GDP 的 3%;③持续单边干预外汇市场,12 个月内至少有 8 个月进行外汇净购入,累计外汇净购入超过 GDP 的 2%。同时满足以上三个标准的国家就被称为"汇率操控国",满足以上两个标准的国家会被列入"监测名单"。《美国主要贸易伙伴的外汇政策报告》聚焦定量而非传统的定性分析,致力于精确地监测货币操纵行为。根据 2016~2018 年美国发布的 6 份《美国主要贸易伙伴的外汇政策报告》,美国的主要贸易伙伴均进入监测名单,其中提及中国、日本、韩国和德国各 6 次,提及瑞士 5 次,提及印度 2 次。

2019 年,美国财政部更新了三个判断"汇率操纵国"的标准,具体为:①与美国存在重大双边货物贸易顺差,超过 200 亿美元;②自身存在重大经常账户盈余,超过 GDP 的 2%;③持续单边干预外汇市场,12 个月内至少有 6 个月进行外汇净购入,累计外汇净购入超过 GDP 的 2%。虽然中国没有达到 2015 年《贸易便利化和贸易执法法案》三个标准中的两

---

① U. S. Department of the Treasury, "Macroeconomic and Foreign Exchange Policies of Major Trading Partners of the United States", https://home.treasury.gov/policy – issues/international – macroeconomic – and – foreign – exchange – policies – of – major – trading – partners – of – the – united – states.

个，但是因为中国与美国存在重大双边货物贸易顺差，美国仍然将中国纳入监测名单。2019 年 8 月 5 日，美国宣布将中国认定为"汇率操纵国"。

二 横向新议题的经济影响

作为新一代高标准区域贸易协定的重要内容之一，横向新议题针对市场经济活动中微观主体的经济行为进行了诸多规范。因此，横向新议题条款的实施将对区域贸易协定参与方的营商环境、监管环境和资源要素配置产生一定的影响。

（一）国有企业及指定垄断企业

国有企业扮演着公共产品提供者的角色，其形成和发展是经济和政治因素共同作用的结果。在基础设施、交通、能源、保险和医疗等领域，国有企业提供公共物品是纠正市场失灵的一种方式。国有企业是一国实施产业政策、进行市场干预的载体。[①] 国有企业能够维持政府的财政收入，在稳定和保障就业方面发挥重大的作用。[②] 在OECD 国家，国有企业的就业人数累计超过 600 万人，国有企业的经济体量达到近 2 万亿美元。[③] 在获取土地、资本、数据等要素方面，国有企业具有一定的优势，更容易获得政府的优惠待遇。这些优惠待遇可能导致市场资源错配和运行效率低下。[④] 国有企业的主导地位也可能挤压私人部门的经济活动空间，扭曲市场资源的配置。以银行业为例，对国有企业的贷款发放将使私人部门的企业更难获得发展所需的资本，增加了企业的融资成本。因此，

---

① Warwick, K., "Beyond Industrial Policy: Emerging Issues and New Trends", OECD Science, Technology and Industry Policy Papers, OECD Publishing, Paris, 2013, 2.

② Capobianco, A., Christiansen, H. "Competitive Neutrality and State-owned Enterprises: Challenges and Policy Options", OECD Corporate Governance Working Papers, OECD Publishing, 2011, 1.

③ Christiansen, H., "The Size and Composition of the SOE Sector in OECD Countries", OECD Corporate Governance Working Papers, OECD Publishing, 2011, 5.

④ Bartel, A. P., Harrison, A. E., "Ownership versus Environment: Disentangling the Sources of Public Sector Inefficiency", *The Review of Economics and Statistics*, 2005, 87 (1).

国有企业条款的实施将对区域贸易协定参与方产生深远的影响。

第一，有利于实现竞争中立，促进区域贸易协定参与方私人部门的发展。国有企业受到的监管制度约束更少，这在一定程度上降低了国有企业的运营成本，提升了国有企业的竞争力。然而，竞争中立状态指的是在市场经济中，任何商业主体都没有享有过度的竞争优势或竞争劣势。上述国有企业的特殊竞争优势与竞争中立原则相悖。此外，根据非歧视性待遇的原则，区域贸易协定参与方应当给予外资非歧视性待遇，国有企业不能因其所有权而获得高于私人部门竞争者的竞争优势。国有企业条款的实施有利于推动各类市场主体的公平竞争，完善市场交易，提升市场效率，促进国民经济的增长。

第二，有利于推进区域贸易协定参与方的营商环境改革，优化营商环境。营商环境改革的核心之一是营造良好的规则与制度环境，而竞争中立制度是激发市场活力的源头之一。国有企业条款的实施有利于创建公正、平等的市场竞争环境，吸引外资集聚，实现高质量"引进来"。

第三，有利于完善区域贸易协定参与方的资源要素优化配置。国有企业更容易通过国有金融机构获得低于市场利率的信贷、以低于市场价格的成本获得土地使用权、获取政府信息或数据等。取消国有企业的优惠待遇有利于打破行政边界的约束，充分发挥市场的力量，提升市场化运作水平，完善市场竞争，促进商品和要素的自由流动。

（二）中小企业

一般而言，中小企业的劳动力要素较少，缺乏熟练劳动力，获得信贷和投资的可能性较低。与大型企业相比，中小企业难以支付与国际贸易相关的运输成本和分销成本。[①] 传统的以固定成本为代表的贸易壁垒阻碍了

---

① "World Trade Report 2016：Levelling the Trading Field for SMEs"，Suisse：World Trade Organization，2016.

中小企业的进一步发展。同时，与大型企业相比，中小企业难以获得开展商业活动所需的信息，降低了参与国际市场的效率。随着新一代技术革命的兴起和全球价值链分工的深化，中小企业参与国际贸易的机遇也进一步增加。通过生产环节的任务分工，中小企业能够积极参与零部件组装、加工、销售和服务环节，融入全球价值链。以互联网为代表的跨境电子商务平台的蓬勃发展能够降低中小企业参与国际贸易的成本，有助于中小企业在线上对接全球范围内的买家和卖家，推动中小企业参与国际市场、利用国际资源。因此，让中小企业积极参与国际市场有着重大的意义。

第一，能够提升区域贸易协定参与方出口企业的生产率。在全球价值链分工的背景下，出口企业能够接触国际先进技术，在与贸易伙伴的合作中获得先进的技术知识，实现"溢出效应"和"学习效应"。面对更大的市场，出口企业能够扩大生产，实现规模经济，提升企业的生产率，形成出口与生产率的良性循环。

第二，能够提高区域贸易协定参与方的创新能力和企业竞争力。出口企业能够获得来自外国的中间产品投入，通过高质量、多样化的中间产品投入以提升自身产品的质量，通过"学习效应"激发创新活力，开展创新活动，提高企业的创新能力和竞争力。

第三，能够提升区域贸易协定参与方的就业水平。从数量上看，中小企业在国民经济中的占比高达80%～90%。在一些 OECD 国家，中小企业的数量占国民经济中企业数量的95%。[①] 中小企业参与国际市场能够实现规模经济，创造新的就业机会。尤其是在发展中国家，中小企业有利于经济社会的包容性发展。中小企业为妇女提供了参与经济活动的机会，成为妇女就业的主要选择。区域贸易协定参与方的中小企业将从贸易开放和

---

① Criscuolo, C., Gal, P. N., Menon, C. "The Dynamics of Employment Growth: New Evidence From 18 Countries", OECD Science, Technology and Industry Working Paper, 2014, 14.

宏观政策协调中获得更多参与国际市场的机会，通过国际化战略实现增长。

（三）反腐败

反腐败条款对区域贸易协定参与方的影响主要体现在市场秩序和营商环境的创建上。寻租理论认为，公职人员和企业之间的腐败行为抑制了私人投资，降低了企业生产率。区域贸易协定参与方腐败的投资环境使得跨国企业争相采取贿赂措施以赢得竞争，破坏了市场的正常运行和资源的有效配置。腐败的投资环境将对国际贸易和国际投资造成负面影响。反之，良好的法治环境和营商环境将促进贸易和投资。公平自由的市场生态和营商环境将有利于外国先进技术和优良资本等要素的流入，促进国际贸易和国际投资活动的开展，提升区域贸易协定参与方的总体效益。

第一，反腐败措施有利于提升企业生产经营和投资活动的积极性。腐败将作用于企业的投资行为，抑制私人部门的投资。① 在腐败程度较高的地区，企业可能被迫进行次优投资，导致投资效率低下。此外，腐败被视为政策不确定性的来源之一。在腐败程度较高的情况下，研发创新活动的不确定性较高，导致企业开展创新活动的积极性较低。反腐败措施促使企业从寻租行为转向生产活动和创新活动，有助于降低企业的交易成本，提高企业的投资效率，从而提高劳动生产率。

第二，反腐败措施有利于提升公司治理能力，改善营商环境。公职人员和企业之间的腐败行为容易形成不良风气，恶化公司治理体系，导致人力资本的低效配置。反腐败措施净化了市场环境，促使企业从寻求政治联系转向遵守市场规则。在宏观经济环境变化的背景下，企业将专注于提高公司治理能力，提升自身的运营效率。

第三，反腐败措施有利于国际贸易和国际投资活动的开展。已有研究

---

① Mauro, P. , "Corruption and Growth", *Quarterly Journal of Economics*, 1995, 110 (3) .

发现，腐败与外商直接投资成负向关系，与私人部门投资的失败率成正向关系，腐败降低了投资项目的运营效率。[1] 在进行投资决策之前，外国投资者将对东道国的营商环境进行深入的考察。更低的腐败程度、更高的经济自由度和政治自由度能够大大促进外商直接投资的流入。[2] 更少的政府干预和更高的透明度有利于外商直接投资和国际贸易的开展。[3]

（四）宏观经济政策和汇率问题

从历史上看，贸易协定几乎不涉及汇率这一话题。究其原因，主要有四个方面。第一，目标不同。贸易协定的目标是降低贸易壁垒和扩大贸易规模，而汇率的目标是实现贸易平衡。[4] 汇率的变化属于短期现象，而贸易协定会对参与方之间的经济关系产生长期影响。第二，决定因素不同。其中，汇率的决定因素较为广泛。货物贸易和服务贸易的规模与结构主要受本国经济基础和产业结构的影响，反映了贸易伙伴的异质性需求模式和比较优势。而汇率则反映了国际收支的总体情况，其决定因素广泛，如通货膨胀率、利率、经济增长率等。全球主要经济体的财政政策和货币政策都将对汇率变动产生影响。第三，管理部门不同。一般而言，一国的财政部和中央银行负责汇率政策，商务部负责贸易政策。在国际层面，IMF 负责汇率事务，WTO 负责贸易事务。不同主体之间的管辖范围冲突妨碍了一国对货币问题和贸易问题采取协调一致的应对措施。第四，汇率变动难以量化。市场汇率和"均衡汇率"之间的差异往往是由各种经济因素相互作用造成的，很难评估一个经济体是否操纵汇率。若一国货币偏离了

① Jiménez, A., Bjorvatn, T., "The Building Blocks of Political Risk Research: A Bibliometric Co-citation Analysis", *International Journal of Emerging Markets*, 2018, 13 (4).
② Sambharya, R. B., "Does Economic Freedom in Host Countries Lead to Increased Foreign Direct Investment?", *Competitiveness Review*, 2015, 25 (1).
③ Salman, B., "Corruption in International Business: A Review and Research Agenda", *International Business Review*, 2020, 29 (4).
④ Bergsten, C. F., Gagnon, J., "Currency Conflict and Trade Policy: A New Strategy for the United States", Washington: Peterson Institute for International Economics, 2017.

"均衡汇率",如一国实施紧缩性的财政政策和扩张性的货币政策,降低了实际利率,致使本币贬值,偏离"均衡汇率",但这并不意味着该国实施了货币操纵行为。

在当前的区域贸易协定中,汇率逐渐成为贸易谈判中的重要议题。新兴经济体的发展壮大促使世界经济格局发生重大变化,形成构筑国际秩序的新力量。以美国为代表的发达国家将汇率议题作为对贸易伙伴施压的重要手段,妄图对"操纵汇率"的贸易伙伴进行惩罚,维持自身的规则主导权和话语权。区域贸易协定中的汇率条款将对参与方的贸易和投资活动产生以下影响。第一,稳定的汇率有利于区域贸易协定参与方企业投资和出口的增长。作为不确定性的来源之一,汇率波动给参与国际贸易的企业带来了不利影响。企业对外国市场的依赖程度越高,受汇率波动的影响就越大。反之,维持汇率稳定、抑制汇率失调的措施将有利于企业参与国际市场。第二,稳定的汇率有利于外商直接投资的增长。根据实物期权理论和风险规避理论,随着汇率波动的加剧和汇率风险的增加,企业将推迟海外投资决策。汇率波动的加剧促使企业选择等待策略,导致外商直接投资减少。分行业来看,汇率波动对制造业行业的外商直接投资产生了负面影响,对金融行业的外商直接投资产生了正面影响。[①] 稳定的宏观经济环境和汇率政策将吸引外商直接投资的流入。

三 横向新议题在 WTO 框架下的体现

横向新议题的源头可以追溯到全球最早的多边贸易协定——《1947年关税与贸易总协定》[GATT(1947年)]。为了降低国际贸易中的有形壁垒和无形壁垒,促进生产要素的跨境自由流动,GATT(1947年)在国营贸易企业、中小企业和汇率等议题上达成了诸多规定,以创建公平的国

---

① Balaban, S., Živkov, D., Milenković, I., "Impact of an Unexplained Component of Real Exchange Rate Volatility on FDI: Evidence from Transition Countries", *Economic Systems*, 2019, 43 (3-4).

际贸易和投资环境，促进参与方充分利用国内和国际两个市场、两种资源。

（一）国有企业及指定垄断企业

GATT（1947 年）首次提及"国营贸易企业"的概念。GATT（1947年）第 17 条"国营贸易企业"阐述了国营贸易企业的定义以及商业考虑、非歧视和透明度原则。第一，明确了国营贸易企业的定义，即国营贸易企业是"在其有关进口或出口的购买和销售方面，享有正式或事实上的独占权或特权的企业"。第二，商业考虑和非歧视原则，即国营贸易企业在进行有关进口或出口的购买和销售时，应只根据商业考虑，参与方应保证国营贸易企业在开展商业活动时只需根据商业考虑行事。此外，参与方应对其他参与方的货物贸易给予公平合理的待遇。第三，透明度原则，即各国应将国营贸易企业有关进口或出口的购买和销售行为通知参与方全体。

在乌拉圭回合谈判期间，为了厘清国营贸易企业的相关概念，完善国营贸易企业的监督机制，GATT 成员通过了《关于解释 1994 年关税与贸易总协定第 17 条的谅解》，解释了国营贸易企业的透明度和非歧视原则。第一，重申了国营贸易企业的定义，即国营贸易企业是享有正式或事实上的独占权或特权的政府企业和非政府企业，它们能够通过实施购买或销售产品的行为影响进出口的水平或方向。第二，明确了透明度和非歧视原则的做法。为了保证国营贸易企业商业行为的透明度，该条约规定了货物贸易理事会的职责。缔约方应将国营贸易企业的商业行为通知货物贸易理事会，并提交国营贸易企业的通知，对各自的政策进行审议。第三，设立了管理机构。该条约规定在货物贸易理事会之下设立工作组，代表货物贸易理事会进行审议通知和反向通知。工作组应当审议国营贸易企业的商业活动类型以及政府与企业关系的类型。

综上所述，WTO 框架下的国营贸易企业条款强调了国营贸易企业议题的特殊性。第一，规定了国营贸易企业的定义。在 WTO 框架下，国营贸易企业的定义相对宽泛，其核心是享有独占权或特权的企业。第二，强调了国民待遇的重要性。国营贸易企业应当与私营企业一样，只根据商业考虑行事。第三，设立了流程运作的管理机构。在 WTO 框架下，货物贸易理事会和工作组负责开展与国营贸易企业相关的通知、监督和审议工作。国营贸易企业条款的设立暗示着国营贸易企业议题可能成为未来区域贸易协定谈判中的重要主题。

（二）中小企业

在全球多边层面，WTO 鼓励中小企业积极参与国际贸易与投资，在 WTO 发布的《2016 年世界贸易报告》中列举了诸多促进措施，包括降低中小企业参与国际贸易的成本、提升出口市场的信息透明度、为中小企业提供力所能及的协助等。①

第一，降低中小企业参与国际贸易的成本。《技术性贸易壁垒协议》（TBT）第 2 条"中央政府机构制定、采用和实施的技术法规"规定，技术法规对贸易的限制不得超过为实现合法目标所必需的限度。它鼓励成员在适当的情况下使用国际标准。《实施卫生与植物卫生措施协定》（SPS）第 3 条"协调一致"规定，各成员的动植物检疫措施应以国际标准、指南或建议为依据。如果没有 TBT 和 SPS，各自政府在技术法规和检疫措施上将拥有更大的自由裁量权，为了遵守不同国家的标准，中小企业不得不增加贸易成本，这无形中阻碍了中小企业的国际贸易。

第二，提升出口市场的信息透明度。TBT 第 10 条"关于技术法规、标准和合格评定程序的信息"以及 SPS 附件 B"卫生与植物卫生法规的透明度"规定，每一成员应设立咨询点，回答其他成员针对领土内已采用

---

① "World Trade Report 2016: Levelling the Trading Field for SMEs", Suisse: World Trade Organization, 2016.

或提议的技术法规、卫生与植物卫生法规的合理询问。此外,《贸易便利化协定》(TFA)第 1 章"信息的发布和提供"规定,成员应当建立问询点,以回答政府、贸易商和其他利益相关方对其他条款涵盖事项的合理问询。问询点还应当提供办理过境手续所需的表格和文件。问询点逐渐成为出口市场的信息存储库,越来越多的中小企业通过问询点获取出口市场的准入信息。

第三,为中小企业提供力所能及的协助。《反倾销协定》(ADA)第 6 条"证据"和《补贴与反补贴措施协定》(SCM)第 12 条"证据"规定,缔约方当局应适当考虑有关各方在信息获取方面遇到的困难,特别是中小企业,并为其提供协助。《政府采购协定》(GPA)第 22 条"最终条款"规定,政府采购委员会应当就中小企业的待遇问题成立专题工作组,并形成一系列的工作方案。这些工作方案将协助和促进中小企业参与政府采购,推动私人部门供应商进入国外的政府采购市场。

(三)反腐败

在区域贸易协定中纳入反腐败议题,有利于促进国际贸易领域中的良好治理和透明度规范。2000 年,联合国大会通过了《联合国打击跨国有组织犯罪公约》,在打击跨国有组织犯罪方面提供了有效的工具和必要的法律框架。但是,《联合国打击跨国有组织犯罪公约》未明确将跨国腐败认定为刑事犯罪。2003 年,联合国大会通过了《联合国反腐败公约》,成为迄今为止在全球层面处理腐败问题最具影响力的公约。《联合国反腐败公约》规定,参与方应当将直接或间接向外国公职人员或国际组织公职人员贿赂的行为定为刑事犯罪;参与方应当通过法律法规将外国公职人员或国际组织公职人员索贿或受贿的行为定为刑事犯罪。《联合国反腐败公约》共有 71 个条款,涵盖预防措施、定罪和执法、国际合作、资产的追回、技术援助和信息交流等主要领域,针对反腐败的实体和程序方面做出了全面规定。《联合国反腐败公约》缔约方囊括了大部分联合国会员国。

在国际贸易与投资领域，WTO 尚未建立针对国际贸易中腐败问题的实质性规则，处理腐败问题的能力有限，主要原因在于 WTO 在处理国际贸易中的腐败问题时面临以下三个主要障碍。①② 第一，成员"不禁止贿赂"难以被认定为违法行为。第二，WTO 争端解决机构只允许成员起诉其他成员，个人和企业既不能进行投诉，也不能直接受到惩罚。第三，WTO 的工作人员是精通国际经济法的专家，而不一定是金融犯罪调查方面的专家，这对 WTO 裁决跨国贿赂的能力提出了挑战。

（四）宏观经济政策和汇率问题

在国际金融领域，《国际货币基金组织协定》和 GATT（1947 年）对各成员的货币政策和外汇政策展开了纲领性指导与阐述。GATT（1947 年）第 15 条"外汇安排"规定，各国不应当通过汇率行动或贸易行为违反其宗旨。这意味着各国不应当通过操纵汇率来弥补关税和其他贸易壁垒的降低对本国经济的冲击。《国际货币基金组织协定》第 4 条"关于外汇安排的义务"规定，各成员承诺与国际货币基金组织和其他成员合作，实施有序的汇率安排，并维持稳定的汇率制度。成员有义务避免操纵汇率或国际货币体系，以防止有效的国际收支调整，或获得对其他成员不公平的竞争优势。国际货币基金组织应对成员的外汇政策进行监督，并在特定情况下指导成员制定外汇政策。各成员应向国际货币基金组织提供监督所需的信息，并应国际货币基金组织的要求，就其汇率政策与国际货币基金组织协商。

2007 年，国际货币基金组织更新了《国际货币基金组织协定》，发布

---

① The Global Anticorruption Blog, "Should the WTO Outlaw Transnational Bribery", https：//globalanticorruptionblog. com/2014/07/18/should－the－wto－outlaw－transnational－bribery/.

② The Global Anticorruption Blog, "How the WTO's Trade Facilitation Agreement May Reduce Bribery", https：//globalanticorruptionblog. com/2014/08/04/how－the－wtos－trade－facilitiation－agreement－may－reduce－bribery/.

了对成员政策的双边监督执董会决议，主要规定了四个方面的内容。第一，成员应避免为阻止有效的国际收支调整或取得对其他成员不公平的竞争优势而操纵汇率或国际货币体系。具体而言，操纵汇率是指实施影响汇率水平并且实际影响了汇率水平的政策。操纵可能造成汇率变动，也可能造成汇率稳定。对于操纵汇率的某个成员，只有在货币基金组织认定这种操纵行为是为了造成汇率被低估的根本性汇率失调并且其目的在于扩大净出口时，成员才会被认定为为获得对其他成员不公平的竞争优势而操纵汇率。第二，成员在必要时应干预外汇市场，以应对失序状况，如应对本币汇率破坏性的短期变动等。第三，成员在采取干预政策时应考虑其他成员的利益。第四，成员应避免采用导致外部不稳定的汇率政策。

第二节 《美墨加协定》横向新议题的文本分析

USMCA 的横向新议题主要规定了宏观层面和微观层面的边境内举措，涉及第 22 章"国有企业及指定垄断企业"、第 25 章"中小企业"、第 27 章"反腐败"和第 33 章"宏观经济政策和汇率问题"共四章的范畴，总共涵盖 39 个条款和 6 个附件，囊括了 40 页正文和 9 页附录。"国有企业及指定垄断企业""中小企业""反腐败"章节均在很大程度上借鉴了 TPP 的内容，"宏观经济政策和汇率问题"章节则借鉴了《跨太平洋伙伴关系国家宏观经济政策主管部门的联合声明》的内容。

一 国有企业及指定垄断企业

USMCA 第 22 章"国有企业及指定垄断企业"由 15 个条款和 6 个附件构成。条款内容包括定义、范围、委托权、非歧视待遇和商业考虑、法院和行政机构、非商业援助、不利影响、损害、特定缔约方附件、透明度、技术合作、国有企业和指定垄断委员会、例外、进一步谈判、信息形成过程共 15 个方面。附件主要阐述了国有企业年度收入门槛金额的计算、国有企业及指定垄断企业的信息形成过程、监督谈判的具体规定等内容。

22.1 条款：定义

该章规定了国有企业的定义。USMCA 规定，如果缔约方在企业中直接拥有 50% 以上的股份资本，或者通过拥有者权益控制 50% 以上投票权的行使，或者拥有任命大多数董事会或其他同等管理机构成员的权力，那么该企业就被认定为国有企业。此外，缔约方拥有所有权控制（包括间接或少数股权）的企业也被称作国有企业。具体而言，在确定缔约方是否拥有这种权力时，应根据具体情况考虑所有相关的法律和事实要素。拥有所有权控制的要素包括指导商业运作的权力，如主要支出或投资、发行股本或重大债务以及企业重组、合并或解散等。此外，在附件 22 - A 中，过去连续 3 个财政年度中任何一年从事商业活动的年收入指标由 TPP 中规定的 2 亿特别提款权下调至 1.75 亿特别提款权。由此可见，USMCA 在传统所有权量化指标的基础上扩展了国有企业的界定，扩大了国有企业的范围。

22.2 条款：范围

该章规定了国有企业条款的适用范围。该条款适用于缔约方的国有企业及指定垄断企业对自由贸易区内缔约方之间贸易或投资产生影响的活动。该条款也适用于对非缔约方市场造成不利影响的缔约方的国有企业的活动。

22.3 条款：委托权

该章规定了国有企业条款的委托权。缔约方应保证，在其国有企业及指定垄断企业行使该缔约方已指示或授予此类实体的任何监管、行政或其他政府职权时，这些实体以与该缔约方在本协定项下的义务不相抵触的方式行事。

22.4 条款：非歧视待遇和商业考虑

该章强调了非歧视待遇和商业考虑。"商业活动"是指企业所从事的以营利为导向的活动，通过此类活动所生产的货物或所提供的服务将按该企业确定的数量和价格在相关市场上向消费者进行销售。"商业考虑"是指价格、质量、可获性、适销性、运输及其他购买或销售的条款和条件，以及相关行业或产业的私营企业在商业决策中通常考虑的其他因素。缔约方应保证其每一国有企业在从事商业活动以及购买或销售货物和服务时依照商业考虑行事。

22.5 条款：法院和行政机构

该章规定了管辖权的行使。缔约方应保证给予其法院——基于在其领土内从事的商业活动——针对由外国拥有或通过所有者权益控制的企业提起民事诉讼的管辖权。此条款不得解释为要求缔约方提供对此类诉讼的管辖权，即使该缔约方并未给予其法院针对并非由外国拥有或通过所有者权益控制的企业提起的类似诉讼的管辖权。缔约方应保证，该缔约方设立或维持的监管国有企业的任何行政机构以公正的方式对其所监管的企业——包括非国有企业行使其监管自由裁量权。

22.6 条款：非商业援助

该章扩展了非商业援助的禁止范围，深化了非商业援助条款。主要包括以下几个方面：第一，缔约方的国有企业禁止向无资信保障的国有企业提供贷款或贷款担保；第二，缔约方或缔约方的国有企业禁止向无力偿债或无可靠重组计划的国有企业提供非商业援助；第三，在不符合私人投资者投资惯例的情况下，缔约方或缔约方的国有企业禁止将濒临破产的国有企业尚未偿还的债务转为权益。此外，缔约方不得直接或间接向国有企业提供上述非商业援助。

22.7 条款：不利影响

该章规定，缔约方不得通过向其国内的国有企业提供非商业援助来损害其他缔约方的利益。非商业援助造成的不利影响包括以下五个方面：第一，获得非商业援助的国有企业的产品取代向其他缔约方进口的同类产品，或其他缔约方投资企业的同类产品；第二，获得非商业援助的国有企业的产品取代在另一缔约方领土内投资的企业生产和销售的同类产品；第三，获得非商业援助的国有企业的产品导致市场上同类产品价格大幅下降；第四，获得非商业援助的国有企业提供的服务取代其他缔约方其他企业提供的服务；第五，获得非商业援助的国有企业提供的服务导致市场上同类服务的价格大幅下降。

22.8 条款：损害

该章定义了非商业援助带来的"损害"。具体而言，"损害"是指对国内产业的实质性损害、对国内产业实质性损害的威胁或对该产业造成的实质性阻碍。损害的证据包括获得非商业援助的投资的产量、对国内同类产品价格的影响，以及对生产同类产品的国内产业的影响。判断损害的要点是证明企业生产和销售的产品与国内产业损害之间存在因果关系，即损害是由非商业援助造成的。

22.9 条款：特定缔约方附件

缔约方附件新增了针对墨西哥的"国家生产企业"的豁免条款，对其给予了一定程度的豁免。此外，墨西哥或其国有企业可向主要从事石油和天然气活动的"国家生产企业"提供非商业援助。

22.10 条款：透明度

该章规定，缔约方应当公开其国有企业名单，且应保证每年更新此名单。缔约方应当公开提供对垄断的指定或对现有垄断范围的扩大及其指定所含条件。根据其他缔约方的书面请求，缔约方应当公布国有企业的管理层信息、财务信息，以及政府向国有企业提供的各种形式的非商业援助等信息。根据其他缔约方的书面请求，缔约方还应提供其采用或维持的政策或计划的信息及其对缔约方之间贸易和投资的影响或潜在影响所做的评估。此外，该章规定，当缔约方根据本条款对书面请求所提供的信息做出响应，并通知请求方其认为某些信息是保密信息时，该缔约方应对其判定提供合理的解释。在法律允许的最大范围内，缔约方不应将非商业援助或与权益资本相关的财务捐助金额视为机密。

22.11 条款：技术合作

该章规定，缔约方应当参与技术合作活动。这些技术合作活动主要有：交流有关缔约方改善国有企业公司治理和运作经验的信息；分享政策方法的最佳实践以确保国有企业和私营企业之间的公平竞争环境，包括与竞争中立有关的政策；组织国际研讨会、工作组会议或任何其他适当的论坛，以分享与国有企业治理和运作有关的技术信息及专业知识。

22.12 条款：国有企业和指定垄断委员会

该章规定，应当设立由各缔约方政府代表组成的国有企业和指定垄断委员会，审议并考虑该章的运用和实施情况，就该章涉及的事项进行磋商，并努力开展合作。国有企业和指定垄断委员会每年应至少举行一次会议。

22.13 条款：例外

该章规定了应用国有企业条款的一些例外情形。该章的某些条款不适用于根据政府授权提供金融服务的国有企业等。

22.14 条款：进一步谈判

该章规定，自协定生效之日起 6 个月内，各缔约方应开展进一步谈判，以依照附件 22－C 扩大该章纪律的适用范围。

22.15 条款：信息形成过程

该章规定了国有企业及指定垄断企业的信息形成过程，具体条款罗列在附件 22－B 中。

22.16 条款：附件

该章的附件分别对国有企业年度收入门槛金额的计算、国有企业及指定垄断企业的信息形成过程、进一步谈判、对次中央国有企业及指定垄断企业的适用、"国家生产企业"的特殊目的载体、对某些"国家生产企业"的非商业援助做了详细规定。

国有企业年度收入门槛金额的计算。在附件 22－A 中，该章以排除界定的方法将过去连续 3 个财政年度中任何一年从事商业活动的年收入在 1.75 亿特别提款权以下的国有企业及指定垄断企业排除在适用范围之外。

国有企业及指定垄断企业的信息形成过程。附件 22 - B 指出，由非歧视待遇和商业考虑以及非商业援助引起的投诉，可以按照"争端解决"章节的条款，通过缔约方之间专家组的问与答开展沟通合作。

进一步谈判。附件 22 - C 指出，应扩大条款的适用范围，将由中央以下级别的政府拥有或控制的国有企业及指定垄断企业的活动纳入实施条款的范畴，并将国有企业提供的服务在非缔约方市场中造成的影响纳入实施条款的范畴。缔约方应每季度举行一次会议，并应努力在协定生效后 3 年内完成进一步谈判。

对次中央国有企业及指定垄断企业的适用。附件 22 - D 指出，该章的一些条款不得适用于由次中央政府（缔约方的区域和地方级别的政府）拥有或控制的国有企业以及由次中央政府指定的垄断企业。

"国家生产企业"的特殊目的载体。附件 22 - E 规定了针对墨西哥"国家生产企业"的豁免条款，对其给予了一定程度的豁免。

对某些"国家生产企业"的非商业援助。附件 22 - F 指出，墨西哥或其国有企业可向主要从事石油和天然气活动的"国家生产企业"提供非商业援助。

二　中小企业

USMCA 将中小企业议题单独成章，凸显了缔约方对中小企业议题的重视。第 25 章"中小企业"由 7 个条款构成，主要规定了总则、加强合作以增加中小企业的贸易和投资机会、信息共享、中小企业委员会、中小企业对话、其他章节中有利于中小企业的义务、争端解决的不适用等内容。

25.1 条款：总则

在总则中，缔约方声明中小企业在维持一国经济活力和竞争力方面的基础性作用，并致力于促进缔约方中小企业之间的密切合作，以促进中小企业的就业和增长。缔约方意识到私人部门在中小企业条款中发挥着不可或缺的作用。

25.2 条款：加强合作以增加中小企业的贸易和投资机会

该章规定，缔约方应当加强各方境内的中小企业孵化器、加速器、出口援助中心等组织的合作，促进包括弱势群体在内的中小企业开展国际贸易，拓展中小企业获得资本和信贷的渠道，鼓励中小企业利用网络平台，协助中小企业参与国际市场。

25.3 条款：信息共享

缔约方应当建立信息共享网站，公开协议文本、摘要并增加对中小企业相关条款的解释，向有意在缔约方境内从事贸易、投资业务的个人或企业提供有用信息。这些信息包括海关法规和程序，标准、技术法规和合格评定程序，以及与进出口有关的卫生和植物卫生措施、外国投资法规、企业注册程序、贸易促进计划、竞争力计划、中小企业融资计划、就业规定、税收信息、与商务人员临时入境有关的信息和政府采购机会等。

25.4 条款：中小企业委员会

该章规定，中小企业委员会应当与其他委员会、工作组和附属机构等部门合作，鼓励其他组织将与中小企业相关的活动纳入工作中。中小企业委员会应当审查与中小企业相关条款的实施和运作，每年提交工作报告，并对未来的工作提出建议。

25.5 条款：中小企业对话

该章规定，中小企业委员会应当每年组织召开三方中小企业对话，邀请私营企业、员工、非政府组织、学术专家、弱势群体等参与交流，就协定的实施与完善向政府提供反馈和建议，确保中小企业从 USMCA 中持续受益。

25.6 条款：其他章节中有利于中小企业的义务

该章重申了 USMCA 其他 10 个章节中有利于中小企业发展的缔约方

义务，以增加中小企业参与国际贸易和投资的机会。

25.7 条款：争端解决的不适用

该章规定，缔约方不得就该章涉及的任何事项援用"争端解决"章节的条款。

三 反腐败

USMCA 首次将反腐败议题从透明度议题中分离出来并单独成章，更深入地发展了反腐败条款，凸显了缔约方对反腐败议题的重视程度。第27章"反腐败"由9个条款构成，涵盖定义、范围、打击腐败的措施、促进公职人员廉正、私营部门和社会公众的参与、反腐败法律的适用和执行、与其他协定的关系、争端解决、合作协调等内容。

27.1 条款：定义

该章明确了"关于履行公务的作为或不作为"的含义，包括公职人员职务使用等方面。"公职人员"的定义包括以下三个方面：第一，公职人员是指担任缔约方立法、行政、行政管理或司法职务的个人，无论是经任命还是经选举、无论是长期还是临时、无论是有报酬还是无报酬，且与该人的资历无关；第二，公职人员是指按缔约方法律所定义的并在该缔约方法律相关领域内适用的，为该缔约方履行一项公共职能，包括公共机构或公共企业，或提供一项公共服务的个人；第三，公职人员是指由缔约方法律定义为公职人员的个人。

27.2 条款：范围

该章更新了缔约方应当遵守的国际反腐败公约。具体而言，缔约方应当遵守以《二十国集团组织反腐败高级原则》《二十国集团反腐败与经济增长高级原则》《二十国集团执行外国贿赂犯罪指导原则》《二十国集团打击贿赂原则》《二十国集团腐败法人责任高级原则》《亚太经合组织预防贿赂和反贿赂法律执行准则》《亚太经合组织商业行为准则：私营部门商业诚信与透明度准则》《亚太经合组织高效率公司合规项目基本要素》

《二十国集团私营部门透明度和诚信度高级原则》为代表的一系列国际公约。

27.3 条款：打击腐败的措施

该章阐述了腐败行为的内涵。腐败行为的定义包括以下四个方面：第一，直接或间接向公职人员许诺给予、提议给予或实际给予该公职人员或其他个人或实体不当利益，使该公职人员在履行或执行公务方面故意作为或不作为；第二，公职人员为自身或其他个人或实体直接或间接索取或收受不当利益，使该公职人员在履行或执行公务方面故意作为或不作为；第三，直接或间接向外国公职人员或公共国际组织的官员许诺给予、提议给予或实际给予该公职人员或其他人或实体不当利益，使该公职人员或官员在履行或执行公务时作为或不作为，以便在开展国际业务方面获得或保留商业或其他不当利益；第四，协助或教唆或共谋的行为也应当被认定为腐败行为。此外，任何公职人员为自身、他人或实体的利益侵占、盗用或者转移公共或私人资金和证券财产的行为也应当被视为刑事犯罪。

该章还设置了针对疏通费的条款。该章指出，缔约方不应当鼓励企业使用疏通费。

27.4 条款：促进公职人员廉正

该章阐述了促进公职人员廉正的举措。为打击影响贸易和投资事项中的腐败，缔约方应鼓励其公职人员保有廉正、诚实和责任心。这些举措包括以下四个方面：第一，按照适当程序选拔和培训公职人员；第二，提高公职人员在履行公共职责过程中的行为透明度；第三，制定公职人员面对与自身相关的实际利益或潜在利益的回避政策和程序；第四，要求高级人员和其他公职人员就可能导致与其作为公职人员的职能产生利益冲突的外部活动、雇用、投资、资产、贵重礼物或利益向适当的主管机关进行申报。

27.5 条款：私营部门和社会公众的参与

反腐败行动需要社会各界的积极参与。缔约方应采取措施，促进企业、民间团体、非政府组织和社区组织等群体积极参与，具体包括以下几个方面：第一，缔约方应当开展对腐败零容忍的新闻活动和公共教育项目；第二，缔约方应当采取或维持措施，激励专业协会和其他非政府组织支持和帮助中小企业制订内部控制、道德和合规计划，以监测并预防国际贸易和投资中的腐败行为；第三，缔约方应当鼓励公司管理层在公司年度报告中披露其内部控制、道德和合规计划或措施；第四，缔约方应当采取措施促进和保护对反腐败有关信息的发布和传播。缔约方应当加强中小企业内控制度建设，并意识到企业内部合规计划对打击腐败的意义。同时，缔约方应鼓励企业根据其规模、法律结构及经营部门情况，制订合规方案，建立内部监控体系，以预防和监管腐败行为。

27.6 条款：反腐败法律的适用和执行

缔约方不得以鼓励贸易和投资为由，通过持续或反复的作为或不作为而未能有效实施打击腐败的措施。缔约方应当保留其执法、检察和司法机关在行使反腐败法律执行方面的自由裁量权。缔约方应当确认其在适用的国际协定或安排项下相互合作的承诺，在符合各自法律和行政制度的前提下，增强执法行动的有效性。

27.7 条款：与其他协定的关系

该章不得影响缔约方在以下公约项下的权利和义务：《联合国反腐败公约》《联合国打击跨国有组织犯罪公约》《关于打击国际商业交易中行贿外国公职人员行为的公约》《美洲反腐败公约》。

27.8 条款：争端解决

缔约方应确保政府当局人员或其指定人员参与协商和讨论，以解决争议中的反腐败问题。该章规定，参与协商和讨论的专家应拥有关于反腐败领域的专业知识。

27.9 条款：合作协调

缔约方声明了反腐败执法机构之间合作的重要性，决定加强反腐败执法机构之间的跨境合作、协调与信息交流，以有效监测腐败行为。具体而言，缔约方的反腐败执法机构应当开展技术合作项目，或者与 OECD 国际商业交易贿赂工作组、APEC 反腐败和透明度工作组以及 G20 反腐败工作组开展合作，共同预防和打击腐败行为。

综上所述，USMCA 首次将反腐败议题单独成章，更新了缔约方应当遵守的国际反腐败公约，扩展了腐败行为的范围，将反腐败议题提升到新的高度，为精准预防和打击反腐败行为提供了准则。

四 宏观经济政策和汇率问题

USMCA 是第一个将汇率议题纳入条款的贸易协定。第 33 章 "宏观经济政策和汇率问题" 首次将汇率议题单独成章，包括 88 个条款，主要规定了释义、一般条款、适用范围、汇率惯例、透明度和报告、宏观经济委员会、主要代表磋商、争端解决等内容。与 TPP 不同，该章包含在 USMCA 的核心文本中。

33.1 条款：释义

该章明确了主要术语的概念。其中，"竞争性贬值" 是指一方的汇率当局为阻碍有效的国际收支调整或在与另一方的贸易中获得不公平的竞争优势而采取的行动。

33.2 条款：一般条款

缔约方重申市场决定的汇率制度是保证宏观经济强劲、可持续增长的基础。缔约方意识到该区域宏观经济稳定对本协定成功的重要性，强有力的经济基础和健全的政策有助于实现强劲的、可持续的增长和投资，对宏观经济稳定至关重要。缔约方应当提高政策的透明度，避免实施可能导致外部失衡的政策。

33.3 条款：适用范围

该章规定了不适用于货币当局的监督活动或相关信贷政策。

33.4 条款：汇率惯例

缔约方意识到其受《国际货币基金组织协定》条款的约束，以避免操纵汇率或国际货币体系、妨碍有效的国际收支调整或获得不公平的竞争优势。缔约方应实现并维持市场决定的汇率制度；避免竞争性贬值，包括干预外汇市场；巩固潜在的经济基础，强化宏观经济和汇率稳定的条件。当缔约方对另一缔约方的货币进行了干预，应立即通知另一缔约方，并在需要时进行讨论。

33.5 条款：透明度和报告

缔约方应当强化履行透明度和报告的义务。该章提高了履行透明度和报告的频率，要求缔约方公开披露外汇市场干预的月度数据。

33.6 条款：宏观经济委员会

缔约方应当强化多边对话会议制度。在多边对话会议制度的基础上，缔约方应当建立宏观经济委员会制度，每年至少召开一次会议，探讨各方的宏观经济政策、汇率政策及其对国内和国际经济的影响。

33.7 条款：主要代表磋商

缔约方应当建立主要代表磋商机制。当缔约方的政策和措施被另一缔约方视为与竞争性贬值相关时，另一缔约方可以启动主要代表磋商机制。

33.8 条款：争端解决

缔约方应当实施争端解决机制。当缔约方未能履行透明度和报告的义务时，另一缔约方有权成立专家组，将问题诉诸争端解决机制。

综上所述，USMCA 是首次将汇率议题纳入条款的贸易协定，体现了缔约方对汇率议题的重视。就其实质性影响而言，鉴于 USMCA 的缔约方——加拿大、墨西哥都是美国的贸易逆差国，不符合美国对汇率操纵国的定义，因此对两国实施该章条款的可能性较小。

第三节　《美墨加协定》横向新议题的比较分析

USMCA 中的横向新议题沿袭了 NAFTA、TPP 和 KORUS FTA 中关于竞争政策和透明度议题的内容，并且参考和借鉴了 TPP 中关于宏观经济政策和汇率问题议题的内容。以下将通过对 USMCA 与 NAFTA、TPP 和 KORUS FTA 等其他贸易协定的比较分析，归纳 USMCA 中横向新议题条款的历史沿革和发展历程，研判区域贸易协定中横向新议题的发展趋势。

一　《美墨加协定》横向新议题与其他贸易协定的相同点

作为新一代高标准区域贸易协定的集大成者，USMCA 的横向新议题在一定程度上参考了 NAFTA、TPP 和 KORUS FTA 的内容，与这些协定存在诸多相同之处。

（一）国有企业及指定垄断企业

NAFTA 首次将国有企业议题纳入区域贸易协定的范畴，其第 15 章"竞争政策、垄断和国有企业"主要规定了竞争法、垄断和国有企业、国有企业、成立贸易和竞争政策工作组、特定国家对国有企业的定义共 5 个方面的内容。TPP 延续了国有企业议题的相关条款，其第 17 章"国有企业及指定垄断企业"主要规定了定义、范围、委托权、非歧视待遇和商业考虑、法院和行政机构、非商业援助、不利影响、损害、特定缔约方附件、透明度、技术合作、国有企业和指定垄断委员会、例外、进一步谈判、信息形成过程共 15 个方面的内容。在 USMCA 中，第 22 章"国有企业及指定垄断企业"同样规定了定义、范围、委托权、非歧视待遇和商业考虑、法院和行政机构、非商业援助、不利影响、损害、特定缔约方附件、透明度、技术合作、国有企业和指定垄断委员会、例外、进一步谈判、信息形成过程共 15 个方面的内容。

USMCA 与 NAFTA、TPP 的相同点在于以下几个方面。第一，都对国有企业的内涵进行了界定。在 USMCA、NAFTA 和 TPP 中，政府拥有所有权或控制权的企业都被认定为国有企业。第二，都强调了国民待遇的重要性。USMCA 与 NAFTA、TPP 都规定，区域贸易协定参与方应当在其国有企业销售商品或服务的过程中，对来自其他参与方的投资给予非歧视性待遇。第三，都提出设立监督和审议的管理机构。USMCA 与 NAFTA、TPP 都规定，应当设立由各区域贸易协定参与方代表组成的工作组或委员会，审议并考虑竞争政策的运用和实施情况。第四，都对区域贸易协定参与方的特定企业给予了豁免。USMCA 与 NAFTA、TPP 都对参与方的部分企业给予了一定程度上的豁免。

（二）中小企业

随着中小企业在国际贸易和投资领域发挥的作用日益重要，中小企业议题也成为区域贸易协定中的重要议题之一。USMCA、TPP 和 KORUS FTA 都设定了助力中小企业参与国际市场的条款。TPP 将中小企业议题单独成章，其第 24 章"中小企业"主要涵盖信息共享、中小企业委员会、争端解决的不适用共 3 个方面的内容。KORUS FTA 未在正文文本中提及中小企业条款，而是在双方的交换信件文本中提及，包括建立中小企业工作组以履行对中小企业的职责。USMCA 同样将中小企业议题单独成章，凸显了参与方对中小企业议题的重视程度。其第 25 章"中小企业"主要规定了总则、加强合作以增加中小企业的贸易和投资机会、信息共享、中小企业委员会、中小企业对话、其他章节中有利于中小企业的义务、争端解决的不适用共 7 个方面的内容。

USMCA、TPP 和 KORUS FTA 的相同点在于以下几个方面。第一，都强调了中小企业在经济增长中的重要作用。USMCA、TPP 和 KORUS FTA 都指出，区域贸易协定参与方意识到中小企业在经济增长中的重要作用，并决定加强合作，以更有效地解决有关中小企业的问题。第二，都提出建立中小企业工作组或委员会的主张。USMCA、TPP 和 KORUS FTA 都规定,区域贸易协定参与方应当建立由双方政府代表组成的中小企业工作组或委员会,讨论、交流协助中小企业出口商的经验与做法,挖掘中小企业获得更大商业机会的新途径,并制订相应的促进方案,助力中小企业有效参与并融入全球供应链。第三,都明确了中小企业工作组或委员会的日程安排。USMCA、TPP 和 KORUS FTA 都规定,中小企业工作组或委员会应当每年举行一次会议。

（三）反腐败

USMCA 的反腐败条款源自 TPP 和 KORUS FTA 中关于透明度和反腐败的内容,致力于为区域贸易协定参与方创建法治透明的市场环境。TPP没有将反腐败议题单独成章,而是将反腐败议题包含在透明度议题当中。TPP 第 26 章"透明度与反腐败"的第 3 部分"反腐败"规定,参与方应当在法律层面、行政层面和社会风气层面采取反腐败措施。反腐败条款主要包括范围、打击腐败的措施、促进公职人员廉正、反腐败法律的适用和执行、私营部门和社会的参与、与其他协定的关系、争端解决共 7 个方面的内容。KORUS FTA 在"透明度"章节提及了反腐败条款。其第 21 章"透明度"的第 6 条"反腐败"条款主要包括 5 个方面的规定。USMCA首次将反腐败议题从透明度议题中分离出来并单独成章。USMCA 第 27 章"反腐败"主要涵盖定义、范围、打击腐败的措施、促进公职人员廉正、私营部门和社会公众的参与、反腐败法律的适用和执行、与其他协定的关系、争端解决、合作协调等内容。

USMCA、TPP 和 KORUS FTA 的相同点在于以下几个方面。第一,都提出了反腐败工作的目标。USMCA、TPP 和 KORUS FTA 都承诺消除国际贸易和投资中的贿赂和腐败行为。第二,都对腐败行为进行了界定。USMCA、TPP 和 KORUS FTA 都规定,公职人员接受他人或他人向公职人员提供的恩惠、承诺或利益,以换取其在履行公务时的作为或不作为,获得在开展国际业务时的不当利益应当被认定为腐败行为。协助、教唆或串谋实施犯罪的行为也应当被认定为犯罪。第三，都采取适当的刑事措施来处罚腐败行为。USMCA、TPP 和 KORUS FTA 都规定，腐败行为应当被认定为刑事犯罪，并采取相应的处罚措施。第四，都提出加强国际层面的反腐败合作。USMCA、TPP 和 KORUS FTA 都规定，区域贸易协定的参与方应当举办以反腐败为主题的国际论坛，加强在国际层面的经验交流与合作。

（四）宏观经济政策和汇率问题

USMCA 的宏观经济政策和汇率问题条款源自 TPP 和 KORUS FTA 中关于竞争性贬值和货币操纵的内容，旨在维持区域贸易协定参与方汇率体系的透明和稳定。TPP 中的宏观经济政策和汇率问题没有单独成章，而是体现在其附带协议《跨太平洋伙伴关系国家宏观经济政策主管部门的联合声明》中，相关条款主要包括释义、汇率政策、透明度和报告、宏观经济政策咨询、独立专家、其他条款共 6 个方面的内容。KORUS FTA 也提及了汇率问题，主要在美国财政部和韩国战略与财政部签订的谅解备忘录中体现。① USMCA 是第一个将货币操纵议题纳入条款的贸易协定。USMCA 第 33 章"宏观经济政策和汇率问题"首次将货币操纵议题单独成章，在 TPP 的基础上更深入地发展了货币操纵条款，主要规定了释义、一般条款、适用范围、汇率惯例、透明度和报告、宏观经济委员会、主要代表磋商、争端解决共 8 个方面的内容。

USMCA、TPP 和 KORUS FTA 的相同点在于以下几个方面。第一，都声明避免竞争性贬值和货币操纵的政策承诺。USMCA、TPP 和 KORUS FTA 都规定，区域贸易协定的参与方应当避免干预外汇市场导致竞争性贬值，维持宏观经济和汇率的稳定，创建公平竞争的贸易和投资环境。第

---

① "New U. S. Trade Policy and National Security Outcomes with the Republic of Korea", https：//ustr. gov/about - us/policy - offices/press - office/fact - sheets/2018/march/new - us - trade - policy - and - national.

二，都强调汇率政策的透明度。USMCA、TPP 和 KORUS FTA 都规定，区域贸易协定的参与方应当维持市场决定的汇率制度，提高汇率政策的透明度。

二 《美墨加协定》横向新议题与其他贸易协定的不同点

随着全球价值链分工体系的不断深化和生产要素在全球范围内的优化配置，国际经贸规则中的新议题不断涌现，传统区域贸易协定中的条款亟须跟随时代的变迁进行充实和完善。USMCA 在 NAFTA、TPP 和 KORUS FTA 的基础上进一步发展了横向新议题的内容，以应对国际经贸格局演变的趋势。鉴于横向新议题中不同议题的差异性较大，以下将逐一针对横向新议题中的四项议题与 NAFTA、TPP 和 KORUS FTA 进行比较。基于已有的主要贸易协定，USMCA 将横向新议题的各个条款进行丰富和细化，并增加了更具体、更严格、可操作性更强的规定。

（一）国有企业及指定垄断企业

USMCA 针对国有企业及指定垄断企业议题规定了 15 个条款，将国有企业及指定垄断企业议题单独成章，将国有企业及指定垄断企业条款体系化，标志着国有企业及指定垄断企业条款在制度上的成熟。[1] 相比之下，NAFTA 针对该议题仅规定了 5 个条款。USMCA 对国有企业及指定垄断企业条款的体系化主要体现在以下六个方面。

第一，USMCA 量化了对国有企业的界定，拓展了国有企业的范围。USMCA 在 TPP 的基础上拓展了对国有企业的界定。TPP 中的国有企业以股权、投票权和任命权三类权利来界定。对国有企业的定义是政府直接或间接拥有超过 50% 的股份资本、直接或间接拥有超过 50% 的投票权、有权任命董事会或其他同等管理机构过半数成员的企业。在 TPP 附件 17 – A

---

① 唐宜红、姚曦：《混合所有制与竞争中立规则——TPP 对我国国有企业改革的挑战与启示》，《人民论坛·学术前沿》2015 年第 23 期。

中，以排除界定的方法将过去连续 3 个财政年度中任何一年从事商业活动的年收入在 2 亿特别提款权以下的国有企业及指定垄断企业排除在适用范围之外。① 在 TPP 附件 17 – D 中，各国次中央国有企业及指定垄断企业被排除在外。USMCA 增加了对国有企业的第四类界定，将范围扩大到拥有所有权控制的企业。此外，USMCA 在 TPP 的基础上对国有企业的年收入指标进行了量化，表明规制的重点仍是规模较大的国有企业。

第二，USMCA 深化了非商业援助条款。USMCA 在 NAFTA 的基础上规定了非商业援助条款、不利影响条款和损害条款。USMCA 规定，缔约方不得通过向其国有企业提供非商业援助，而对其他缔约方的利益造成不利影响，或损害其他缔约方的国内产业。其中，不利影响包括显著抑制另一缔约方的产品市场价格，以及使另一缔约方同类产品的相对市场份额发生重大变化；而产业损害则包括造成其他缔约方国内产业的产出、销量、市场份额、利润等指标的潜在下降，对产业的生产能力造成实质性的损害。USMCA 在 TPP 的基础上扩展了非商业援助的禁止范围。USMCA 规定，缔约方不得直接或间接向国有企业提供非商业援助，具体包括：其一，禁止缔约方的国有企业向无资信保障的国有企业提供贷款或贷款担保；其二，禁止为无力偿债或无可靠重组计划的国有企业提供非商业援助；其三，禁止将濒临破产的国有企业尚未偿还的债务转为权益。

第三，USMCA 强化了透明度原则，提高了国有企业业务内容和财务会计等企业信息的透明度。USMCA 在 NAFTA 的基础上规定缔约方应当公开国有企业名单，包括国有企业的管理层信息、财务信息，以及政府向国有企业提供的各种形式的非商业援助等信息。缔约方还需要评估并提供非商业援助对缔约方之间贸易和投资的潜在影响。USMCA 在 TPP 的基础上

---

① 刘瑛：《〈跨太平洋伙伴关系协定〉国有企业章节的中国应对》，《东方法学》2016 年第 5 期。

规定缔约方不应将非商业援助或与权益资本相关的财务捐助金额当作机密。

第四，USMCA 深化了管理机构的监督工作，规定了管理机构的审议事项和日程安排。USMCA 在 NAFTA 的基础上规定应当设立由缔约方的政府代表组成的国有企业和指定垄断委员会，负责审议条款内容的运作和实施。缔约方应当开展进一步谈判，讨论条款适用于次中央政府级别的国有企业及指定垄断企业的可行性。USMCA 在 TPP 的基础上规定了进一步谈判的时间安排。USMCA 规定，缔约方应每季度举行一次会议，并应努力在协定生效后三年内完成进一步谈判。

第五，USMCA 扩展了国有企业的豁免范围。USMCA 的附件新增了针对墨西哥"国家生产企业"的豁免条款，对其给予了一定程度的豁免。此外，墨西哥或其国有企业可向主要从事石油和天然气活动的"国家生产企业"提供非商业援助，维持企业生存。在此之前，NAFTA 只对墨西哥销售玉米、豆制品和奶粉的国有企业进行豁免。TPP 的附件只对马来西亚、新加坡两个缔约方的国有企业进行豁免，受到豁免的企业包括马来西亚主权财富基金和新加坡淡马锡控股（私人）有限公司。

第六，USMCA 深化了技术合作条款。USMCA 在 NAFTA 的基础上规定缔约方应当分享、交流国有企业公司治理和运作改善的经验，以确保国有企业和私营企业之间的公平竞争环境。

（二）中小企业

USMCA 针对中小企业议题规定了 7 个条款，拓展了中小企业条款的内容，凸显了对中小企业议题的重视程度。相比之下，NAFTA 未涉及中小企业议题的内容，TPP 在"中小企业"章节中仅规定了 3 个条款，KORUS FTA 仅在双方的交换信件文本中提及中小企业条款。USMCA 完善了关于搭建信息交流平台、促进缔约方及各部门对话合作的条款，以协助中小企业获得贸易信息，提升中小企业在国际贸易和投资活动中的参与度，保障中小企业从 USMCA 中获得发展的机遇。USMCA 对中小企业议题的拓展主要体现在以下六个方面。

第一，USMCA 新增了总则条款，强调了中小企业的重要性。在 USMCA 中，缔约方明确了中小企业在维持一国经济活力和竞争力方面的基础性作用，并致力于加强缔约方中小企业之间的密切合作，以促进中小企业的就业和增长。USMCA 专门指出，私人部门在中小企业条款中发挥着不可或缺的作用。

第二，USMCA 新增了缔约方之间的合作条款。USMCA 规定，缔约方应当加强各方境内的中小企业孵化器、加速器、出口援助中心等组织的合作，促进包括弱势群体在内的中小企业开展国际贸易，拓展中小企业获得投资和信贷的渠道，鼓励中小企业利用网络平台，协助中小企业参与国际市场。

第三，USMCA 扩展了缔约方信息共享的范围。在 TPP 中，信息共享的范围仅包括海关法规和程序信息、知识产权、技术法规、卫生与植物检疫措施、外商投资条例、商业登记程序、就业规定、税务信息等。USMCA 拓展了信息共享的范围，将贸易促进计划、竞争力计划、中小企业融资计划、与商务人员临时入境有关的信息和政府采购机会等也包括在内。USMCA 规定，缔约方应当搭建信息共享平台，提供有效信息，帮助中小企业更深入地理解协定。缔约方应当建立相关网站，公开协议文本、摘要并增加对中小企业相关条款的解释，向有意在其他缔约方境内从事贸易、投资业务的个人或企业提供有用信息。

第四，USMCA 扩展了中小企业委员会的职责。TPP 规定，中小企业委员会应当交流和讨论缔约方在支持和帮助中小企业出口商方面的经验与做法，包括培训项目、贸易教育、贸易融资、确定其他缔约方的商业伙伴、树立良好的商业信用等。通过组织和推广论坛、研讨会及其他活动，让中小企业知悉其可从协定中获得的利益。USMCA 在 TPP 的基础上规定中小企业委员会应当拓展合作对象，主动开展调研，提升中小企业数字化能力，着力推进青年和弱势群体创业项目的发展。

第五，USMCA 增加了中小企业对话的条款。USMCA 规定，中小企业委员会应当搭建企业、员工、职能部门和专家学者沟通的桥梁，通过互联互通助力中小企业发展。

第六，USMCA 重申了其他 10 个章节中有利于中小企业发展的缔约方义务，为中小企业提供了参与国际市场的机会。例如，USMCA 第 13 章"政府采购"包含一个具体的、促进中小企业参与政府采购的条款。该章指出，如果缔约方为中小企业提供了优惠待遇措施，则缔约方应当保证该措施是透明的。该章鼓励缔约方通过门户网站公开招标文件，以电子方式开展采购。缔约方应当规定采购的规模和结构，使中小企业更加便捷地参与政府采购。

（三）反腐败

USMCA 将反腐败议题提升到新的高度，为精准预防和打击反腐败行为提供准则。USMCA 首次将反腐败议题从透明度议题中分离出来并单独成章，扩展了腐败行为的范围，增加了缔约方应当遵守的国际反腐败公约，体现了对反腐败议题的重视。相比之下，NAFTA 未涉及反腐败议题的内容，TPP 仅将反腐败条款放置在"透明度"章节之中。USMCA 的深化主要体现在以下七个方面。

第一，USMCA 增加了缔约方应当遵守的国际反腐败公约。TPP 规定，缔约方应当遵守《美洲反腐败公约》《关于打击在国际商业交易中行贿外国公职人员行为的公约》《联合国打击跨国有组织犯罪公约》《联合国反腐败公约》以及 APEC 签署的官员行为准则和私营部门行为准则等国际公约。在 TPP 的基础上，USMCA 还要求缔约方遵守 G20 和 APEC 关于反腐败的一系列法规条款。

第二，USMCA 扩展了腐败行为的范围，明确了针对腐败行为的制裁。

USMCA 规定，任何公职人员为自身、他人或实体的利益侵占、盗用或者转移公共或私人资金和证券财产的行为应当被视为刑事犯罪。USMCA 还设置了针对疏通费的条款，即缔约方不应当鼓励企业使用疏通费。

第三，USMCA 强调了公职人员的廉正和责任感。USMCA 规定，应当通过举办培训、公职人员轮岗等措施，规范公职人员的行为，提高公职人员的行为透明度，形成廉正、诚实和负责任的良好风气。缔约方应根据本国法律制度的基本原则，在不损害司法独立的前提下，采取适当措施规范国际贸易或投资事项中司法机关人员的廉正行为。

第四，USMCA 新增了强化中小企业内控制度的条款，强调了私营部门和社会公众的参与。USMCA 规定，缔约方应当鼓励企业建立内控制度，树立道德规范和行为规范，以监测和预防腐败行为。

第五，USMCA 完善了反腐败法律的适用和执行条款。USMCA 规定，缔约方应当保留其执法、检察和司法机关的自由裁量权以及分配资源的权利。缔约方应当在各自的法律和行政制度下开展合作，增强执法效力。

第六，USMCA 提高了争端解决机制中磋商流程的效力。如果缔约方认为另一缔约方未能履行商定的反腐败义务，可以诉诸争端解决机制，进行磋商。USMCA 对参与磋商的人员进行了规定。缔约方应确保政府当局人员或其指定人员参与协商和讨论，以解决争议中的反腐败问题。参与磋商的专家组成员应包括反腐败领域的专业人员。

第七，USMCA 新增了合作协调条款。USMCA 规定，缔约方应当重视反腐败执法机构之间的合作，在 OECD、APEC 和 G20 框架下开展信息交流与技术合作，以预防和打击腐败行为。

（四）宏观经济政策和汇率问题

USMCA 首次将宏观经济政策和汇率问题议题单独成章，纳入区域贸易协定的核心文本，并规定了 8 个条款。相比之下，TPP 仅将宏观经济政策和汇率问题列于其附带协议《跨太平洋伙伴关系国家宏观经济政策主管部门的联合声明》中，并规定了 6 个条款。KORUS FTA 仅在谅解备忘录中规定，双方应当禁止竞争性贬值和货币操纵，实施强有力的透明度和问责制。USMCA 在 TPP 和 KORUS FTA 的基础上明确了信息披露的措施和交流对话的制度设计，深入发展了宏观经济政策和汇率问题条款。USMCA 的深化主要体现在以下六个方面。

第一，USMCA 新增了一般条款，突出了议题的宗旨。USMCA 规定，缔约方声明市场决定的汇率制度是保证宏观经济强劲、可持续增长的基础。缔约方应当提高政策的透明度，避免实施可能导致外部失衡的政策。通过健全、公开、透明的汇率制度和对话交流机制，促进宏观经济的稳定增长。

第二，USMCA 限定了条款的适用范围。USMCA 规定，该章条款不适用于缔约方的外汇、财政或货币当局的监管活动或者货币和相关信贷政策行为，而缔约方的外汇、财政或货币当局包括缔约方的中央银行。

第三，USMCA 提高了履行透明度和报告义务的频率。USMCA 规定，缔约方应当根据国际货币基金组织的国际储备和外汇流动性数据模板，披露外汇市场信息，提高透明度。USMCA 要求缔约方披露外汇市场干预的月度数据，并在每个月底之后的 7 天内提供。相比之下，TPP 仅要求缔约方披露外汇市场干预的季度数据，并在每个季度之后的一个季度内提供。USMCA 缩短了履行透明度和报告的时间间隔，提高了报告发布的频率。

第四，USMCA 建立了宏观经济委员会的会议制度。USMCA 提出设立宏观经济委员会，探讨缔约方的宏观经济政策、汇率政策及其对国内和国际经济的影响。相比之下，TPP 仅规定了开展宏观经济政策咨询的框架，即缔约方组织高层宏观经济政策人员，审议缔约方的宏观经济和汇率政策，并发布相关报告。

第五，USMCA 新增了主要代表磋商条款。USMCA 规定，当缔约方的政策和措施被另一缔约方视为与竞争性贬值相关时，另一缔约方可以启动主要代表磋商机制。如果在磋商中未能达成双方满意的决议，缔约方可委托国际货币基金组织实施监督或酌情启动正式磋商机制。

第六，USMCA 新增了争端解决机制。当争议方未能履行透明度和报告的义务时，缔约方可以成立专家组，将问题诉诸争端解决机制。专家组成员应拥有在缔约方或国际货币基金组织的财政或货币当局任职的经历。

三　区域贸易协定中横向新议题的发展趋势

随着经济全球化进入新的发展阶段，区域贸易协定的文本内容也发生了深刻变化。从区域贸易协定的议题来看，除了传统的关税和原产地规则等议题之外，新一代区域贸易协定扩大了议题的范围，频繁地将国有企业、反腐败以及宏观经济政策和汇率问题等议题纳入协定。区域贸易协定的议题由边境外议题向边境内议题发展，议题的范围也越来越广泛。从区域贸易协定的条款来看，区域贸易协定的文本呈现由少至多、由简至繁的趋势，条款的数量和规模日益增长，条款的可操作性和完备性也日益上升。在区域贸易协定向高标准、高质量、全面性迈进的背景下，针对USMCA 的横向新议题进行深入展望显得尤为重要。结合全球主要的区域贸易协定，下面针对横向新议题的框架演变和未来趋势做具体分析。

第一，更加强化单一规则的模式。USMCA 具有鲜明的发达国家主导风格，即按照发达国家的国内标准制定规则，将国内的高标准上升为国际标准，并要求缔约方与其保持一致。以国有企业议题为例，国有企业是国民经济的重要组成部分，其产生和发展与一国所处的经济发展阶段密切相关。WTO 框架规定国营贸易企业在进行有关进口或出口的购买和销售时，应只出于商业考虑。随着经济全球化进入新的发展阶段，国有企业议题的内涵和外延也不断扩展。以 USMCA 为代表的新一代区域贸易协定扩展了国有企业的界定，模糊了国有企业的公共属性和商业属性。鉴于各国的产业结构和发展模式不尽相同，国有企业的功能与地位也有所不同。在新兴经济体的经济发展阶段，国有企业承担了重要的历史使命，扮演了重要的角色，新兴经济体的国有企业数量呈快速增长之势，难以在短时期内达到发达国家的标准，简单的"一刀切"条款缺乏合理性。在 USMCA 中，美国和加拿大的社会、经济、产业发展水平高度接近，这是缔约方采取统一标准的前提。因此，单一规则的模式在一定程度上限制了潜在缔约国的范围，增大了新兴经济体接受的难度。

第二，更加突出规则的可操作性。以中小企业议题为例，WTO 框架规定要提高出口市场的信息透明度，鼓励中小企业参与国际贸易和投资，这更多地属于方向性的指导，而操作性和针对性不足。USMCA 通过设立中小企业委员会来解决中小企业参与国际市场的问题。中小企业委员会应当打造包括中小企业孵化器、加速器、出口援助中心在内的诸多发展平台，鼓励中小企业利用平台挖掘商业机会、开展国际贸易和投资。中小企业委员会应当与私营部门、非政府组织和学术专家对话，交流经验与做法，制订相应的中小企业促进方案，助力中小企业融入全球供应链。中小企业委员会应当每年提交工作报告，并对未来的工作提出建议。以 USMCA 为代表的新一代区域贸易协定将鼓励中小企业"走出去"的理念细化为切实可行的具体措施，提高了中小企业条款的可操作性。

第三，更加强化规则的主导权。以宏观经济政策和汇率问题议题为例，USMCA 规定，每年应当召开会议探讨缔约方的宏观经济政策、汇率政策及其对国内和国际经济的影响。就主要代表磋商机制而言，当缔约方的政策和措施被另一缔约方视为与竞争性贬值相关时，另一缔约方有权启动主要代表磋商机制。就争端解决机制而言，当缔约方未能履行透明度和报告的义务时，另一缔约方有权成立专家组，将问题诉诸争端解决机制。然而，缔约方是否开展了汇率操纵行为不应当由另一缔约方进行判定，而应当由一个公正、中立的第三方进行判定。只有在国际货币基金组织认定缔约方的汇率操纵是为了造成汇率失调并且扩大净出口时，缔约方才会被认为是开展了汇率操纵行为。这些条款不仅赋予了缔约方干预另一缔约方国内货币政策的权利，而且削弱了国际货币基金组织作为汇率问题的仲裁人在国际货币金融体系中的核心作用。

综上所述，在新一代高标准区域贸易协定中，横向新议题的标准更加统一，条款的操作性更强，主导权更加牢固地维系在以发达国家为首的缔约方手中。新型区域贸易协定在很大程度上重塑了现行国际经贸体系与规则，对现存的多边规则与多边机制构成挑战。

6 《美墨加协定》的
其他制度性议题

其他制度性议题是当前区域贸易协定中的新兴话题，目前对其界定并没有统一标准。一般而言，其他制度性议题包含区域贸易协定中的争端解决、管理和机构、竞争力、良好的监管实践、公布与管理、例外和一般条款、最终条款。而 USMCA 作为新一代区域贸易协定的风向标，研究其制度性条款具有重要的意义。下面主要梳理现有区域贸易协定，总结其他制度性议题的主要内容、经济影响及其在 WTO 中的具体体现，并对 USMCA 中其他制度性议题的条款进行文本分析和对比分析。本章对其他制度性议题的讨论主要集中在 USMCA 第 26 章"竞争力"、第 28 章"良好的监管实践"、第 29 章"公布与管理"、第 30 章"管理和机构"、第 31 章"争端解决"、第 32 章"例外和一般条款"、第 34 章"最终条款"。

第一节　国际经贸规则体系中的其他制度性议题

制度性议题条款的制定可以为贸易协定的有效实施和正常运作提供有力保障，已成为各个贸易协定中不可或缺的一部分。因此，梳理现有国际或区域贸易协定中其他制度性议题的主要内容、经济影响及其在 WTO 中的具体体现，对深入理解现行区域贸易协定中的保障机制具有重要意义。

一　其他制度性议题的主要内容

由于现行对制度性条款的界定没有统一标准，因此本书根据现有区域贸易协定中各条款的主要内容对其他制度性议题分别介绍。按照重要性排序，其他制度性议题主要包括争端解决、管理和机构、竞争力、良好的监管实践、公布与管理、例外和一般条款、最终条款。

（一）争端解决

贸易争端解决机制主要是指缔约方之间发生贸易争端后诉诸解决的机制，区域贸易争端解决机制又有广义和狭义之分。其中，狭义的区域贸易争端解决机制指的是根据区域贸易协定中对缔约方之间贸易争端解决规则和程序的具体法律规定；广义的区域贸易争端解决机制还包括可诉诸的区域谈判平台。除非特别说明，本书指的是狭义的区域贸易争端解决机制。

具体争端解决模式可分为政治解决模式、司法解决模式和混合解决模式。[①] 政治解决模式是指贸易协定中规定以传统的政治、外交等途径来解决区域贸易协定成员间争端的模式，具体包括磋商、斡旋、调停、调解等方法。该模式没有专门的、常设的争端解决机构，也没有预设的、固定的争端解决程序，此类争端解决方法也被称为"反法律方法"（Anti-legalistic Approach）。司法解决模式是指在区域贸易协定框架下设立国际司法机构，由国际司法机构通过仲裁方式解决成员间的贸易争端。混合解决模式是区域贸易协定最常采用的一种争端解决模式，它将国际争端解决的政治方法与法律方法结合起来，一般会规定一定时间（大多为3个月）的政治协商解决期限，如果在规定时间内双方没有达成一致，则由专门机构组建临时专家组出具调查报告，或由仲裁机构对贸易争端进行仲裁。现有文献表明，这种混合解决模式可以较好地解决协定成员之间的贸易争端，因此在区域贸易协定中采用得最多。

区域贸易协定中的争端解决模式选择主要由成员希望达成的一体化程度、成员的相对经济实力、愿意提交争端解决的事项、区域贸易协定成员的数量、一国经济对其贸易伙伴的依赖程度、成员之间的政治关系等因素决定。如果成员的一体化程度较高、成员数量较多，则大多采用司法解决模式的贸易争端解决机制，如欧盟的贸易争端解决机制，但这种模式的缺点在于成本较大。如果成员数量较少且两国政治外交关系良好，则大多采用政治解决模式，但这种模式的缺点在于综合国力较强的国家在谈判协商中处于强势地位，容易损害弱势国家的贸易利益。而混合解决模式是目前

[①] 钟立国：《区域贸易协定争端解决机制：理论及其条约法实践》，上海人民出版社，2014，第39页。

国际上最常采用的争端解决模式，如 USMCA 以及中国－东盟自由贸易区的争端解决机制等，这种模式的优点在于成本相对于司法解决模式较低，不需常设仲裁机构，公平性较高，可以在一定程度上保障弱势国家的利益，进而促进贸易协定的长期稳定和持续。

（二）管理和机构

管理和机构条款主要是指区域贸易协定中对各缔约方联合设立自由贸易管理机构的相关规定。自由贸易管理机构主要负责考虑与本协定的履行或日常运作有关的事宜、修改或修订本协定的提案，以及如何进一步加强缔约方之间的贸易和投资方式等工作。在现阶段自由贸易协定中，一般会对自由贸易管理机构的权利职责、议事规则、协定协调人和联络点、决策效力等做出规定。

（三）竞争力

竞争力条款主要是指区域贸易协定中各缔约方从供应链的角度，为了促进经济一体化和提高整体区域出口产品在全球市场中的竞争力而设立的条款。条款的具体实施由设立的区域竞争力委员会负责。

（四）良好的监管实践

良好的监管实践条款主要是指各缔约方为了协调各国监管机构、提高各国法规质量，以及完善各国监管体系而设立的一系列条款。该条款主要包括设立中央监管协调机构，缔约方内部协商、协调和评估的基本流程，以及专家咨询小组等。根据该条款，各缔约方要提高发布信息的质量，每年公布预期通过或拟采用的法规清单，并保留一个唯一、自由、公开可用的法规信息网站，明确法规公布时的语言要求。

（五）公布与管理

公布与管理主要是指区域贸易协定中向各缔约方公布与自由贸易协定相关的法律、法规、程序和行政裁决透明度方面的规定条款。

（六）例外和一般条款

例外和一般条款主要是指缔约方全体由于国家安全、公共利益等特殊原因所共同同意的例外条款。从大多数协定来看，例外条款主要涉及以下三个方面：第一，安全例外，指针对一切可能对国家安全造成不利影响的贸易活动做出的例外规定；第二，一般例外，指针对一些涉及公共利益的经济活动做出的例外规定；第三，特殊例外，指针对数种特殊经济现象，对农产品、发展中国家的幼稚工业产品、国际收支平衡等做出的例外规定。

（七）最终条款

最终条款是指缔约方全体对协定的生效、终止、修订、新成员加入或老成员退出等方面的规定。最终条款中集中关注的部分是贸易协定的有效期制度和定期审查制度。有效期制度在法学中又称为"日落条款"，其订立的主要目的在于对相关法律条文定期进行评估、清理，把其中过时的、阻碍经济社会发展的条款予以废止或修改。此外，根据此条款，缔约方可以在该条文终止生效前设置缓冲期，先行准备及实施相关的配套措施。

二 其他制度性议题的经济影响

目前关于其他制度性议题经济影响的理论分析主要集中在争端解决和最终条款方面。因此，下面将其他制度性议题经济影响的理论分析分为区域贸易争端解决机制的经济影响和最终条款的经济影响。

（一）区域贸易争端解决机制的经济影响

区域贸易争端解决机制的经济影响可以概括为有效提高区域贸易争端的解决效率和减少区域贸易过程中的机会主义行为两个方面。

第一，区域贸易争端解决机制可以有效提高区域贸易争端的解决效率，从而降低治理成本。在区域贸易争端缔约前，贸易国之间的争端解决机制主要包括单边行动机制、双边磋商机制和 WTO 争端解决机制。其中，单边行动机制即单边行动，通常指的是发达国家根据国内法律规定，在出口遇到"不公平"待遇或国外市场壁垒时，利用单边制裁威胁，迫使对方做出让步或采取制裁的单边贸易措施。双边磋商机制即双边磋商或双边谈判，指的是在解决区域贸易争端时，双方通过非正式的外交途径或者根据双边贸易协定中承担的义务进行磋商的机制。WTO 争端解决机制是指根据 WTO 协定中《关于争端解决规则与程序的谅解》（DSU）解决成员之间的贸易争端。这三种争端解决机制各有利弊，具体如下。其一，单边行动机制可能会造成双边关系紧张，从而大幅减少两国的贸易福利效应。其二，双边磋商机制虽然时效较快，但可能会造成强国借助政治、经济实力欺压弱国的现象，难以促进双边贸易的可持续发展，同时可能会使得争端两国陷入"囚徒困境"的博弈之中，从而难以达到"帕累托有效"的博弈均衡状态。其三，WTO 争端解决机制虽可以较公平地处置双边贸易争端，促进世界贸易的可持续性，但是其程序烦琐，时间较长。而区域贸易争端解决机制的出台无疑给予了贸易争端方一个折中的选择。对于区域贸易争端解决机制来说，一方面，它比 WTO 争端解决机制更加便捷，程序更加简单；另一方面，它比双边磋商机制更有效率，省去了贸易争端双方冗长的博弈过程，从而可以有效减少贸易过程中双方机会主义行为的发生，为区域贸易提供了良好的制度环境。

第二，区域贸易争端解决机制可以有效减少区域贸易过程中的机会主义行为，降低区域贸易交易成本，促进区域贸易的可持续性。机会主义行为是指在信息不对称的情况下人们不完全如实地披露所有信息以及从事其他损人利己的行为，一般是用虚假的或空洞的、非真实威胁或承诺牟取个人利益的行为，机会主义行为充斥于区域贸易争端解决机制领域。区域贸易争端解决机制存在的目的不仅在于解决成员间已发生的或将要发生的争端，更重要的是它可以降低国家间的交易成本，促进国际合作的实现。具体来看，区域贸易争端解决机制通过减少机会主义行为来降低交易成本。

目前，区域贸易争端解决机制大多采用准司法解决模式或者司法解决模式。从交易成本理论来看，区域贸易争端解决机制在透明度、不确定性及交易频率等方面与政治解决模式存在较大差异，能大幅降低成员方的交易成本。其一，由于第三方评估机构能够在组织结构、行政设施及监督机制等方面得到强有力的保证，因此在争端解决过程中更容易扮演中立角色，其信息收集和信息披露能够有效摒弃单方机构的偏见，透明度显著提高。其二，第三方评估程序的设立能够有效提高成员方对己方行为与其他成员方行为的预判，降低不确定性。其三，由于该模式能够大幅降低成员间的交易成本，从规模经济的角度出发，各成员方在出现同类争端时往往会选择该模式来解决争端，从而提高了该模式的使用频率。从上述角度来看，区域贸易争端解决机制可以大幅降低交易成本和减少机会主义行为，进而促进了区域贸易的可持续性。

（二）最终条款的经济影响

在大部分贸易协定的最终条款中都会存在关于贸易协定有效期和审查制度方面的条款与规定，这个条款在法学中被称为"日落条款"，但美国商务部部长 Wilbur Ross、墨西哥商务部部长 François-Philippe[①] 等认为较短有效期的制度会带来贸易政策的不确定性，进而给区域贸易及区域经济带来不利影响。[②]

现有西方国家所签订的贸易协定大部分会包含有效期制度及定期审查制度，在贸易协定中有效期制度一般表现为贸易协定自生效之日起一定期限后终止，除非各缔约方同意不进行修改并继续开始新的周期。定期审查

---

① "Mexican and Canadian Officials Resist 'Sunset Clause' in NAFTA", https：//www. reuters. com/article/trade – nafta – mexico/mexican – and – canadian – officials – resist – sunset – clause – in – nafta – idUSE5N16V00B.

② "U. S. Wants NAFTA Five-year Sunset Provision：Commerce's Ross", https：//www. reuters. com/article/us – trade – nafta – sunset/u – s – wants – nafta – five – year – sunset – provision – commerces – ross – idUSKCN1BP2M5.

制度一般表现为在贸易协定生效后达到一定期限时，缔约方应举行会议并对贸易协定实施情况进行"联合审查"，审查各缔约方提出的所有修订建议，并就所提出的修订案进行表决，从而确立新的贸易协定。这两项制度都可能造成贸易协定在一定时间内发生变动，被修改或终止。Handley 和 Limão 的研究表明，一个国家参与贸易协定可以降低贸易政策的不确定性，进而促进国际贸易的发展。与此同时，贸易协定的长期稳定性也可以降低贸易政策的不确定性。当前贸易协定中有效期和定期审查时间如果过短，则会带来贸易协定的不稳定性，进而增大贸易政策的不确定性。① 这种由贸易协定不稳定带来的贸易政策的不确定性会对区域贸易及区域经济造成显著的负向影响。②

三 WTO 框架下其他制度性议题的相关条款

（一）竞争力

USMCA 额外增加了竞争力这一新议题，但在 WTO 框架下均未提及竞争力的相关规定和说明。

（二）良好的监管实践

良好的监管实践条款是 WTO《实施卫生与植物卫生措施协定》（SPS）、《技术性贸易壁垒协议》（TBT）、《服务贸易总协定》（GATS）中第 6 条"国内监管"的延伸，旨在通过提高透明度、加强国家间监管合作来降低国内监管等"边境后"非关税壁垒（Non-Tariff Barriers，NTBs）措施对贸易和投资的不利影响。WTO 关于国内监管的相关协议一般要求国内监管不得对贸易造成不必要的障碍。TBT 旨在确保监管、标

---

① Handley, K., Limão, N., "Trade and Investment under Policy Uncertainty：Theory and Firm Evidence", *American Economic Journal：Economic Policy*, 2015, 7（4）.

② Handley, K., Limão, N., "Policy Uncertainty, Trade, and Welfare：Theory and Evidence for China and the United States", *Policy Externalities and International Trade Agreements*, 2018, 107（9）.

准、考察和认证程序不被设计成制造不必要的壁垒，同时保有一个国家实施实现与健康、安全和环境相关的"合法政策目标"措施的权利。同样，SPS 旨在确保食品安全和动植物卫生措施方面的类似目标。[①] GATS 第 6 条规定，各缔约方的相关部门应确保公正客观地管理影响服务贸易的所有措施；各缔约方应维持或建立司法、仲裁或行政法庭或程序，以对影响贸易的行政决定提供及时审查，并在有正当理由的情况下采取适当补救措施；保证技术标准和许可要求有关的措施不构成不必要的服务贸易壁垒；等等。

（三）"公布与管理"条款中的透明度原则

WTO 对透明度的规定是全方位、多层次的，渗透于各个章节之中，既有对涉及透明度原则的具体条款的详细规定，也有政策审核机制的支撑。[②] WTO 文本中的透明度条款体现在以下三个方面：第一，政策目标的相关条款规定，缔约方的政策目标如果涉及贸易产品竞争，应给予披露；第二，相关法律政策实施前进行告知，以确保相关利益方有时间提前了解缔约方将要实施的法律及政策，做好相应准备；第三，建立了专门的贸易政策审核机制，要求缔约方提高贸易政策的透明度。

（四）管理和机构

管理和机构条款的最初形态为 GATT 第 25 条——缔约方的联合行动[③]，该条款规定了以下内容：为确保协定目标的实现和规定的实施，各缔约方应随时集会；第一次会议召开的截止时间；各缔约方在全体会议上享有一票的投票权；缔约方的全体决议应以投票数的多数通过；特殊情况下，当投票者中 2/3 多数且这一多数包括缔约方全体的半数以上

---

① Hufbauer, G. C., Cimino-Isaacs, C., "How will TPP and TTIP Change the WTO System?", *Journal of International Economic Law*, 2015, 18 (3).

② 中国社会科学院世界经济与政治研究所国际贸易研究室：《〈跨太平洋伙伴关系协定〉文本解读》，中国社会科学出版社，2016，第 288 页。

③ 中国社会科学院世界经济与政治研究所国际贸易研究室：《〈跨太平洋伙伴关系协定〉文本解读》，中国社会科学出版社，2016，第 327 页。

通过时，全体缔约方可解除某一缔约方对协定所承担的某项义务。在WTO框架下，GATS的服务贸易条款也包括管理和机构条款，其内容包括：理事会可设立任何附属机构，且其应每年或在必要时向理事会报告；每个机构应制定自己的议事规则，可酌情设立自己的附属机构；任何部门委员会都应履行理事会赋予的职责，并允许会员就相关事宜进行磋商。

（五）争端解决

USMCA的争端解决内容与WTO的争端解决机制在一些细节上存在差异，但在总的程序和规定上大体一致。具体来讲，WTO规定争端解决程序主要包括组织专家组出具调查报告、争端解决机构复审、出具裁决及执行三个步骤。

第一，若争端双方不能通过政治协商方式解决争端，则WTO将在60天内自动成立专家组，其中专家组应由3~5人组成，由WTO秘书处对专家组成员提名后再由争端方具体选择。专家组负责履行争端解决条款中谅解和适用协定项下的职责。WTO条款中规定的专家组的具体职责包括：对该案件事实及有关适用协定的适用性以及与有关适用协定的一致性进行客观评估；提出建议或给出适用协定所规定的裁决的其他调查结果；定期与争端各方磋商，并给予其充分的机会以形成双方满意的解决办法；基于调查结果出具调查报告。

第二，在专家组给出最终的调查报告后，争端解决机构有60天的时间决定是否通过报告。报告通过后，便进入WTO的上诉机构复审阶段。争端解决机构常设的上诉机构成员有7人，由具有公认权威并在法律、国际贸易和各适用协定所涉主题方面拥有公认专门知识的人员组成，且上诉机构成员不得附属于任何政府。上诉机构的成员资格应广泛代表WTO的成员资格。在上诉机构任职的所有人员应随时待命，随时了解争端解决活动和WTO的其他有关活动，且不得参与审议任何可产生直接或间接利益冲突的争端。

第三，上诉机构将在 60 天内对报告进行仲裁。而在具体的执行方面，WTO 规定，争端方应在收到报告后的 30 天内向争端解决机构报告执行仲裁的意向和期限，且争端方执行裁决的最长时限不得超过报告通过后的 15 个月。

（六）例外和一般条款

WTO 的例外和一般条款存在于下列 7 个协定中：《关税及贸易总协定》（GATT）第 20 条；《实施卫生与植物卫生措施协定》（SPS）序言部分；《技术性贸易壁垒协议》（TBT）序言部分，第 2 条第 1 款、第 2 款、第 4 款、第 10 款；《与贸易有关的投资措施协定》（TRIMs）第 3 条；《服务贸易总协定》（GATS）第 14 条；《与贸易有关的知识产权协定》（TRIPs）第 8 条，第 27 条第 2 款、第 3 款；《政府采购协定》（GPA）第 8 条第 2 款。

其中，GATT 第 20 条为例外条款的核心内容，规定贸易协定的任何举措不得阻止任何缔约方采取或实施以下措施：第一，为保护公共道德所必需的措施；第二，为保护人类、动物、植物的生命或健康所必需的措施；第三，与黄金或白银进出口有关的措施；第四，为保证与本协定规定不相抵触的法律或法规得到遵守所必需的措施；第五，与监狱囚犯产品有关的措施；第六，为保护具有艺术、历史或考古价值的国宝所采取的措施；第七，与保护可用尽的自然资源有关的措施；第八，为履行任何政府间商品协定项下的义务而实施的措施；第九，为保障国内加工工业对相关原材料的基本需求而采取的出口限制措施；第十，在普遍或局部供应短缺的情况下，为获取或分配产品所必需的措施，但是此类措施应符合以下原则，即所有缔约方在此类产品的国际供应中有权获得公平的份额，且任何与本协定其他规定不一致的措施，应在其实施的条件不复存在时即行停止。

（七）最终条款

WTO 的最终条款主要包括 GATT 第 30 条修正条款、第 31 条退出条款和第 33 条加入条款。其中，第 30 条修正条款规定如下。第一，除非本协定其他部分对修正做出规定，否则对本协定第一部分以及第 29 条和本条所做的修正须经所有缔约方接受方可生效，对本协定的其他修正须经 2/3 以上的缔约方接受后对接受修正的缔约方生效，并在此后对接受修正的每一其他缔约方生效。第二，接受本协定修正的任何缔约方应在缔约方全体规定的期限内向秘书处交存接受书。在缔约方全体规定的期限内未接受修正的任何缔约方有权退出本协定，或经缔约方全体同意仍为本协定缔约方。

第 31 条规定了退出 WTO 多边协定的相关条款，即在不损害第 18 条第 12 款、第 23 条或第 30 条第 2 款规定的情况下，任何缔约方均可退出本协定，或代表其负有国际责任且届时在处理对外贸易关系和本协定规定的其他事项方面享有完全自主权的任何特别关税区单独退出本协定。此退出应在 WTO 秘书处收到书面退出通知之日起 6 个月后生效。

第 33 条规定了加入 WTO 多边协定的相关条款，即不属于本协定缔约方的政府，或代表某个在处理对外贸易关系和本协定规定的其他事务方面享有完全自主权的单独关税区的政府，可代表该政府本身或代表该关税区，按该政府与缔约方全体议定的条件申请加入，如果缔约方全体 2/3 以上多数同意，则准许加入。

第二节 《美墨加协定》其他制度性议题的文本分析

在 USMCA 中，其他制度性议题的内容包括第 26 章、第 28 ~ 32 章和第 34 章，共 7 章 81 个条款。下面将按照 USMCA 条款中的先后顺序，以

USMCA 原文为基础，对竞争力、良好的监管实践、公布与管理、管理和机构、争端解决、例外和一般条款、最终条款逐一进行解读。

一 竞争力

USMCA 中关于竞争力条款的相关内容主要有三条：一是对竞争力委员会建立及其职能的相关规定；二是对相关人员的规定；三是针对争端解决机制的说明。其中，第一条具体包含竞争力委员会的重要性、联络点建立、活动开展、主要工作、职能履行等共 8 个方面的内容。

26.1 条款：竞争力委员会

鉴于彼此紧密的经济商业联系和广泛的贸易往来，各缔约方均认识到竞争力条款对促进区域经济增长、提高竞争力的重要性。因此，为促进缔约方之间经济一体化水平和北美出口竞争力的提高，特此设立由各缔约方政府代表组成的竞争力委员会。

竞争力委员会应有一个具体的联络点，负责讨论和开展合作活动以推进北美生产活动、区域贸易和投资、市场发展等。竞争力委员会的主要工作有：探讨有效开展信息共享活动的方法，以促进自由贸易区内的经济一体化和发展；探讨进一步协助缔约方的贸易商识别和利用该协定带来的贸易机会的方法；提供关于进一步增强北美经济竞争力的建议；确定优先项目和政策，完善与现代物流和数字贸易投资相关的基础设施，改善自由贸易区内货物流动和服务供应情况；讨论集体行动，以打击非缔约方扭曲北美地区市场的行为；促进缔约方之间在创新和技术方面的贸易与投资合作活动；参与缔约方可能决定的其他活动。

除非双方另有约定，竞争力委员会应在该协定生效之日起一年内召开会议，之后每年召开一次。竞争力委员会应制订工作计划并提交报告，以履行上述相关职能。竞争力委员会在履行其职能时，可与其他委员会、工作组以及根据该协定设立的任何其他附属机构合作，亦可向合适的专家征求意见。

26.2 条款：对相关人员的约定

各缔约方应建立或维持适当的机制，为相关人员提供定期和及时的机会，以便为与竞争力有关的事项提供意见。

26.3 条款：不适用争端解决

根据本章产生的争端，任何缔约方均不得根据第 31 章"争端解决"诉诸争端解决机制。

二 良好的监管实践

在 USMCA 中，良好的监管实践条款主要包括定义，宗旨和总则，中央监管协调机构，内部协商、协调和评估，信息质量，早期规划，专用网站，使用简单语言，法规的透明发展，专家咨询小组，监管影响评估，最终公布，回顾性审查，改进建议，监管程序相关信息，年度报告，鼓励监管兼容性与合作，监管协调委员会，联络点，争端解决适用等内容。

28.3 条款：中央监管协调机构

各缔约方应认识到各自的中央监管协调机构在促进良好的监管实践，发挥重要咨询、协调和审查职能，以及改进其监管体系中的重要作用。USMCA 要求缔约方在其责任范围内依照其法律，维持各自的中央监管协调机构。

28.4 条款：内部协商、协调和评估

各缔约方应建立协商的内部程序或机制以实现以下目标：第一，确保政府遵守监管协调条款，不断改进与优化政府的监管程序；第二，避免拟议条例与现有条例之间可能重复的地方，防止国内当局之间产生不一致的要求；第三，支持并履行国际贸易和国际投资义务，包括酌情考虑国际标准、指南或建议；第四，推进对监管影响的评估，包括对小企业①的信息

---

① 在监管协调条款中，墨西哥的"小企业"也包括中型企业。

收集等，鼓励采取监管措施，避免对市场竞争施加不必要的限制。在此基础上，USMCA 要求各缔约方提供上述条例相关程序或机制的公开可用的说明。

28.5 条款：信息质量

USMCA 在该条款中对信息质量的规定包括两个方面。一方面，要求各缔约方建立和维持公开可用的机制与监管机构，并做出如下安排：第一，寻求最佳的、可合理获得的信息，包括与其正在制定的法规相关的科学、技术、经济或其他信息；第二，适用于其使用环境的信息；第三，以透明方式确定信息来源以及任何重要的假定和限制。另一方面，如果监管机构通过调查公众并将调查结果用于制定法规的相关条例，则各缔约方应规定监管机构在得出关于公众受法规影响的一般性结论之前，使用合理的统计方法并避免重复调查，以尽量减轻被调查者的不必要负担。

28.6 条款：早期规划

USMCA 要求缔约方每年公布其在接下来的 12 个月内将通过或拟采用的法规清单。列表中确定的每项法规都应附有对法规的简要说明、监管机构中负责监管的专家的联络方式、受影响的部门以及是否会对国际贸易和投资产生重大影响。

28.7 条款：专用网站

各缔约方应保留一个唯一、可公开自由访问的网站。该网站应包含 28.9 条款"法规的透明发展"要求公布的所有信息。在从单一门户网站访问这些网站的前提下，缔约方可通过在多个网站提供公开可用的信息和评论来履行该条款的约定。

28.8 条款：使用简单语言

各缔约方在编写条例时应使用通俗易懂的语言，确保公众能够理解。同时，由于有些条例涉及技术问题，可以借助相关的专业知识进行注解。

28.9 条款：法规的透明发展

USMCA 要求在管理当局制定法规时，缔约方应在正常情况①下发布以下信息：法规文本及其影响评估（如有）；对法规的解释，包括其目标、实现方式、实质性特点以及正在考虑的替代方案；对数据和其他信息的说明，以及管理当局支持法规的依据；管理当局官员的姓名和联系方式。在公布以上信息的同时，缔约方还应公开支持法规所依赖的数据、其他信息及科学和技术分析，也包括风险评估等。在以上信息公布后，该缔约方应确保任何利益相关人，无论其身居何地，均有机会提交书面意见。管理当局可就收到的意见对法规进行审议与修订后再予以公布。如果缔约方希望法规草案对贸易产生重要影响，该缔约方应在法规相关信息公布前不少于 60 天的时间内提交书面意见并做好其他投入准备，且该期限可视具体情况合理延长。各缔约方应及时公开收到的任何书面意见（必要的机密信息、个人信息或不适当内容除外）。在最终完成法规的相关工作之前，缔约方的管理当局应评估评议期间收到的书面意见中的任何信息，当缔约方的管理当局完成关于某项法规的工作时，该缔约方应立即公布法规文本，并进行最终影响评估等。此外，USMCA 鼓励缔约方通过计算机或其他技术进行文字搜索和数据挖掘，并公布本条款的相关内容。

28.10 条款：专家咨询小组

缔约方的管理当局可向包括非政府人员在内的团体或机构就制定或实施条例寻求专家意见和建议。在本条款中，专家组或机构是指一个团体或机构——由一个缔约方设立，其成员包括非该缔约方的雇员或承包商，其职能为向缔约方的管理当局就制定或实施条例提供包括科学或技术在内的

---

① 此处的"正常情况"不包括以下情形：出现紧急问题（如安全、健康或环境保护问题）或存在产生紧急问题的威胁；法规对公众，包括另一缔约方的人员没有实质性影响；等等。

意见或建议。各缔约方应鼓励其管理当局保障专家组或机构成员的安全，并认识到让公众了解专家组或机构的宗旨、成员及活动的重要性。各缔约方应鼓励其监管机构提供以下公告：专家组或机构的名称，以及该专家组或机构成员及其所属机构的名称；专家组或机构的任务和职能；即将举行的会议的信息；专家组或机构参与的所有会议的结果摘要。此外，各缔约方还应认识到为相关部门提供专家咨询小组服务的重要性，并酌情公开专家咨询小组提供的文件。

28.11 条款：监管影响评估

各缔约方拟议条例的预期成本或影响超过缔约方规定时，各缔约方应鼓励使用该条款。USMCA 要求在进行监管影响评估时，各缔约方应评估以下各项审议的程序：拟议条例的目标与需求，包括对该条例旨在解决的问题的性质和重要性的说明；可行和适当的监管及非监管的替代方案；拟议条例与其他可行替代方案的效益和成本，包括相关影响（如经济、社会、环境、公共卫生和安全等的影响）以及随时间推移的风险和分配效应；所选择替代方案更可行的理由。各缔约方应考虑拟议条例对多数小企业是否会产生重大的负面经济影响。如果这些影响存在，该缔约方应考虑补救措施，尽量在实现拟议条例目标的同时降低这些不利影响。

28.12 条款：最终公布

当缔约方的监管机构最终确认相关条款的监管工作时，USMCA 要求该缔约方在最终的监管影响评估或其他文件中及时公布以下信息：每项工作的截止日期；解释该条例如何帮助缔约方实现目标，该条例的实质特征如何，并对该条例自公开接受公众意见以来所做的重大修订做出说明；监管机构对所提交意见中的实质性问题的看法；监管机构在制定条例时考虑的主要替代方案（如有）以及选择这一替代方案的理由；监管机构在最终确认监管工作时所使用的关键证据、数据、其他信息及其关系。此外，各缔约方应确保所有有效的条例都在公开网站上公开。

28.13 条款：回顾性审查

USMCA 要求各缔约方建立或维持对其条例进行回顾性审查的程序或机制，且在该程序或机制中列入对小企业影响的规定。在进行回顾性审查时，各缔约方应酌情考虑以下内容：条例在实现其最初声明的目标方面的效力，如审查其实际的社会或经济影响；条例自制定以来发生的任何变化，包括新信息的可用性；消除不必要的监管负担；公众表达的任何相关意见；等等。USMCA 鼓励各缔约方在可行的范围内公布回顾性审查的计划和结果。

28.14 条款：改进建议

各缔约方应为任何利益相关者提供向监管当局提交关于发布、修改或废除法规的书面建议的机会。这些建议的依据包括以下几个方面：在利益相关者看来，监管在保护健康、福利或安全方面无效；监管成本已经超过监管所带来的收益（如对贸易的影响）；监管没有考虑到变化情况（如技术的根本变化或相关科学和技术的发展）；监管依赖于不正确或过时的信息；等等。

28.15 条款：监管程序相关信息

USMCA 要求各缔约方在线公布其监管机构用于准备、评估或审查法规的程序和机制的相关说明，该说明应确定适用的准则、规则或程序，包括公众提供意见的机会。此外，各缔约方还应在线发布以下内容：对其每个监管机构的职能和组织结构的说明，包括公众获取信息、提交意见或请求的机构名称；监管机构颁布或使用的任何程序的要求或形式；监管机构进行核查、检查和合规活动的法定权利；可用于质疑条例的司法或行政程序的信息；监管机构向缔约方人员收取与执行条例有关的服务费用，包括在该缔约方法律下进口、出口、出售、营销或使用商品的许可、检查、审计和其他行政行为。

28.16 条款：年度报告

USMCA 要求各缔约方每年发布免费且公开的电子报告，且报告需说明以下内容：重要经济法规的预估成本与收益，以及对其监管制度修改的提议。

28.17 条款：鼓励监管兼容性与合作

USMCA 要求各缔约方鼓励其监管机构在适当情况下与其他缔约方的监管机构开展互利的监管合作活动，以促进各缔约方监管机构间的监管兼容性与合作，最终促进缔约方之间贸易和投资的良性发展。缔约方应在双边和三边合作论坛或 USMCA 下，进一步提升监管兼容性，对此应设立权威的监管机构参与制定、建立和实施法规，并鼓励公众参与开展合作活动。

各缔约方应建立健全缩小监管差异、促进贸易和投资的广泛机制，包括：技术、科学信息和数据的交流，如协商研究议程以减少重复研究；探讨评估和降低风险的共同方法，包括使用新兴技术可能带来的风险；寻求在相关国际论坛的合作；就每个缔约方正在制定的条例交换诸如技术上的或实用的信息；共同资助研究；更多地使用相关的国际标准、指南或建议，作为规定、测试和批准程序的基础；在制定或实施条例时，适当参考国际合作中使用的科学或技术指导文件；为企业搭建提交监管审查所需产品信息的平台；签订保密协议，共享合规信息；酌情定期交换计划实施或正在实施的贸易和投资相关条例的审查或评估信息。

28.18 条款：监管协调委员会

USMCA 要求缔约方设立监管协调委员会。监管协调委员会由各缔约方的政府代表组成，包括中央监管协调机构及相关监管机构的代表。监管协调委员会能够帮助缔约方加强其在与本议题相关事项方面的沟通和协作，包括鼓励监管兼容性和监管合作，从而促进缔约方之间的贸易发展。监管协调委员会的职能包括：监督本议题的实施和运作；交流有关执行本议题有效方法的信息，包括监管合作的方法和国际论坛的相关工作等信息；提前就与本议题工作有关的国际论坛会议的事项和立场进行磋商，包括举办研讨会和其他相关活动的机会，以加强良好的监管实践，改进监管合作的方法；提供利益相关方关于加强良好的监管实践的建议；审议良好的监管实践和监管合作方法的发展情况，并酌情向监管协调委员会提出建议。各缔约方应为该方人员提供机会，就监管和实践的执行情况提出意见。开展工作时，监管协调委员会应考虑到根据本协定设立的其他委员会、工作组和附属机构的活动，避免活动重复。监管协调委员会每年应至少举行一次会议，并给予参与 USMCA 其他议题工作的政府代表以及愿意为本议题工作做出贡献的人参会机会。此外，监管协调委员会还应提交其活动的年度报告。

28.19 条款：联络点

USMCA 规定各缔约方应指定本章相关事项的联络点，如果联络点发生任何重大变化，则应通知其他缔约方。

28.20 条款：争端解决的适用

任何一方均不得就本章产生的事项诉诸争端解决，除非为了解决与本章规定不一致的持续或经常性的行动或不作为。

三　公布与管理

USMCA 中"公布与管理"条款的相关内容分为两个部分：A 部分涵盖了该条款透明度原则的一般规定，包括定义、公布、行政程序、审议和上诉，共计 4 条；B 部分就医药品和医疗器械的透明度与程序公正性①做出具体解释与规定，包括定义、原则、程序公正、向卫生专业人士和消费者传播信息、磋商、不适用争端解决，共计 6 条。

---

① 该部分旨在确保缔约方的医药品和医疗器械的透明度与程序公正性，既不影响本章的义务，也不修改缔约方的卫生保健系统及确定卫生支出优先事项的权利。

（一）A 部分：透明度原则的一般规定

29.2 条款：公布

USMCA 要求各缔约方确保将其对本协定所涵盖的任何事宜普遍适用的法律、法规、程序与行政裁决迅速公布或以其他方式公之于众，以便让利益相关方与其他缔约方知晓，各缔约方应尽可能在网上提供这些信息，并事先公布拟通过的上述措施，利益相关方和其他缔约方可对拟议措施发表意见。各缔约方应确保其中央政府普遍适用的法律和法规在免费且可公开访问的网站上公布，该网站应能够通过引用或文字检索方式对这些法律法规进行搜索，并且应确保此网站内容不断更新。

29.3 条款：行政程序

为以一致、公正和合理的方式管理 USMCA 所涵盖事项的所有普遍适用的措施，各缔约方应在其行政诉讼①中确保另一缔约方——被诉讼者得到与国内程序相符的合理通知，包括诉讼性质、法律当局声明以及所涉问题的一般说明等内容，且在时间、诉讼性质和公共利益允许的情况下，被诉讼者在任何行政诉讼之前拥有提交事实和论据以支持自身立场的权利。所有程序须在法律许可的范围内进行。

29.4 条款：审议和上诉

USMCA 要求各缔约方设立并维持司法、准司法或行政法庭等机制，以便对本协定所涵盖的事宜进行迅速审查，并在必要时纠正有关本协定所涵盖事项的最终行政行为。此类法庭应公正且独立于负责行政执法的机构机关。被审查缔约方有权支持或捍卫各自的立场，根据证据做出决定并提交相关材料，该决定应由涉及争议问题的行政机构执行。

---

① 本条款中的行政诉讼不包括产生咨询意见或具法律约束力的诉讼程序。

（二）B 部分：医药品和医疗器械的透明度与程序公正性

在该议题中，除了对传统的条例公布与程序实施等相关内容进行了规定外，还对医药品和医疗器械的透明度与程序公正性进行了相关规定，可以看出这是一个较为重要的新议题。

29.6 条款：原则

各缔约方应致力于为其国民提供高质量的卫生保健，应重视以下原则：充分认识公共卫生的重要性以及医药品和医疗器械在提供高质量卫生保健方面发挥的重要作用；意识到研究与开发的重要性，尤其是与医药品和医疗器械有关的研究与开发的重要性；在不妨碍缔约方对医药品和医疗器械采取适当的质量、安全和有效标准的权利的情况下，通过透明、公正、迅速和负责任的程序，提高医药品和医疗器械的供应及时性和可担负性；通过市场竞争，建立或维持适当评估医药品和医疗器械疗效的程序，提高对医药品和医疗器械价值的认识。

29.7 条款：程序公正

为使国家卫生保健机构根据其实施的国家卫生保健计划将新的医药品和医疗器械列入报销范围或设定报销金额的程序，缔约方应做到以下几点：确保在规定时间内完成对所有或部分正式的医药品和医疗器械上市建议的审议；披露用于评估此类提案程序的规则、方法、原则和指南；为申请人及公众提供能及时反馈其对决策内容意见的机会；向申请人提供足够的书面资料，使其了解国家卫生保健机构对新的医药品和医疗器械的报销清单；提供独立审查程序或内部审查程序；向公众提供关于建议或决定的书面信息，同时保护依该缔约方法律被视为机密的信息。

29.8 条款：向卫生专业人士和消费者传播信息

在缔约方法律、法规和程序许可的情况下，各缔约方应允许制药商通过在该缔约方境内注册的制造商网站及相关网站，向卫生专业人士和消费者传播关于该缔约方批准在其境内销售药品的真实信息。缔约方可要求该信息包括对风险和收益的评估，以及该缔约方主管监管机构的销售批准。

29.9 条款：磋商

在缔约方就该部分有关事宜提出进行磋商的书面请求时，各缔约方应支持并提供充分的磋商机会，以促进相关问题的对话和相互理解。磋商一般在请求提出后 3 个月内进行。磋商成员应包含负责监管国家卫生保健机构的官员以及各缔约方负责国家卫生保健计划的官员。

29.10 条款：不适用争端解决

对于本章节产生的所有事项，任何缔约方均不得根据争端解决机制诉诸争端解决。

四　管理和机构

在 USMCA 中，管理和机构条款的相关内容包括设立自由贸易委员会、委员会职能、决策、委员会和附属机构的议事规则、协定协调人和联络点、秘书处，共计 6 条。

30.1 条款：设立自由贸易委员会

各缔约方特此设立自由贸易委员会，由各缔约方部长或其指定人员的政府代表构成。

30.2 条款：委员会职能

委员会职能涵盖义务和权利两个方面。在义务方面，委员会应考虑与本协定的履行和运作有关的事宜、修改或修订本协议的提案，以及进一步加强缔约方之间贸易和投资的方式。同时，委员会应监督根据本协定设立的委员会、工作组和其他附属机构的工作，更新适用于争端解决程序的"程序规则"与"行为准则"。此外，委员会应每三年审查一次根据 USMCA 第 31.8 条款"专家成员名单与资格"设立的名册，并根据需要编制新的名册。在权利方面，委员会可以合并或解散根据本协定设立的委员会、工作组和其他附属机构，查阅和审议由特设或常设委员会、工作组及其他附属机构提出的事项；制定完成本协定的相关安排，发布对本协定条款的解释①，对本协定及缔约方根据 USMCA 第 5.16 条款"统一规则"共同商定的任何统一规则进行修改，解决因解释或应用本协定可能产生的分歧或争议。此外，委员会还可向非政府人士或组织征询意见，以采取各缔约方都同意的行动。

30.3 条款：决策

除非另有规定，根据本协定设立的委员会及其附属机构的所有决定应在协商一致的基础上产生。除非本协定另有规定，否则如果做出决定时所有缔约方均参与会议或者做出决定时无任何缔约方反对拟议条例，则自由贸易委员会或其任何下属机构应被视为经协商一致做出决定。

30.4 条款：委员会和附属机构的议事规则

委员会应在本协定生效之日起 1 年内召开会议，之后根据各缔约方决定并由各缔约方轮流主持，主持委员会会议的缔约方应为会议提供必要的行政支持。除非本协定另有规定，委员会和根据本协定设立的附属机构应通过适当手段开展工作，包括发送电子邮件和召开视频会议，委员会和根据本协定设立的附属机构可建立便利其工作的程序规则。

30.5 条款：协定协调人和联络点

USMCA 要求各缔约方指定一名负责沟通事宜的协定协调人，且除非本协定另有规定，各缔约方应在本协定生效后 60 天内将各自确定的协定协调人和联络点以书面形式通知其他缔约方，且应及时将其协定协调人和联络点的变更情况以书面形式通知其他缔约方。

30.6 条款：秘书处

USMCA 要求委员会设立并监管秘书处，秘书处由各缔约方代表构成。

---

① 为明确起见，委员会做出的解释对根据第 14 章"投资"和第 31 章"争端解决"设立的法庭和小组具有约束力。

对此，各缔约方应设立及维持各自代表处的常设办公室，负责其运作并支付所产生的费用；指定一名工作人员担任代表处秘书，负责代表处的运行和管理，并向其他缔约方通报其代表处常设办公室的联络信息。秘书处应为委员会提供协助，为参与争端解决的专门小组成员提供行政协助并支付相关报酬和费用；依照委员会指示，支持其他委员会和小组的工作，并为本协定的运作提供便利。

五　争端解决

USMCA 中争端解决的相关内容分为 A、B 两个部分，其中 A 部分涵盖争端解决的一般规定，具体包括合作，适用范围，法庭选择，磋商，委员会、斡旋、调解和调停，设立专家组，参考条例，专家成员名单与资格，专家组组成，专家组成员更替，专家组程序规则，电子文件归档，专家组职能，第三方参与，专家作用，诉讼程序的暂停或终止，专家组报告，最终报告的执行，不执行和利益中止等条款；B 部分为国内诉讼与私人商事争端解决的相关内容，具体包括司法或行政程序事宜的移交、私权、替代性争端解决等条款。

（一）A 部分：争端解决的一般规定

31.3 条款：法庭选择

在 USMCA 中，如果争议双方同时参加了另一国际贸易协定，包括 WTO 协定，则提出申诉的一方可选择解决争端的法庭。一旦申诉方将问题事项提交专家组或法庭，则选定的法庭应被排除在其他法庭之外。

31.4 条款：磋商

当缔约方在义务履行、利益获取等方面出现争议时，可就所述事项与另一缔约方进行磋商。提出磋商请求的缔约方应采取书面形式，并应说明要求磋商的理由和申诉的法律依据。请求方应同时通过秘书处相关部门向其他缔约方提交请求，包括向其部门提交一份副本。如果第三方认为该事项与其存在重要利益关系，可以在磋商请求提交之日起 7 天内通过秘书处相关部门书面通知其他缔约方自己将参与磋商，并就自身在该事项上的重要利益在通知中进行说明。一般来说，磋商不得迟于易腐品①事宜提出请求之日起 15 天、所有其他事项提出请求之日起 30 天。为促进磋商的达成，每一磋商方都应提供充分的信息，以便能够全面审查实际措施（或拟议措施或其他争议事项）将如何影响本协定的实施或适用。参加磋商的缔约方应在与提供信息的缔约方相同的基础上，将在磋商过程中交换的信息视为机密。此外，参与磋商的各方应设法避免在本协定下形成对另一方利益产生不利影响的决议。磋商可当面进行，也可通过磋商方可利用的技术手段进行。如果磋商选择当面进行，则应在提出磋商请求的缔约方的首都进行。在磋商过程中，提出磋商请求的一方可要求另一方提供其政府机构或其他监管机构在所涉事项上具备专业知识的人员名单。此外，磋商应保密且不得妨碍缔约方在另一诉讼程序中的权利。

31.5 条款：委员会、斡旋、调解和调停

如果磋商方在提交磋商请求后 30 天内、另一缔约方就同一事项随后提出请求或已参与磋商提出请求的 45 天内、就易腐品事宜提交磋商请求 15 天内、参与磋商的各缔约方可能商定的任何其他期限内，未能通过磋商解决问题，则磋商方可以通过书面形式请求委员会②召集会议。提出磋商请求的缔约方应在请求书中列明申诉的措施或其他问题，指出其认为与本协定相关的条款，并将请求书提交其他缔约方及其秘书处各部门。委员会应在磋商请求提出后 10 天内召集会议，必要时可咨询技术顾问或设立工作组和专家组，诉诸斡旋、调解、调停或其他争端解决程序，也可提出建议，以帮助参与磋商的各缔约方达成相互满意的争端解决方案。委员会

---

① 在争端解决这一议题中，易腐品为在 HS 第 1 ~ 24 章中分类的易腐农产品和鱼产品。

② 在该条款中，委员会由磋商方的委员会代表组成并由其做出决定。

应根据本条款，将同一措施的两个或两个以上程序予以合并，将其认为适宜共同审议其他事项的两个或两个以上程序予以合并。各缔约方可随时决定自愿采取替代性争端解决方案，如斡旋、调解或调停，涉及斡旋、调解或调停的诉讼程序应保密，不得损害当事方在另一诉讼程序中的权利。参与本条款规定程序的当事方可中止或终止这些程序。如果争议各方做出决定，在专家组解决争端的过程中，斡旋、调解或调停可继续进行。

31.6 条款：设立专家组

若委员会已召集了会议，但在此后 30 天内或在最近提交事项召集会议的 30 天内合并了程序，抑或是在参与磋商的各缔约方可能商定的任何其他期限内事项仍未得到解决，则磋商方可通过秘书处以书面形式向应诉缔约方提出成立专家审议小组的请求，且申诉方应通过秘书处将书面通知同时发送给其他缔约方。申诉方应在设立专家审议小组的请求中列入一份确定有关措施或其他问题的说明，并简要说明提出申诉的法律依据。在收到请求后，委员会应设立一个专家审议小组。第三缔约方如果认为该事宜对其有重要利益关系，则有权通过秘书处以书面形式向争议方说明其参与的意向，并应在不迟于缔约方提交设立专家审议小组的请求之日起 7 天内发出通知。如果某一缔约方已就某一事项成立专家组，而另一缔约方要求成立关于同一事项的专家审议小组，则 USMCA 应设立一个专门小组，以便在可行的情况下审查这些申诉。

31.8 条款：专家成员名单与资格

缔约方应在本协定生效之日前设立并维持不超过 30 名愿意担任专家审议小组成员的名册，其任期至少为三年或直至各缔约方选用新的成员为止。在册专家成员可获得再次任命。USMCA 对每个名册成员和专家审议小组成员的任命标准做出了具体规定：成员需具备国际法、国际贸易等方面的专业知识，拥有解决本协定所涉其他问题和贸易争端的经验；依据客观性、可靠性和良好判断力的标准进行筛选；独立于、不隶属于缔约方，也不接受缔约方的指示；遵守委员会制定的行为准则。

31.9 条款：专家组组成

当争端涉及两个及两个以上缔约方时，适用程序分为两种情况。在第一种情况中，当争端涉及两个缔约方时，专家组由 5 名成员组成，争议各方应在提交成立专家组请求后的 15 天内确定专家组主席人选，如果争议方在此期间不能确定主席人选，则由抽签选出的争议方在 5 天内选出非该方公民的个人担任主席。在选出主席后 15 天内，每一争议方应选出 2 名属于另一争议方公民的专家组成员。如有一方未能在该期限内选出其专家组成员，则应从另一争议方公民的名册成员中抽签选出。在第二种情况中，当争端涉及两个以上缔约方时，专家组由 5 名成员组成，争议各方应努力在提交成立专家组的请求后 15 天内确定专家组主席人选，如果争议方在此期间不能确定主席人选，则应通过抽签方式由争端一方或多方在 10 天内选出 1 名不属于上述缔约方公民的专家组主席。在选出主席后 15 天内，应诉方应选出 2 名属于申诉方公民的专家。申诉方也应选出 2 名属于应诉方公民的专家，如果争议方未能在该期限内选定 1 名专家，则按以上方法抽签决定。

31.10 条款：专家组成员更替

如果争议方认为有专家组成员违反了行为准则，应当进行协商，若各方同意撤换专家组成员，则应将其撤换，并按规定选出新的专家组成员。如果专家组成员辞职、被免职或无法任职，则适用于该专家组程序的时限应暂停，直至指定替换成员为止，并延长暂停的工作时间。

31.13 条款：专家组职能

专家组须对争端进行客观评估，并提交一份报告，其内容应包括事实调查结果、确定有关措施是否与本协定中的义务不一致、确定一方能否履行本协定中规定的义务、解决争端的建议、调查结果和裁定理由等。专家组的调查结果、裁定和建议不得增加或减少各缔约方在本协定下的权利和义务。专家组应按照 1969 年 5 月 23 日在维也纳达成的《维也纳条约法公约》第 31 条和第 32 条所反映的解释国际公法的习惯规则解释本协定。专家组应以协商一致的方式做出决定，未能达成共识时可通过多数票做出决定。专家组应在没有任何缔约方出席的情况下起草报告，小组成员可就未获一致同意的事项单独提出意见，但不得透露专家组成员身份。

31.14 条款：第三方参与

不属于争端方但认为其对专家组审议的事项能够产生利益的缔约方，在向争端各方递送书面通知后，有权出席所有听证会，提交书面陈述，向专家组口头陈述观点并接收争端各方的书面陈述。该缔约方应在提交成立专家组的请求之日起 10 天内发出书面通知。

31.15 条款：专家作用

只要争端各方同意且遵守其议定的任何条款和条件，专家组可应任一争端方请求或自行向其认为适当的任何个人或机构寻求信息和技术建议。争端各方应有机会对根据本条款获得的任何信息或建议进行评论。

31.16 条款：诉讼程序的暂停或终止

专家小组可在申诉方的要求下随时暂停其工作，但暂停时间不得超过连续 12 个月。若争端方提出要求，专家组应随时暂停其工作。在暂停情况下，规定的时限应按工作暂停的时间延长。如果工作连续暂停时间超过 12 个月，专家组应终止程序。若争议各方提出要求，专家组应终止程序。

31.17 条款：专家组报告

专家组需要在最后一名专家确定后的 150 天内向争议缔约方提交初次报告。在紧急情况下，如涉及易腐货物，初次报告须在最后一名专家确定后的 120 天内完成。在特殊情况下，如果专家组认为自身不能在最后一名专家确定后的 150 天内发布初次报告，则应通知争端各方报告延迟的原因以及预计发布报告的时间。除非争议双方另有约定，否则延迟不得超过

30 天。各缔约方可在初次报告提交后的 15 天内或在争议缔约方确定的另一期限内向专家组提交初次报告的书面评论。除非争议各方另有约定，否则专家组应在不迟于初次报告发布的 30 天内提交最终报告。在采取措施保护机密信息后，争议方应在不迟于最终报告完成后的 15 天内向公众公开最终报告。

31.18 条款：最终报告的执行

USMCA 规定，在收到包含调查结果的最终报告后 45 天内，争议各方应努力就争端解决方案达成一致。其中，争议的解决可以包括消除不合格、无效或有损害的措施。如果可能，应诉方应提供申诉方可接受的赔偿，或采取申诉方可能同意的其他补救措施。

（二）B 部分：国内诉讼与私人商事争端解决

31.20 条款：司法或行政程序事宜的移交

如果本协定的解释或适用问题发生在一缔约方认为其值得介入的国内司法或行政程序中，或者法院或行政机构征求一方的意见，该缔约方应通知其他缔约方及其秘书处各部门。委员会应尽快就答复达成一致。法院或行政机构所在地的一方，应依照法院或行政机构的规则，向法院或行政机构提交委员会商定的解释。如委员会不能达成一致意见，缔约方可根据法院的规则向法院或行政机构提出自己的意见。

31.21 条款：私权

USMCA 规定，任何一缔约方不得以另一缔约方的措施不符合本协定为由，根据其法律规定对另一缔约方提起诉讼。

31.22 条款：替代性争端解决

各缔约方应尽可能通过教育、仲裁、调解、在线争端解决和其他程序等方式，鼓励、便利和促进自由贸易区私人之间国际商事争端的预防和解决。为此，各缔约方应提供适当的程序，以确保遵守仲裁协议以及承认和执行此类争端的仲裁裁决与和解协议，并促进和鼓励调解程序。委员会应设立和维持私人商事争端咨询委员会，其成员由拥有解决私人国际商事争端专业知识和经验的人员组成。该咨询委员会应就有关预防和解决自由贸易区争议的仲裁、调解、在线争端解决和其他争议解决程序的可用性、使用情况、有效性等一般问题向委员会提交报告与建议。

六　例外和一般条款

USMCA 中例外和一般条款的相关内容分为两个部分，其中 A 部分涵盖例外的一般规定，具体包括一般例外、基本安全、征税、临时保障措施、原住民权利、文化产业，共计 6 条；B 部分为一般规定的相关内容，包括信息披露，个人信息保护，获取信息，非市场经济体自由贸易协定，关于墨西哥服务、投资和国有企业及指定垄断企业跨境贸易的具体规定，争端解决的例外，共计 6 条。

（一）A 部分：例外的一般规定

32.2 条款：基本安全

USMCA 中的任何内容均不得要求一方提供或允许获取违背基本安全利益的信息，或者阻止一方为履行其在维护或恢复国际和平和安全及保护自身基本安全利益方面的义务而采取其认为必要的措施。

32.3 条款：征税

该条款对指定主管部门、税收公约等概念进行了解释说明，并就 USMCA 中与税收相关的其他条款内容进行了适用说明和规定。就两个或两个以上缔约方之间的税收协定而言，如果与 USMCA 存在不一致问题，则该问题应提交至有关缔约方的指定主管部门。这些缔约方的指定主管部门应自提交问题之日起 6 个月内确定不一致问题是否存在以及存在的程度。经指定主管部门同意，该期限可以延长至自提交之日起 12 个月。为审议与税收措施有关的争端而成立的专家组或法庭，应接受缔约方指定主管部门做出的决定。

32.4 条款：临时保障措施

在缔约方出现严重的国际收支和外部财政困难时，其对经常账户交易的付款或转账采取或维持的限制性措施不受 USMCA 影响。在采取措施后，缔约方应尽快向国际货币基金组织提交经常账户的兑换限制请求，与国际货币基金组织就相关经济调整措施进行磋商。在缔约方出现严重的国际收支和外部财政困难时，或在某些特殊情况下，USMCA 不禁止缔约方就与资本流动有关的付款或转账采取或维持限制性措施。

32.5 条款：原住民权利

USMCA 规定，如果该条款不被用作对其他缔约方的任意或无理歧视的手段，或作为对货物、服务和投资贸易的变相限制，则该协定并不排除缔约方履行对本国内原住民法律义务的措施。[①]

32.6 条款：文化产业

该条款对文化产业进行了定义，并就 USMCA 中与文化产业相关条款的适用情况进行了说明。此外，USMCA 不适用于加拿大对文化产业采取或维持的措施。

（二）B 部分：一般规定

32.7 条款：信息披露

USMCA 的任何规定不得解释为要求一缔约方提供或允许获取一经披露将妨碍执法或违反公共利益和损害特定企业、公众、个人的合法商业利益的机密信息。

32.8 条款：个人信息保护

在该条款中，个人信息指包括各类数据在内的已确认或可确认的自然人的信息。USMCA 要求各缔约方采用或维持保护个人信息的法律框架，

---

① 为了提高确定性，加拿大的法律义务包括 1982 年《宪法法案》第 35 条承认和确认的义务，以及中央或地区政府与原住民之间自治协议中规定的义务。

在制定该法律框架时，各缔约方要考虑相关国际机构的原则和准则，其主要原则包括限制收集、选择、数据质量、用途说明、使用限制、安全保障、透明度、个人参与以及问责。各缔约方应公布其提供的关于个人信息保护措施的报告，包括个人如何寻求补救措施、企业如何遵守法律要求等。鉴于各缔约方采取不同的法律方式保护个人信息，USMCA 鼓励缔约方建立提升各缔约方不同制度之间兼容性的机制、促进有关政府机构在调查涉及个人信息保护事项方面的合作，以及协助用户就个人保护信息建立跨境申诉机制。

32.9 条款：获取信息

USMCA 要求每一缔约方持有一个法律框架，允许其境内的自然人在遵守该缔约方法律规定的合理条款和限制的条件下获取政府所持有的信息记录。

32.10 条款：非市场经济体自由贸易协定

USMCA 对成员与非市场经济体签订自由贸易协定进行了较为严格的规定。在谈判开始前至少 3 个月，缔约方应将其与非市场经济体进行自由贸易谈判的意向告知其他缔约方，并尽可能提供关于谈判目标的信息。最迟在签署之日前 30 天，有意与非市场经济体签署自由贸易协定的缔约方应向其他缔约方提供协定全文，包括所有附件和附带文书，以便其他缔约方审查协定并评估其对 USMCA 的潜在影响。一缔约方与非市场经济体签订自由贸易协定后，其他缔约方可提前 6 个月通知终止 USMCA，并以双边协定取代之。关于双边协定，应包含 USMCA 的所有条款，但缔约方一致认为不适用双方的条款除外，相关缔约方应充分利用 6 个月的通知期审查 USMCA，确定是否需要进行修订以确保双边协定正常运作，双边协定自最后一方通知另一方已完成其适用法律程序之日起 60 天后生效。

32.12 条款：争端解决的例外

USMCA 规定，加拿大根据 1985 年《加拿大投资法》第 28 页（第 1

号补充文件）进行审查后做出的决定——关于是否允许进行审查的投资，不受第 31 章 "争端解决" 规定的约束。

七 最终条款

USMCA 中关于最终条款的内容包括 1994 年《北美自由贸易协定》的过渡性条款，附件、附录和脚注，修订案，WTO 相关协议的修订，生效，退出，审查和延期，文本效力，共计 8 条。

34.1 条款：1994 年《北美自由贸易协定》的过渡性条款

委员会或 1994 年《北美自由贸易协定》的附属机构正在审议的问题，包括正在拟订的文件或其他工作，可由本协定的任何同等机构继续推动，但须经缔约方对是否继续以及以何种方式继续做出决定。根据 1994 年《北美自由贸易协定》第 2022 条设立的委员会成员资格在 USMCA 中得以持续，1994 年《北美自由贸易协定》第 19 章继续适用于缔约方在 USMCA 生效前公布的有关最终决定的双边专家组审查。对于根据 1994 年《北美自由贸易协定》提出的优惠关税待遇要求，缔约方应做出适当安排，在 USMCA 生效后按照 1994 年《北美自由贸易协定》准许这些要求。1994 年《北美自由贸易协定》第 5 章的规定继续适用这些安排，但仅适用于根据 1994 年《北美自由贸易协定》主张优惠关税待遇的货物，并将在其第 505 条（记录）规定的期限内继续适用。

34.2 条款：附件、附录和脚注

USMCA 也强调了附件、附录和脚注的重要性，是该协定不可或缺的一部分。

34.3 条款：修订案

各缔约方可以以书面形式同意 USMCA 的修订，修订案自上一缔约方按其适用的法律程序向其他缔约方提供批准修订案的书面通知之日，或自各方同意的其他日期起 60 天后生效。

34.4 条款：WTO 相关协议的修订

如果 WTO 相关协议的修订改变了缔约方已纳入 USMCA 的条款，则除非 USMCA 另有规定，缔约方应就是否修改 USMCA 进行协商。

34.5 条款：生效

USMCA 的生效要依据《〈美国－墨西哥－加拿大协定〉取代〈北美自由贸易协定〉议定书》第二段文字内容。

34.6 条款：退出

缔约方可通过向其他缔约方提供书面通知退出 USMCA，其退出在提交书面通知后 6 个月生效。

34.7 条款：审查和延期

USMCA 自生效之日起 16 年后终止。在各缔约方同意的情况下，USMCA 的效力可继续延长至下一个 16 年。在 USMCA 生效 6 年时，委员会应举行会议对 USMCA 的实施情况进行"联合审查"，审查各缔约方提出的行动建议，并就适当行动做出决定，每一缔约方可在委员会联合审查会议召开前至少 1 个月向委员会提出行动建议。作为委员会联合审查的一部分，如果各缔约方希望将 USMCA 的期限再延长 16 年，则各缔约方应通过其政府首脑以书面形式予以确认。如果各缔约方均希望延长本协定，则本协定的期限自动延长 16 年，委员会应在不迟于下一个 6 年期结束前进行联合审查并考虑延长协定的期限。作为 6 年审查的一部分，若某一缔约方不确定其是否希望将 USMCA 的期限再延长 16 年，委员会应在本协定的剩余期限内每年进行一次联合审查。如果一方或多方未在特定联合审查结束时确认其是否希望将本协定延长 16 年，则在该审查结束至本协定到期之间的任何时间，缔约方可以通过各自的政府首脑以书面形式确认将本协定延长 16 年的期望，自动将本协定的期限再延长 16 年。

34.8 条款：文本效力

除非另有规定，否则 USMCA 的英文、法文和西班牙文文本均具有同等效力。

第三节　《美墨加协定》其他制度性议题的比较分析

近 20 年来，基于区域经济一体化趋势下的区域贸易协定发展迅速，除 USMCA 外，美国还先后签署了《北美自由贸易协定》（NAFTA）、《跨太平洋伙伴关系协定》（TPP）和《美韩自由贸易协定》（KORUS FTA）等较大规模的区域贸易协定，这些高标准的区域贸易协定对其他制度性议题的规定有其自身的演化逻辑。以下将通过对 USMCA 与 NAFTA、TPP 和 KORUS FTA 的比较分析，总结这些高标准区域贸易协定的相同点、不同点和发展趋势。

一　《美墨加协定》其他制度性议题与其他贸易协定的相同点

USMCA 是美国最新签订的区域贸易协定，其中不少条款的内容参考了之前三种贸易协定。下面分别归纳 USMCA 中竞争力、良好的监管实践、公布与管理、管理和机构、争端解决、例外和一般条款、最终条款与其他主要贸易协定条款内容的相同点。

（一）竞争力

TPP 和 KORUS FTA 中的竞争力条款与 USMCA 中的竞争力条款非常相似。三种贸易协定均要求：为了促进贸易区内的经济一体化和提高竞争力，由各缔约方的政府代表组成，设立区域内的竞争力委员会，并对委员会的职能做出规定；委员会应建立适当的机制，为利益相关方提供就与提高竞争力有关的事项提出意见的机会；根据本议题发生的事项不得根据争端解决议题诉诸争端解决。

（二）良好的监管实践

USMCA 和 TPP 中关于监管实践的内容框架一致，都规定了有关良好的监管做法的具体义务，包括与缔约方各自监管的规划、设计、发布、实施和审查有关的做法；各缔约方应建立或维持各自的中央监管协调机构；建立由各缔约方政府代表组成的监管委员会（TPP 为监管一致性委员会，USMCA 为良好的监管实践委员会）。

USMCA 与 KORUS FTA 在基础性规定中也有较多相同点。例如，KORUS FTA 提出了关于汽车标准和技术要求的单独附件，这一部门性的、行业特定的方法都将在 TPP 和 USMCA 中存在。[①]

（三）公布与管理

USMCA 与 TPP 在章节的内容与规定上非常相似（除了 USMCA 没有信息提供这一内容）。USMCA 新增的 B 部分是 TPP 中该章节的附件，均对各缔约方在提供医疗卫生服务时应遵守的原则、医疗卫生机构报销程序的公正性、药品生产商向卫生专业人员和消费者传播相关信息的许可、磋商安排等进行了具体规定。

（四）管理和机构

就管理和机构条款来说，USMCA 与 NAFTA、TPP、KORUS FTA 都设立了委员会（USMCA 和 NAFTA 为自由贸易委员会，TPP 为跨太平洋伙伴关系委员会，KORUS FTA 为自贸协定联合委员会），并规定了委员会的职能和程序规则等。除时间期限等具体要求外，USMCA 与 NAFTA、TPP、KORUS FTA 在委员会设立、委员会职能、决策、委员会程序规则、联络点等方面的规定一致。

（五）争端解决

USMCA 与 TPP 一致，将争端解决章节分为 A（争端解决的一般规

---

① Cai, P. F., "Regulatory Coherence and Standardization Mechanisms in the Trans-Pacific Partnership", *British Journal of American Legal Studies*, 2016, 5 (2).

定）、B（国内诉讼与私人商事争端解决）两个部分。在内容上，USMCA的争端解决部分涵盖了 TPP、NAFTA 和 KORUS FTA 的全部内容，虽然章节分布、细微规定有所不同，但四种贸易协定均对合作、适用范围、解决争端的场所选择等内容进行了阐述，详细规定了磋商、调解、设立专家组、诉讼程序的暂停或终止、专家组报告提交、最终报告的执行等一系列争端解决程序，并对专家组组成及其成员资格、专家组职能等进行了细致解释。

（六）例外和一般条款

USMCA 的例外和一般条款中也包含安全例外、税收措施、临时保障措施（国际收支平衡保障措施）、信息披露等保护措施，且这些基本保护措施与 TPP、KORUS FTA 中的一致。除了以上基本保护措施外，与 NAFTA 相比最重要的相同点是，USMCA 保留了 NAFTA 中的文化产业豁免，两种贸易协定均规定不适用于加拿大对书面材料、电影、音乐等文化产业采取的措施，而这一规定在 TPP 中并未出现。

（七）最终条款

与 TPP、KORUS FTA 相同，USMCA 的最终条款也强调了协定文本中附件、附录和脚注的重要性。与 NAFTA 相同的是，USMCA 的最终条款也对协定生效、退出、修订的流程和方法做出了具体的规定和解释，并指定了协定采用的具有同等效力的官方语言。

二 《美墨加协定》其他制度性议题与其他贸易协定的不同点

虽然 USMCA 的很多内容借鉴了 NAFTA、TPP 和 KORUS FTA 的条款，但 USMCA 也对条款内容进行了较多修改。下面仍将按照竞争力、良好的监管实践、公布与管理、管理和机构、争端解决、例外和一般条款、最终条款分别论述 USMCA 与其他主要贸易协定的不同点。

（一）竞争力

在竞争力条款中，与 TPP 不同的是，USMCA 删掉了其中供应链的定义和具体条款等内容，并对竞争力委员会的职能做出了更详细的规定。TPP 的竞争力议题对供应链给予了清晰说明，即供应链是企业的跨境网络，是为客户设计、开发、生产、营销、分销、运输以及提供产品和服务的一个集成系统，并对委员会促进自由贸易区内供应链的发展所采取的举措进行了规定①，而 USMCA 中未提及以上内容。与 TPP 相比，USMCA 的竞争力议题对竞争力委员会的职能进行了更改和补充：首先，不再对竞争力委员会关于促进自由贸易区内供应链发展的职能进行规定；其次，明确缔约方要优先发展现代物理、数字贸易和投资相关基础设施的项目和政策；最后，提出促进缔约方之间在创新和技术方面的合作。

（二）良好的监管实践

在良好的监管实践条款中，与 TPP 和 NAFTA 相比，USMCA 增加了一些新规定，如 28.5 条款"信息质量"规定了各缔约方应建立和维持公开可用的机制和监管机构，鼓励其监管机构在制定法规时以透明方式确定信息来源，从而获取可靠的、高质量的信息制定法规；28.6 条款"早期规划"规定了各缔约方应每年公布其在接下来的 12 个月内将通过或拟采用的法规清单，从而使缔约方有足够的时间对拟议的措施提供反馈。此外，TPP 中 25.11 条款规定，缔约方不得就监管一致性章节下产生的任何事项诉诸争端解决，USMCA 中 28.20 条款也规定，监管协调条款不可通过争端解决来执行。

（三）公布与管理

在公布与管理条款中，USMCA 比 KORUS FTA 和 NAFTA 等区域贸易协定多了一个 B 部分，即医药品和医疗器械的透明度与程序公正性，而与 TPP 相比则存在细微差异。② USMCA 比 TPP 在该章的规定放宽了许多，

---

① 中国社会科学院世界经济与政治研究所国际贸易研究室：《〈跨太平洋伙伴关系协定〉文本解读》，中国社会科学出版社，2016，第 280 页。

② USMCA 中的 B 部分与 TPP 第 26 章中的附件 26 – A 相对应。

如在公布条款中，USMCA 删去了公布拟议条款之前应有不少于 60 天的意见征集期、积极考虑评议期间收到的意见并鼓励对拟议条款进行修改等规定。

（四）管理和机构

在管理和机构条款中，USMCA 与其他区域贸易协定的细节之处略有不同，主要在于保留了 NAFTA 中秘书处这一内容，要求委员会建立并监督由国家部门组成的秘书处，而这是 KORUS FTA 中不涉及的。与 NAFTA、TPP 不同的是，USMCA 未采用 TPP 中争端解决程序的管理、特定缔约方过渡期报告两个方面的规定，也未保留 NAFTA 中关于委员会和工作组、支出报酬详细说明、措施无效和减损方面规定的三个附件。

（五）争端解决

在争端解决条款中，USMCA 与 TPP 和 NAFTA 的不同点主要在于缩短了争端解决流程的时间限定，增加了专家小组成员数量，增设了私人商事争端咨询委员会。第一，在争端解决流程的时间限定方面，USMCA 要求如果委员会无法在召集会议的 30 天内调停双方的争端，则设立专家组。而 TPP 等协定仅要求在 60 天以内。第二，在专家组主席的设定方面，USMCA 要求争议双方在成立专家组请求送达的 15 天以内，就专家组主席一事努力达成一致。而 TPP 等协定仅要求在 35 天以内。在专家小组成员数量方面，USMCA 要求专家组由 5 名仲裁员组成。而 TPP 等协定则规定仅由 3 名仲裁员组成。第三，在新增条款方面，USMCA 要求委员会设立和维持私人商事争端咨询委员会，并要求委员会成员由拥有解决私人国际商事争端专业知识和经验的人员组成。USMCA 还在条款中对私人商事争端咨询委员会的宗旨和职能进行了具体界定。而 TPP 等协定并未提出设立私人商事争端咨询委员会。

（六）例外和一般条款

在例外和一般条款中，与 NAFTA、TPP、KORUS FTA 不同的是，USMCA 增加了三点较为重要的内容。第一，承认和尊重原住民权利。

USMCA 中 32.5 条款规定，不得妨碍缔约方采取措施以履行对原住民的法律义务。第二，增加了"个人信息保护"这一措施并做出具体说明和规定，以使自然人免受其监管范围内发生的个人信息保护违法行为的侵害。第三，规定了与非市场经济体谈判自由贸易协定的条件，即所谓的"毒丸条款"。USMCA 要求计划与非市场经济体进行自由贸易协定谈判的缔约方将该谈判意向及相关信息通知其他缔约方。USMCA 中 32.10 条款将非市场经济体定义为"在 USMCA 签署之日，缔约方已根据其贸易救济法确定为非市场经济体，以及没有与任何缔约方签署自由贸易协定的经济体"。与非市场经济体签订自由贸易协定的缔约方将允许其他缔约方提前6 个月通知终止 USMCA，并以双边协定取代。

（七）最终条款

不同于 NAFTA 和 TPP 这两个区域层面的多边贸易协定，USMCA 的最终条款中没有关于"加入"这一程序的规定，在 NAFTA 和 TPP 中则允许新成员的加入，并规定了加入协定所需具备的条件和相关程序。USMCA 与 NAFTA、TPP 的最终条款相比发生了较大变化。一方面，增加了促进1994 年《北美自由贸易协定》顺利过渡到 USMCA 的条款；另一方面，引入了延长至 16 年的日落条款。日落条款是 USMCA 与 NAFTA 相比最为显著的调整之一，USMCA 规定协定的有效期为 16 年，届时各方可以选择重新审核和/或重新协商这些条款，或完全退出协定，并于协定生效后每 6 年举行一次联合审查，以决定是否将协定再延长 16 年，即每 16 年对 USMCA 进行一次续签。由特朗普政府最初推动的 5 年日落条款延长至 16 年，可见美国做出了一定的让步，该条款也在一定程度上保障了 USMCA 的价值。

三　区域贸易协定其他制度性议题的发展趋势

基于以上对 USMCA 的文本分析以及对 NAFTA、TPP、KORUS FTA 等高标准自由贸易协定的对比分析可以发现，新一代高标准自由贸易协定的其他制度性议题具有开放度更高、规则性更强的特点。

第一，现有高标准自由贸易协定对竞争力条款的规定呈现内容逐渐增加的态势。这主要是因为目前中间品贸易的占比逐渐提高，为了促进自由贸易区内供应链发展所做的规定。这既体现出了区域经济一体化在中间品贸易快速发展的情况下所做的改变，也为成员进一步深化区域分工协作创造了有利条件。

第二，现有高标准自由贸易协定对监管协调条款趋向一致化和透明化。越来越多的条款要求成员对相应法律履行提前告知的义务，以便其他成员对此提前做出反应。这种要求告知的监管协调类条款可以进一步降低成员间贸易和投资的政策不确定性。

第三，现有高标准自由贸易协定对透明度条款的适用领域逐渐拓宽。透明度条款要求缔约方对本协定所涵盖的所有事宜普遍适用的法律、法规、程序与行政裁决迅速公之于众。以往对透明度条款的规定存在诸多行业和领域的例外，但是现有高标准自由贸易协定已纳入了对医疗器械行业的要求，对成员在提供医疗卫生服务时应遵守的原则、医疗卫生机构报销程序的公正性、药品生产商向卫生专业人员和消费者传播相关信息的许可、磋商安排等进行了具体规定。

第四，现有高标准自由贸易协定在管理和机构条款中对管理机构赋予了更大职能。例如，在条款中逐渐增设自由贸易委员会职能，赋予自由贸易委员会审核本协定修订案以及发布协定条款解释等更大的权力。根据以上分析可知，在管理机构的框架下，每个条款都须经过所有缔约方的同意，因此在修订过程中应保证在各缔约方同意的情况下进行，该条款能保证区域贸易协定根据实际情况和现实问题而不断修订。

第五，现有高标准自由贸易协定不断提升争端解决条款的处理效率。具体措施包括缩短磋商时限规定、替代性争端解决机制规定、缩短审议小组时限规定、私人商事争端解决规定等，同时增加专家仲裁小组成员数量。这些规定条款既可以帮助成员尽快解决争端，也可以帮助缔约方之间构建一个更加客观、公平的争端解决机制。

第六，现有高标准自由贸易协定更加关注个人信息和文化产业。具体来讲，现有高标准自由贸易协定在例外和一般条款中普遍增设了个人信息保护、个人信息获取、文化产业例外等规定。这些规定既可以在区域一体化进程中应对数字经济的冲击，解决数字经济下一体化带来的信息安全问题，又可以反过来帮助完善缔约方的信息制度。

第七，现有高标准自由贸易协定更加关注协定的更新期限。以往的自由贸易协定对日落条款普遍忽视，这使得条款很可能无法应对诸如数字贸易等新兴议题的冲击，而现有高标准自由贸易协定中日落条款的增设可以给整个贸易协定带来推陈出新、与时俱进的效果。

7

结束语

USMCA 作为新一轮国际经贸规则新高度的典型代表，凸显了全方位覆盖、多元化领域、高标准等特点，是全球经贸规则演变的"风向标"。随着世界经济环境和国际关系越来越复杂，区域经济一体化逐渐成为中国对外经济发展的新方式。当前，RCEP、《中韩自由贸易协定》（以下简称中韩 FTA）等高水平自贸区协定的签署，体现了中国在自贸区建设方面的快速发展和取得的新突破，为中国经济增长注入了强劲动力。为进一步推进高水平自贸区建设，中国需着眼于未来经贸规则的演变趋势，对标新型区域经济一体化的高标准要求。下面将针对 USMCA 中传统议题、传统议题深化、深度一体化议题、横向新议题、其他制度性议题五类议题，从议题设置的全面性以及条款内容的详尽度等方面与中国签署的自贸区协定进行比较，以期寻找中国现阶段自贸区协定与 USMCA 等高标准经贸规则之间的差距，为中国完善贸易规则提供重要参照，这对中国参与并引领国际经贸新规则的制定具有重要的启示意义。

一 USMCA 与中国签署的自贸区协定的相同点

在 USMCA、RCEP 和中韩 FTA 中，传统议题、传统议题深化和深度一体化议题这三类议题的章节设置框架基本相同，横向新议题和其他制度性议题这两类议题的部分章节也存在较多相似之处。

（一）传统议题

在传统议题框架下，USMCA、RCEP 和中韩 FTA 的议题设置基本一致，均包含国民待遇和货物的市场准入、原产地规则、海关管理与贸易便利化、卫生和植物检疫措施、技术性贸易壁垒以及贸易救济等议题。具体到条款内容上，其共同之处主要体现在国民待遇、市场准入、管理规则等方面。

第一，在国民待遇方面，USMCA、RCEP 和中韩 FTA 的规定大致相同，均沿用了 GATT 第 3 条（包括其解释性说明）的内容，要求缔约方给予另一缔约方的货物以国民待遇，不得对任何原产货物提高现行关税或增加新关税，并按照关税减让表中的规定立即或逐步取消关税。

第二，在市场准入方面，USMCA、RCEP 和中韩 FTA 均以大幅度促进货物贸易自由化为目标，各项规定立足于促进区域内商品的自由流动。例如，在非关税措施的适用范围上，任一缔约方不得对自另一缔约方进口的货物或出口至另一缔约方境内的货物实施或保持任何禁止或限制措施①；在货物放行上，USMCA、RCEP 和中韩 FTA 均规定简化缔约方的海关程序，要求对每一缔约方的海关程序进行有效管理，以此促进货物的快速通关，便利缔约方之间的贸易。

第三，在管理规则方面，USMCA、RCEP 和中韩 FTA 均强调监管的透明性和科学性。例如，USMCA 和 RCEP 在卫生与植物卫生措施方面提高了对科学依据和透明度的要求。在《马拉喀什建立世界贸易组织协定》附件 1A 中《实施卫生与植物卫生措施协定》的基础上进行深化，促进了风险分析的使用，允许进口国家对出口国家的食品安全规则系统进行审核。

（二）传统议题深化

USMCA 以及中国签订的自贸区协定都对传统议题进行了深化。在议题设置上，USMCA 与中韩 FTA 基本相同，均囊括了投资、跨境服务贸易、临时入境、金融服务、电信以及数字贸易六项议题，并将其单独设章。在条款内容上，USMCA、RCEP 和中韩 FTA 均以促进投资自由化为目标，强调电信互联互通的重要性，为数字贸易等领域提出了新规则框架。

第一，在跨境投资方面，USMCA 与 RCEP、中韩 FTA 在投资章节的条款类别基本一致，主要包含投资自由化、投资促进和投资保护三个方面的内容。其一，在投资自由化上，对国民待遇、最惠国待遇、最低处理标准等设置相关规定，以此营造公平公正的投资环境；其二，在投资促进

---

① 符合 1994 年《关税及贸易总协定》第 11 条及其解释性说明的措施除外。

上，缔约方应鼓励另一缔约方投资者在其领土内投资并为之创造有利的环境；其三，在投资保护上，设置了损失补偿条款，即当武装冲突、内乱或者国家紧急状态使其领土内的投资遭受损失时，缔约方应当酌情向另一缔约方投资者提供赔偿或补偿。

第二，在电信方面，USMCA 与中韩 FTA 将电信单独设章，均强调了互联互通的重要性。例如，在接入和适用规则方面，USMCA 和中韩 FTA 都强调了接入和适用另一缔约方境内电信服务的非歧视待遇、透明度原则以及信息获取的自由度，要求应确保另一缔约方的任何企业都能够访问和使用任何公共电信网络或服务，用于企业境内和跨境的信息传输，以此促进电信服务的高水平增长。

第三，在数字贸易方面，USMCA 与 RCEP 提出了 21 世纪数字贸易发展的新规则框架，涵盖了一系列推动贸易数字化、降低信息流动成本以及促进电子商务环境良性发展的措施。其一，在贸易便利化方面，USMCA 与 RCEP 均规定了"电子认证和电子签名"等条款；其二，在信息跨境传输方面，确保了"跨境数据自由流动"，这也是中国首次在符合国内法律法规的前提下在 RCEP 中纳入数据流动、信息存储等规定；其三，在维护良好的电子商务环境方面，规定了"线上消费者保护""线上个人信息保护"等条款，为在线消费者提供保护，维护网络安全。

（三）深度一体化议题

在深度一体化议题框架下，USMCA 与中韩 FTA 在议题设置上类似，将政府采购、知识产权、竞争政策和环境单独设章。

第一，USMCA 和 RCEP 将政府采购单独设章，致力于提高区域内采购透明度和合作水平。例如，在透明度方面，USMCA 和 RCEP 对采购程序的公正透明提出了要求，规定政府采购相关法律法规和程序可被公开获取；在合作方面，USMCA 和 RCEP 就缔约方积极开展政府采购信息交流与合作、提供技术援助和加强能力建设达成一致。

第二，知识产权在 USMCA、RCEP 和中韩 FTA 中以独立章节出现，所涵盖的条款类别基本相同。在条款设置上，USMCA、RCEP 和中韩 FTA 均对专利、商标、地理标志和商业秘密等工业产权以及技术转让做出了相应规定。除此之外，USMCA 和 RCEP 还构建了强有力的执行体系，主要包括民事救济、边境措施、刑事救济等内容，对缔约方的司法机构提出了较高要求，以便对任何侵犯本章所涵盖的知识产权的行为采取有效行动。

第三，在竞争政策方面，USMCA 与中韩 FTA 均在竞争政策章节对竞争法和竞争机构、适用范围、透明度、磋商和争端解决等做出了详细规定，且条款内容在理念和基础性规定上较为相似，旨在营造良好的市场竞争环境。

第四，在环境议题方面，USMCA 与中韩 FTA 对环境保护的目标、双边合作的开展、机构和资金安排做出了基本规定，强调了环境合作协调的重要性，缔约方须在促进可持续发展的总目标下进行经贸合作。

（四）横向新议题

中国签署的自贸区协定关于横向新议题的涉猎较少，主要从中小企业议题分析 USMCA 与 RCEP 的相同点。在议题设置上，USMCA 与 RCEP 均将中小企业议题单独成章。在条款内容上，USMCA 与 RCEP 强调了中小企业在维持国家经济活力和提高竞争力方面的作用，在重视信息分析、设立中小企业委员会等方面进行了规定，以此加强企业之间的合作关系，促进中小企业的就业和增长。

（五）其他制度性议题

在其他制度性议题框架下，USMCA 与中韩 FTA 在议题设置上包含公布与管理、管理和机构、争端解决、例外和一般条款以及最终条款等议题。

具体到条款内容上，主要从透明度与争端解决机制两个方面分析

USMCA 与中国签署的自贸区协定的共同之处。在透明度方面，USMCA 与中韩 FTA 关于透明度的条款类别基本相同，均包括通知与信息提供、行政程序、复议与上诉等部分；在争端解决机制方面，USMCA 与 RCEP、中韩 FTA 关于争端解决的程序基本类似，旨在提供有效、高效和透明的程序。USMCA 与中韩 FTA 均在磋商、斡旋、调解或调停、设立专家组等方面做出了明确规定，并详细规定了专家组职能、专家组程序、最终报告的执行等。

二 USMCA 与中国签署的自贸区协定的不同点

总体而言，在议题设置上，USMCA 的议题覆盖范围大于 RCEP 和中韩 FTA。在条款内容上，USMCA 在部分议题上的详尽度和标准相对较高。

（一）传统议题

关于传统议题，在议题设置上，相较于 RCEP 和中韩 FTA，USMCA 增设了农业章节。在条款内容上，USMCA、RCEP 和中韩 FTA 的差异主要体现在原产地规则的区域价值成分计算方法与含量标准等方面。

第一，在议题设置上，农业议题在 USMCA 中单独设章，而在中国签署的自贸区协定中并未以单独章节出现。USMCA 充分体现了美国对农业的重视，在第三章就农业国际合作、出口竞争、粮食安全、农业协商、农业特别保障、农业生物技术等做出了具体规定，并在 NAFTA 农业承诺的基础上，进一步扩大加拿大乳制品、禽肉及蛋类市场对美国的开放，降低美国小麦、酒类产品等的非关税壁垒，以此大幅度增加美国农产品和食品的出口机会，使美国农民和农业企业从中受益。相比之下，RCEP 没有设置农业的相关议题，中韩 FTA 仅在第十七章经济合作中涉及粮食安全，相关规定也不及 USMCA 详尽。

第二，在议题内容上，USMCA 与 RCEP、中韩 FTA 的主要差异体现在原产地规则章节。在区域价值成分计算方法方面，中韩 FTA 采用了交易价值法，RCEP 在此基础上还设定了区域累积法，USMCA 则规定了交易价值法和净成本法两种方法供货物进出口商或生产商选择（见表7-1）。在区域价值含量标准方面，USMCA 的设定标准更高，并对汽车部件比例、使用钢和铝的比例做出了严格规定，具有一定程度的贸易保护主义色彩。例如，在 USMCA 的净成本计算方法下，乘用车或轻型卡车零件的地区价值含量须在 2020 年 1 月 1 日至 2023 年 1 月 1 日逐年达到 66%、69%、72% 和 75%。此外，USMCA 同时支持配套的北美钢铝产业，发挥汽车行业的连锁效应，规定乘用车、轻型卡车和重型卡车的生产必须使用 70% 以上原产于北美的钢和铝。

表 7-1　中韩 FTA、RCEP、USMCA 的区域价值成分计算方法

协定	计算方法	计算公式
中韩 FTA	交易价值法	$RVC = \dfrac{FOB - VNM}{FOB} \times 100$
RCEP	交易价值法	$RVC = \dfrac{FOB - VNM}{FOB} \times 100$
	区域累积法	$RVC = \dfrac{VOM + 直接人工成本 + 直接经营费用成本 + 利润 + 其他成本}{FOB} \times 100$
USMCA	交易价值法	$RVC = \dfrac{NC - VNM}{NC} \times 100$
	净成本法	$RVC = \dfrac{TV - VNM}{TV} \times 100$

注：RVC 为区域价值成分；FOB 为离岸价；VNM 为非原产材料的价值；VOM 为原产材料的价值；NC 为货物的净成本；TV 为货物的交易价值。

（二）传统议题深化

在传统议题深化条款上，USMCA 与 RCEP、中韩 FTA 的差异主要体现在跨境服务贸易的管理模式、金融服务的开放程度以及数字贸易的知识产权等具体规定上。

第一，在跨境服务方面，USMCA 与中国签署的自贸区协定在管理模式上有所不同。以清单形式为例，USMCA 采取"负面清单"管理模式，开放程度更高，并设置了"棘轮效应"条款以确保缔约方不得倒退自由化进程。在 RCEP 中，中国采取"正面清单"管理模式，承诺将于协定生效后 6 年内转化为"负面清单"管理模式；而中韩 FTA 仅承诺未来将以"负面清单"管理模式开展服务贸易，且未明确具体时间。

第二，在金融服务方面，USMCA 对金融服务开放的广度与深度都高于中韩 FTA。从金融部门的开放范围来看，USMCA 承诺开放风险保险、跨境电子支付服务等内容，而中韩 FTA 没有对提供保险服务等新兴内容做出承诺；从金融市场的开放深度来看，USMCA 非常重视金融市场的竞争公平性与自由化，专门设置了跨境金融信息自由化和禁止金融数据本地化的条款，明确禁止缔约方采取强制计算机本地化的措施，而相关规定未在中韩 FTA 中得以体现。

第三，在数字贸易方面，USMCA 与 RCEP 的差异主要体现于数字知识产权的相关条款。例如，对于源代码披露，USMCA 严格禁止缔约国在数字技术产品进口中对源代码进行强制披露审查，旨在确保数字产品知识产权的安全性。而 RCEP 尚未单独设置源代码条款，仅在电子商务对话条款中鼓励缔约方就源代码问题进行对话。此外，数字知识产权保护强调了互联网服务提供商实时监管第三方的义务和责任。USMCA 增设了"交互式计算机服务"条款，规定互联网服务提供商在第三方知识产权侵权行为中须承担连带责任。

（三）深度一体化议题

关于深度一体化议题，在议题设置上，相较于 RCEP 和中韩 FTA，USMCA 增设了劳工章节。在条款内容上，USMCA、RCEP 和中韩 FTA 的差异主要体现在环境保护的合作机制与争端解决机制条款。

第一，在议题设置上，中国签订的自贸区协定尚未涉及劳工议题，而 USMCA 将劳工议题单独设章。USMCA 在劳工章节推行严格的、可强制实施的劳动标准，主要包括遵守国际劳工组织关于劳工权利的核心要求、不允许为促进投资和贸易而放宽国内法的劳动标准、建立相关的争端解决机制以强化对劳工的劳动保护。

第二，在条款内容上，USMCA 在环境章节增设了合作与争端解决机制条款。中韩 FTA 中环境议题的内容更多地体现了框架性和纲领性的要求，但没有建立严格的监督、磋商和争端解决机制。相比之下，USMCA 对环境保护的合作机制与争端解决机制做出了具体规定。在合作机制方面，USMCA 安排了美墨加三国在贸易领域开展环保合作的具体方法和机制，通过设立环境委员会和联络机构、制定环境法规执法意见书、开展环境咨询等方式实践和履行条款。在争端解决机制方面，USMCA 从一般磋商、高级代表磋商、部长级磋商和争端解决多个层面对缔约国之间环境方面的矛盾解决进行安排。

（四）横向新议题

在横向议题下，相较于中国签署的自贸区协定，USMCA 增设了国有企业及指定垄断企业、反腐败以及宏观经济政策和汇率问题三个议题。

第一，在国有企业及指定垄断企业议题上，USMCA 对国有企业贸易和投资机会进行严格限制，对中国的针对性极强。例如，USMCA 对非商业性支持条款的扩展增大了中国国有企业参与全球市场竞争的难度。USMCA 要求缔约方确保国有企业不直接或间接提供本协定所禁止或限制的非商业支持，而中国尚未建立起一套清晰的规则体系以区分国有企业实施的商业性活动与非商业性活动，与 USMCA 高标准规则之间存在一定差距。

第二，在反腐败议题上，USMCA 基于 TPP 首次将反腐败议题从透明度议题中分离出来并单独成章，更新了缔约方应当遵守的国际反腐败公约，扩展了腐败行为的范围，将反腐败议题提升到新的高度，为精准预防和打击反腐败行为提供了准则。

第三，在宏观经济政策和汇率问题议题上，汇率条款在 USMCA 中首次得到践行。该章节涉及的是与货币问题相关的政策和透明度承诺，旨在通过在竞争性贬值和目标汇率方面保持克制的高标准承诺来解决"货币不公平"问题，同时提升透明度和提供问责机制。这一规定将有助于增强宏观经济和汇率的稳定性。

（五）其他制度性议题

关于其他制度性议题，在议题设置上，USMCA 增设了竞争力、良好的监管实践议题，而中国签署的自贸区协定尚无此类条款。在条款内容上，USMCA 在例外和一般条款议题下增设了"毒丸条款"，针对非市场经济体制定了排他性和歧视性的条款，对缔约方与非市场经济体签订自由贸易协定进行了严格的规定。例如，在谈判开始前至少 3 个月，一缔约方应将其与非市场经济体进行自由贸易谈判的意向告知其他缔约方，并尽可能提供关于谈判目标的信息。如果一缔约方与非市场经济体签订自由贸易协定，其他缔约方可提前 6 个月通知终止 USMCA 并取代以双边协议。

三　《美墨加协定》对中国实施自由贸易区战略的启示

USMCA 具有高标准、强效力和前沿性的特点，很可能成为未来美国竭力推行全球贸易新规则的范本。USMCA 涉及数字贸易、国有企业、环境保护和劳工标准的最新规定，促使中国继续加大国内改革与对外开放力度，进一步提高知识产权保护、环境和劳工保护标准，以缩小与西方发达国家在国际贸易投资规则上的差距，避免将来在国际贸易投资领域因规则标准提高而陷入被动。尽管 USMCA 包含针对非市场经济体的排他性条款，这将对中国造成直接不利影响，但是也有诸多主张与中国的深化改革目标有着一致的地方，如负面清单和准入前国民待遇、降低服务贸易壁垒规则、数字贸易、高标准的知识产权和环境保护等。[①] 未来，中国应以

---

① 张小波、李成：《论〈美国‐墨西哥‐加拿大协定〉背景、新变化及对中国的影响》，《社会科学文摘》2019 年第 5 期。

"边境后"措施为改革重点，对标新一轮国际经贸规则，并积极参与国际经贸规则谈判，加快自由贸易区战略实施，提升在全球经贸中的规则制定权。

第一，以"边境后"措施为改革重点，有效应对国际经贸规则演变趋势。新一轮国际经贸规则向"边境内"转移，逐步涵盖国有企业、竞争政策、服务贸易、电子商务等"边境后"规则。针对 USMCA 竞争中立原则对中国国有企业提出的挑战，应从提高国有企业的国际竞争力出发，规范国有企业市场竞争行为，提高对国有企业政府补贴、税收减免、市场准入、产业政策等方面的信息披露和透明度，从而推动边境内外措施接轨，为中国企业"走出去"营造公平竞争的制度环境。针对新一轮国际经贸规则对服务业开放的重视程度，中国应以建设更高水平的开放型经济新体制为指导，对外继续深化贸易体制和投资管理体制的改革与创新，建立公平、开放、透明的市场规则，扩大对外开放；对内高度重视计算机通信服务、金融服务、电信服务等一系列新兴服务行业，运用数字技术等新兴动力推动服务业的创新型发展，突破服务业的升级难题，培育更具竞争力的优质企业。

第二，对标新一轮国际经贸规则，以规则对接进一步融入世界经济。以 USMCA 为代表的新一轮国际经贸规则坚持高标准的设计理念，在知识产权、环境、劳工等领域做出了严格规定，使包括中国在内的发展中国家在国际市场的生存空间愈加狭小。中国应积极对标新一轮国际经贸规则，完善法规建设，引导国内制度对接国际标准，逐步提高知识产权、环境、劳工等保护水平，尽量在不损害国内利益的情况下，适应国际化的制度要求，从而减少参与国际市场的阻力。在对标此轮国际经贸规则在知识产权领域的标准方面，中国需加快激发市场主体活力，激励企业自主创新，提高出口产品质量、档次及附加值，鼓励自主知识产权和自主品牌产品出口；在环境和劳工标准方面，为改变中国长期依赖劳动力、土地、资源、环境等低成本优势参与国际竞争的局面，需进一步完善要素市场，通过市场竞争充分利用各种要素，提高要素的使用效率。①

第三，积极参与国际经贸规则谈判，加快自由贸易区战略实施。对于 USMCA 中关于非市场经济体的歧视性条款，中国应高度重视此条款可能产生的连锁影响，美国很可能将此规则渗透至其他区域或双边协定中，甚至挑战 WTO 的现有规则，这不仅对中国建立与其他国家的贸易伙伴关系产生了阻碍，而且可能将中国置于被国际市场孤立的境地。对此，中国应积极参与全球多边和区域的经济合作，在坚持自由贸易和维护多边贸易体制的框架内，积极参与并推动 WTO 改革。同时，考虑到国际经贸规则重构将以超大型区域贸易协定为主要平台，中国应顺应国际经贸规则的发展趋势，积极推动 CPTPP 谈判进程，争取在亚太区域经贸规则制定方面的主动权，加快自由贸易区战略实施。

---

① 王春丽、冯莉：《国际经贸规则重构对中国对外开放的影响与应对策略》，《亚太经济》2020 年第 5 期。

缩略词

ADA（Anti-Dumping Agreement），《反倾销协定》

AoA（Agreement on Agriculture），《农业协定》

APEC（Asia-Pacific Economic Cooperation），亚太经济合作组织

ARO（Agreement on Rules of Origin），《原产地规则协议》

CEC（Commission for Environmental Cooperation），北美环境合作委员会

CEPEA（Comprehensive Economic Partnership for East Asia），东亚全面经济伙伴关系

CETA（Comprehensive Economic and Trade Agreement），《综合经济与贸易协定》

CITES（Convention on International Trade in Endangered Species of Wild Fauna and Flora），《濒危野生动植物种国际贸易公约》

CPTPP（Comprehensive and Progressive Agreement for Trans-Pacific Partnership），《全面与进步跨太平洋伙伴关系协定》

CTE（Committee on Trade and Environment），贸易与环境委员会

DSU（Understanding on Rules and Procedures Governing the Settlement of Disputes），《关于争端解决规则与程序的谅解》

EAFTA（East Asian Free Trade Area），东亚自由贸易区

EC（European Community），欧洲共同体

EGA（Environmental Goods Agreement），《环境产品协定》

FTAA（Free Trade Area of Americas），美洲自由贸易区

FTAAP（Free Trade Area of Asia and Pacific），亚太自由贸易区

GATS（General Agreement on Trade in Services），《服务贸易总协定》

GATT（General Agreement on Tariffs and Trade），《关税及贸易总协定》

GDPR（General Data Protection Regulation），《一般数据保护条例》

GPA（Government Procurement Agreement），《政府采购协定》

IACAC（Inter-American Convention against Corruption），《美洲反腐败

公约》

ICN（International Competition Network），国际竞争网络

ICT（Information and Communication Technology），信息和通信技术

ILO（International Labour Organization），国际劳工组织

IMF（International Monetary Fund），国际货币基金组织

ITA（Information Technology Agreement），《信息技术协定》

KORUS FTA（Korea-U. S. Free Trade Agreement），《美韩自由贸易协定》

LLP（Low Level Presence），低水平混杂

MEAs（Multilateral Environmental Agreements），《多边环境协定》

NAALC（North American Agreement on Labor Cooperation），《北美劳工合作协定》

NAFTA（North American Free Trade Agreement），《北美自由贸易协定》

NTBs（Non-Tariff Barriers），非关税壁垒

OAA（Osaka Action Agenda），《大阪行动议程》

OECD（Organization for Economic Co-operation and Development），经济合作与发展组织

RCEP（Regional Comprehensive Economic Partnership），《区域全面经济伙伴关系协定》

RFMA（Regional Fisheries Management Arrangement），区域渔业管理安排

RFMO（Regional Fisheries Management Organization），区域渔业管理组织

RTA（Regional Trade Agreement），区域贸易协定

SCM（Agreement on Subsidies and Countervailing Measures），《补贴与反补贴措施协定》

SPS（Agreement on the Application of Sanitary and Phytosanitary Measures），《实施卫生与植物卫生措施协定》

TBT（Agreement on Technical Barriers to Trade），《技术性贸易壁垒协议》

TFA（Trade Facilitation Agreement），《贸易便利化协定》

TIFA（Trade and Investment Framework Agreement），《贸易暨投资架构协定》

TiSA（Trade in Services Agreement），《服务贸易协定》

TPP（Trans-Pacific Partnership Agreement），《跨太平洋伙伴关系协定》

TPSEP（Trans-Pacific Strategic Economic Partnership Agreement），《跨太平洋战略经济伙伴关系协定》（简称 P4）

TRIMs（Agreement on Trade-related Investment Measures），《与贸易有关的投资措施协定》

TRIPs（Agreement on Trade-Related Aspects of Intellectual Property Rights），《与贸易有关的知识产权协定》

TTIP（Transatlantic Trade and Investment Partnership），《跨大西洋贸易与投资伙伴关系协定》

UNCAC（United Nations Convention against Corruption），《联合国反腐败公约》

UNCATOC（United Nations Convention against Transnational Organized Crime），《联合国打击跨国有组织犯罪公约》

USITC（United States International Trade Commission），美国国际贸易委员会

USMCA（United States-Mexico-Canada Agreement），《美国－墨西哥－加拿大协定》

后　记

　　本书是我主持的教育部哲学社会科学研究重大课题攻关项目"中美经贸合作重大问题研究"（18JZD034）和中国建设银行研究院课题"中美贸易对抗的跟踪评估"的阶段性成果。

　　全书由我提出整体框架，负责组织协调工作以及书稿的修改和最后的定稿，课题组成员共同完成了这部书稿的撰写。各章作者分工如下：第一章，余振、欧阳子怡；第二章，余振、吴小灵；第三章，余振、李钟慧；第四章，余振、王净宇；第五章，余振、肖尧；第六章，余振、李元琨；第七章，余振、欧阳子怡。此外，李萌、刘李威、张盼、秦宁、江艺馨等参与了资料收集整理、数据处理以及书稿的校对和修改工作。

　　当前，世界经济正在经历新一轮的大调整，新一轮科技革命和产业变革将从根本上重塑世界经济的生产生活方式和经济技术范式，以大数据、云计算、人工智能为代表的信息技术将成为推动世界经济发展的主要动力。而科技革命和产业变革的深入发展也使得国家之间的力量对比发生了很大变化，世界经济格局将面临深刻调整，地缘政治冲突和新冠肺炎疫情之下的经济衰退交织在一起，构成了世界经济的一系列不稳定因素。在此背景下，中美之间的竞争可能进一步加剧，国际经贸领域的规则之争也将成为焦点。全球经贸规则属于全球经济治理的主要内容，伴随治理体系的重构以及国家之间力量的此消彼长，适应新一轮产业革命的全球经贸规则将发生很大变化，世界经济中的主要国家也会在数字经济规则以及边境后管控管制等方面展开激烈博弈。在全球多边合作体制停滞不前的背景下，巨型贸易协定将在相当长的时间内大行其道，成为影响全球经济治理以及大国博弈的重要依托。《美墨加协定》的签署有其必然性，很多内容反映出美国对全球经贸规则的基本态度，这对中国构建以国内大循环为主体、国内国际双循环相互促进的新发展格局将产生重要影响，中国需要未雨绸缪。因此，对《美墨加协定》进行研究具有重要的借鉴意义和现实价值。本书只是我们开展中美经贸关系研究的开始，后续我们还会更多关注美国经济的新变化及其对中国和中美经贸关系的影响。

此外，在项目研究和书稿撰写过程中，我们还得到了中国美国经济学会的老师们，以及中国建设银行研究院、武汉大学人文社会科学研究院、武汉大学经济与管理学院、武汉大学美国加拿大经济研究所的领导和同事们的大力支持，本书的撰写也参阅了大量的中外文文献，在此对上述单位以及老师们、领导们、同事们和朋友们表示衷心的感谢。本书出版得到了武汉大学理论经济学"双一流"学科建设经费的资助，社会科学文献出版社经济与管理分社的恽薇社长和冯咏梅编辑也为本书的出版付出了辛勤的劳动，在此一并致谢。当然，本书涉及内容较广，受限于本人的学识和能力，书中难免会有一些错误之处，敬请读者不吝指正。

余 振

2022 年夏于珞珈山

图书在版编目（CIP）数据

《美墨加协定》研究：基于文本比较的视角／余振
等著．－－北京：社会科学文献出版社，2022.10
（美国经济研究丛书）
ISBN 978－7－5228－0347－0

Ⅰ.①美… Ⅱ.①余… Ⅲ.①国际贸易－贸易协定－
研究－美国、墨西哥、加拿大 Ⅳ.①F744

中国版本图书馆 CIP 数据核字（2022）第 106025 号

·美国经济研究丛书·
《美墨加协定》研究
——基于文本比较的视角

著　　者／余　振 等

出 版 人／王利民
组稿编辑／恽　薇
责任编辑／冯咏梅
责任印制／王京美

出　　版／社会科学文献出版社·经济与管理分社（010）59367226
　　　　　地址：北京市北三环中路甲 29 号院华龙大厦　邮编：100029
　　　　　网址：www.ssap.com.cn
发　　行／社会科学文献出版社（010）59367028
印　　装／三河市龙林印务有限公司

规　　格／开　本：787mm×1092mm　1/16
　　　　　印　张：21　字　数：280 千字
版　　次／2022 年 10 月第 1 版　2022 年 10 月第 1 次印刷
书　　号／ISBN 978－7－5228－0347－0
定　　价／148.00 元

读者服务电话：4008918866